교사의 서재

교사의 서재

: 가치상실의 시대, 교사에게 말을 거는 44명의 철학자

초판 1쇄 발행 2021년 9월 15일

지은이　이한진
펴낸이　이형세
펴낸곳　테크빌교육(주)
주소　　서울시 강남구 언주로 551, 5층 8층 | 전화 (02)3442-7783(333)

ISBN　979-11-6346-137-1　03370

이한진 지음

가치상실의 시대,
교사에게 말을 거는
44명의 철학자

교사의 서재

데카르트, 『방법서설』
나의 실존에 대한 의심

베르그손, 『창조적 진화』
로봇의 시대, 교사의 존재 이유

홉스, 『인간본성에 관한 논고』
교실이 정글로는 용간이어야 하는 이유

한스 요나스, 『책임의 원칙』
생태전환을 위해 교육이 가야할 길

화이트헤드, 『관념의 모험』
위기에 맞서 생각하는 힘

테크빌교육

선생님에게도
선생님이 필요합니다

교사는 학생을 가르치는 존재로 이해된다. 가르친다는 것은 무엇을 의미하는가? 교사는 사실 지식보다는 배움 그 자체를 가르친다. 교사의 역량은 학생이 '보다 잘 배움'의 사태로 스스로를 내던질 수 있도록 하는 데 있다. 학생을 배움의 세계로 초대하는 가장 좋은 방법은 교사가 배움의 과정에 참여하는 모습을 보여 주는 것이다. 즉 교사가 배우는 사람으로서 솔선수범하는 것이다.

랑시에르는 우월한 자가 열등한 자에게 지식을 설명하는 방식으로 가르침과 배움의 관계를 이해하는 기존의 통념을 신랄하게 비판했다. 그는 『무지한 스승』에서 말하길 가르치고 배우는 교사와 학생 간

에 지적능력의 우열 관계는 성립하지 않으며 이 과정은 동등한 지적
능력과 의지가 만나는 과정이라 했다. 이런 관계에서 교사가 할 수
있는 일이란 학생으로 하여금 배움에 대한 의지를 발현시키는 원인
이 되는 것이다. 가르침을 배움으로 승화시키는 그 몫은 어디까지나
학습자의 의지에 달려 있다.

　교육을 이렇게 바라본다면 혹자는 교육을 과소평가한다고 비판할
지 모르겠다. 그러나 교사가 담당하는 일이란 배움의 돛을 달고 먼바
다로 출항할 배에 학생을 태우는 일이다. 이는 학생에게 단순한 사실
이나 지식을 전수하는 차원을 훨씬 능가하는 일이다. 학생이 배움의
길로 들어서도록 하는 훨씬 위대한 일이다.

　이러한 관점에서 교사가 행할 수 있는 가장 실제적이고도 효과적
인 가르침이란 배움이 가능하다는 것을 몸소 실천해 보이는 것이다.
이처럼 교사가 자신을 배움의 위치로 되돌려 놓는 것이 가르치는 행
위라면 훌륭한 가르침은 교사 스스로가 지극히 인간적이며 진실된
배움을 추구하는 일이다.

　공부라는 일련의 사태 속에서 우리에게 배움이 일어날 때와 그렇
지 못할 때의 차이는 어디에서 기인하는가? 근본적인 원인은 결코
외부 세계에 존재하는 것이 아니다. 우리 각자의 내부에 있다고 보는
게 타당하다.

　내부에 있는 그것의 정체는 무엇인가? 타자를 마주한 당사자가 타
자로부터 배우려는 자세를 가지고 있었는지 그러지 않았는지가 배움

의 발생을 좌우하는 관건이다. 공부를 한다고 앉아 있어도, 책을 들여다보아도 배움이 일어나지 않는 건 좋은 스승을 만나지 못해서가 아니라 우리가 좋은 스승을 만날 준비가 되어있지 않은 까닭이다. 일상에서 시종일관 배움의 자세를 갖기란 대단히 어렵다. 교사도 마찬가지다. 교사도 교사이기 전에 모순투성이인 한 명의 인간에 불과하기 때문이다.

인간은 누구나 좋은 삶을 살고 싶어 한다. 좋은 삶이란 인간의 삶 전반을 놓고 총체적으로 이해되어야 한다. 만약 어떤 교사가 교사로서의 삶을 불행하다고 느낀다면 그 교사는 인간으로서의 삶 역시 불행하다고 느끼고 있을 것이다. 좋은 사람과 좋은 교사는 따로 있지 않다. 학교 울타리 안에서는 교사인 삶을 살고 바깥에서는 교사가 아닌 삶을 산다는 건 좋은 삶을 추구하는 사람의 모습과는 거리가 멀다. 인간으로서의 삶과 교사로서의 삶은 결코 분리될 수 없다. 우리는 한 명의 행복한 인간이기 위해서라도 좋은 선생님이 되어야 한다.

자신이 좋은 선생님인지는 어떻게 확인할 수 있을까? 앞서 교사의 역할은 일차적으로 학생을 잘 가르치는 데 있으며 가장 바람직한 교육 방법으로 교사가 직접 배움의 과정에 참여하는 것에 있다는 말을 했다. 자기 스스로가 배움의 과정에 참여하고 있는지를 확인하는 방법은 평소 우리가 얼마나 많은 질문을 던지며 살아가고 있는지를 짚어 보는 것이다. 배움에 대한 의지는 질문의 형태로 표출되기 때문이다. 진정한 배움은 질문에서 시작된다고 단언해도 과언이 아니다. 이렇게 무언가에 대해 질문을 하고 나면 다음 차례는 자연스럽게 답을 찾기 위한 탐구로 이어진다.

그런데 삶에 대한 질문들은 대부분 해답이 명쾌하게 존재하는 경우가 드물다. 어제의 오답이 오늘은 정답일 수 있고 다른 사람에게는 정답인 것이 나에게는 오답일 수 있다. 이렇게 애매한 게 삶이다. 그렇다고 해서 삶에 대한 질문과 탐구를 멈춰서는 안 된다. 소크라테스는 "검토하지 않는 삶은 살 가치가 없다."라고 했다. 우리는 일상에 파묻혀 정신없이 살다 가고 그러다 문득 자신의 삶을 되돌아보며 어떻게 살아야 하는지를 고민한다. 때로는 인간의 존재론적 고독과 원초적인 불안이 엄습한다. 하지만 두려움도 잠시, 우리는 그것을 이내 망각하고 일상으로 돌아오기를 반복한다.

무한한 반복만 있고 발전이 없다면 배움이 일어나지 않았기 때문이다. 인간은 일상과 삶의 성찰을 넘나드는 과정에서 성장을 해야 하며 스스로를 더 나은 삶으로 인도해야 한다. 일상에서 질문을 던진다는 것을 다르게 말하면 일상과 거리두기를 한다는 것이다. 자신의 삶을 일정 거리를 두고 바라보는 순간, 그동안 평범하게 보였던 일상이 낯선 것으로 다가온다. 그 낯섦과 마주하는 것이 바로 '철학함'이다. 나는 철학함을 통해 배움을 추구하고, 또 학생을 가르쳐야 한다고 믿고 있다. 철학한다는 것은 스스로의 삶을 가꾼다는 것이고, 그것은 자신의 삶을 배움으로 이끌 의지가 없는 사람에게는 결코 불가능한 일이다.

나는 행복하기 위해서 철학을 잘하고 싶었다. 그래서 요리를 잘하고 싶은 사람이 좋은 요리책을 찾아 읽는 것처럼 철학책을 보기 시작했었다. 철학자들의 글 속에는 적어도 사물과 현상을 바라보는 신선한 방식들이 녹아 있었다. 그들의 글을 읽다 보면 그 문장과 생각에 매료되기도 하고 그러다 보면 어떤 철학자를 흠모하기도 했다. 사실, 미리 밝혀 두지만 나는 철학과 관련된 직업을 갖기 위해 작정하고 공부했던 사람은 아니다. 대학 시절, 심화 전공이 윤리교육이다 보니 자연스럽게 여러 철학자를 만났다. 철학은 인간과 삶의 의미를 탐구하는 일종의 행위이고 교육은 그것을 가르침과 배움이라는 구체적인 실천적 활동을 통해서 구현을 하는 행위라 본다면, 이 두 개가 한 교사의 내면에서 어우러지는 것은 어찌 보면 당연한 일이다.

15년 넘게 교사생활을 하며 틈틈이 철학자들과 만났다. 철학을 책으로 공부하면서 지식의 파편들을 쌓았고 학교현장에서 교육을 실천하며 단상을 기록했다. 오랜 시간 나와 소통해 온 철학자들은 나를 새로운 사유의 지평으로 초대했으니 스승이라 보아도 무방하다. 이 스승들은 언제 어디에든 나타나 나를 질책했고, 올바른 비판적 사유의 길로 인도해 주었고, 또 보듬고 위로하였다.

그런데 한 철학자의 이론만 놓고 보더라도 모두에게 귀감이 되리라 여겨지는 부분이 있는가 하면 받아들이기 어려운 부분도 있다. 그리고 철학자가 살던 당시에는 많은 사람들로부터 칭송을 받았는데 오늘날에는 묻혀 버린 사람이 있는가 하면, 과거에는 주목받지 못하다가 사후에 비로소 주목받는 철학자도 있다. 그것은 예나 지금이나 어떤 사상이 현재의 사회와 개인의 삶에 어떤 의미를 부여하느냐에 달려 있다.

교사의 삶과 '철학함'을 병행하며 만난 철학자들 가운데서 특히 현재의 우리 삶과 교육을 조망하는 데 도움이 된다고 여긴 철학자 44명과 그들의 철학명저 44권을 추려 엮은 결과물이 이 책이다. 어디까지나 나의 관심사가 기준이 되었다는 점을 밝혀 둔다. 한편 철학자들의 글에 대한 이해력이 부족하여 잡힐 듯 말 듯 씨름하다 포기한 책도 있다. 그렇다고 여기에 소개된 철학자들에 대해서 완벽히 이해했다는 말은 아니다. 어쩌면 누군가는 이 책이 각 철학자의 다양한 측면 가운데 지극히 좁은 단면만 다루고 있을 뿐이라 비판할지도 모르겠다. 이는 전적으로 우리 시대의 삶과 교육에 대해 고민하는 사람들과 이야기 나누는 것을 더 이상 늦추고 싶지 않은 나의 조급함 탓이다. 부디 너그럽게 이해해 주기 바란다. 여기에 소개하는 44명의 철학자 가운데 단 한 명이라도 독자가 스승으로 마주할 수 있게 된다면 그래도 가치로운 책을 썼다고 위안하려 한다.

이 책이 나오기까지 가르침과 배움의 여정에서 만난 교수님들과 선생님들, 친구들에게 감사의 마음을 전하고 싶다. 특히 유년 시절 아이들에게 아낌없는 사랑을 주셨고, 그 모습에 반해 교사의 꿈을 품도록 만들어 주신 심은행 선생님, 그리고 부족한 나를 거둬 주시고 지금까지 학생과 교사를 병행하는 삶으로 이끌어 주고 계신 한국교

원대 차우규 교수님께 깊이 감사드린다.

　끝으로 이 책을 보지도 못한 채 나를 뒷바라지하느라 고생만 하시다가 하늘나라로 가신 어머니와 홀로 계신 아버지, 학자인 척하며 어설프게 공부한답시고 가정을 소홀히한 남편을 인내하며 묵묵히 지켜봐 준 아내 홍하나 님과 두 아들 윤리, 은유에게 이 책을 바친다.

2021.8.
서재에서 이한진

CONTENTS ─────────────────────────────────────

진정한 배움

교사의 중심에 있어야 하는 것

이이, 『격몽요결』

"사람이 이 세상에 태어나서 학문이 아니고서는
사람이 될 수가 없다."
李珥

작심삼일

계획은 쉽다. 하지만 실행은 어렵다. 장기적으로 그리고 꾸준히 해야
하는 과제는 중도 포기 확률이 더 높다. 나약한 자기 의지를 직면하
게 되는 건 운동처럼 상당한 에너지가 필요한 일에 한정되지 않는다.
별것도 아닌 일이 매우 어려운 일이 되어 버린다.

어쩌면 그중 하나가 공부다. 우리 대부분에게 공부는 아주 생소한
일이 아니며 이미 어느 정도의 내력을 가지고 있는 일이다. 그런데
책상 앞에 앉기까지가 왜 그리 어려운지. 어떤 사람에게는 대단한 각

오를 요하는 일이다. 대학 시절 책을 꾸준히 읽겠다며 도서관의 책을 몇 권 빌렸어도 대출 기간 내 읽지 못하고 반납을 반복하던 때가 생각난다. 연체 도서는 도서관을 어쩌다 한 번씩 방문하는 사람들의 전유물이었을까 싶기도 하다. 가벼운 책 한 권을 읽겠다고 마음먹어도 그 계획을 실천으로 옮기다 보면 책이 꽤 무겁게 느껴진다. 외부의 제약이 따르지 않는 이상, 공부를 하는 건 순전히 자신에게 달려 있다. 공부가 어려운 까닭이 여기에 있다.

교육의 시작

학문을 하는 사람이라면 자기 스스로를 하찮게 여기면서 핑곗거리 대기를 경계하라. 율곡의 가르침이다. 율곡은 학문에 임하는 자세를 중심으로 일종의 교육 지침서 『격몽요결』을 지었다. 이 책은 학문에 막 진입한 아동을 대상으로 지은 책이라고 알려져 있지만 내용을 보면 공부에 있어서 갈등을 겪고 있는 사람 누구에게든 울림이 있는 명저다. 서문에서 율곡은 사람들이 자신에게 배움을 간청하였으나 스승될 역량이 부족하여 부끄러우며, 제자들에게 학문에 들어서는 기본적인 자세를 알려 주고 자신은 낡은 습속에 얽매임을 경계하고 반성하고자 책을 썼다고 밝혔다.

우리 역사에서 훌륭한 스승으로 남아 있는 성리학의 대가인 율곡도 낡은 습속에 자신이 얽매일까를 염려하며 스스로를 경계하고 반성하기 위해 글을 썼다니 대단하다. 경계심은커녕 늘 느슨하게 풀린 채로 학생들을 만나고 있는 나를 반성하게 만드니 서문에서부터 율곡은 나에게 좋은 스승이다. 교사라면 마땅히 율곡과 같은 입장을 추구해야 한다. 마음가짐과 몸가짐이 흐트러진 교사가 어찌 학생들을 제대로 가르칠 수 있겠는가? 바람직한 교육의 실행을 저해하는 일체의 것을 멀리하고 낡은 습관은 버려야 한다.

> 사람이 비록 학문에 뜻을 두었다 하더라도 용감하게 앞으로 똑바로 나아가 (학문을) 이루지 못하는 자는 낡은 습관이 그 뜻을 막아 실패하게 되기 때문이다.
> 낡은 습관의 조목을 아래와 같이 열거하니, 만일 뜻을 채찍질해서 통렬히 끊어 버리지 않으면 끝내 학문의 터전이 없게 될 것이다.
> 『격몽요결』, 이이 저, 김원중 역(2015), 민음사, 49쪽.

낡은 습관을 낯설게 바라보자

율곡은 2장에서 우리가 학문에 들어서기 위해서 버려야 할 낡은 습관으로 여덟 가지를 제시했다. 율곡 스스로가 스승으로서의 자신을 반성하기 위해서 썼다고 밝히고 있으니 교사들이 자신의 마음가짐과 몸가짐을 비추어 보기에 좋을 것이다. 그중 나를 특히 반성하게 한 것은 첫째, 둘째 습관이다. 이와 관련된 내 주변의 모습을 이야기해 보려 한다.

> 첫째는 그 마음과 뜻을 게을리하고 그 몸가짐과 거동을 멋대로 한 채 단지 한가하고 편안하게 지낼 것만 생각하고 구속당하는 것을 매우 싫어하는 것이요, 둘째는 항상 부산 떠는 것만 생각 하고 고요함을 지키려 애쓰지 않으며 어지럽게 드나들면서 말 이나 일삼으면서 세월을 보내는 것이다.
>
> 『격몽요결』, 이이 저, 김원중 역(2015), 민음사, 49–50쪽.

율곡이 첫 번째로 꼽은 낡은 습관은 편안함만 추구하는 것이다. 우 리나라에서 교사는 교육공무원에 해당하는 매우 안정적인 직업이다. 위중한 범죄를 저지르지 않는 이상 정년이 보장된다. 이는 교사가 학 생을 가르치는 직무에 전념할 수 있게 하는 동력인데, 동시에 교사를 나태함으로 빠지게 만드는 기제이기도 하다. 교사라는 직업의 윤리 적 의무를 꼽는다면 무엇일까? 미래를 만들어 나갈 학생들에게 비전 을 제시하여 스스로의 비전을 가질 수 있도록 인도하고 미래사회에 필요할 역량을 길러 주는 일이다. 그러기 위해 교사에게 반드시 필요 한 역량은 새로운 것을 적극적으로 배우려는 자세다.

학교는 항상 변모하고 있다. 지금 학교는 4차 산업혁명의 촉발을 피부로 느낄 정도의 교육환경으로 변모했다. 스마트기기를 활용하는 수업은 일상이 되었다. 인공지능을 활용한 맞춤형 교육이 시도되고 있다. 이 시대의 새 지식과 새 교육환경에 적응하기를 멈추고 과거에 안주하는 것은 교사로서의 직무에 충실하지 않은 일이다. 실제로 학교에는 변화를 익히기를 거부하고 편안함만 추구하는 교사들이 없지 않다. 편안함을 좇는 교사는 훌륭한 교사가 될 수 없다. 나이 탓을 하며 배우기를 거부하는 교사도 있는데 이런 핑계야말로 율곡이 경계했던바 학문하는 사람이 피해야 할 악이다.

율곡이 둘째로 제시한 낡은 습관 역시 별것 아닌 것처럼 보이지만 어떤 교사에게는 쉬운 일이 아니다. 우리 주변에는 어딘지 모르게 정신없고 산만한 사람이 있다. 늘 스마트폰을 만지작거리고 통화도 눈에 띄게 잦다. 여러 일에 동시에 관여하는 사람은 한곳에 집중하지 못하여 일을 그르칠 가능성이 크다. 적어도 자신의 학급운영에 힘을 온전히 쏟을 가능성이 낮다고 봐야 한다.

이런 마음가짐으로는 결코 가르침과 배움에 집중할 수 없다. 어떤 경우에도, 학교 안에서만큼은 교사의 삶의 중심에 가르침과 배움이 놓여 있어야 한다. 교사는 자신의 삶 전반에서 공부하며 살고 있는지 스스로를 점검해 나가야 한다. 나를 평온한 상태에서 벗어나게 하는 일들, 그중에서 내려놓을 수 있는 것은 과감하게 내려놓아야 한다. 학문의 길은 그때 열린다.

또렷한 정신으로 차분하게 1교시를 준비하는 학생과 잠에서 덜 깬 혹은 시간에 쫓겨 이제 막 자리에 앉은 학생이 수업에서 경험하게 되는 배움은 그 결이 다를 것이 분명하다. 교사도 마찬가지다. 아침마다 지각하지 않으려고 일 분 일 초를 다투며 숨 가쁘게 출근하는 교사는 실수하기 마련이다. 학생들보다 먼저 교실에 들어와 차분한 마음 상태로 학생들을 맞이하는 교사가 되어야 한다.

> 학문이라고 말하는 것은 또한 이상스럽거나 별다른 사건이나 물건이 아니다. (중략) 학문이란 단지 모두 나날이 살아가는 일상의 행동에서 저마다 그에 마땅한 일을 따르면 될 뿐이고, 마음을 아득하고 묘한 곳으로 내달려 기이한 효과를 바라는 것이 아니다.
>
> 『격몽요결』, 이이 저, 김원중 역(2015), 민음사, 29쪽.

교사의 일이 마음의 일인 이유

학문은 일상에서 자신의 마음가짐과 몸가짐을 바로잡는 데서 시작된다. 진지하게 학생을 가르치고 배우는 일에 몸담고자 하는 교사라면 우선 자신을 돌아보아야 한다. 학생과 학부모가 좋은 선생님이라 말해 준다 하더라도 그는 민낯을 감추는 기교를 가진 교사에 불과하다. 자신의 내면을 돌보지 않은 채 좋은 교육을 실천하겠다고 애써 본들 좋은 결과가 뒤따르기 어려울 것이다. 그러니 교사의 일은 어찌 보면 마음의 문제이며, 아무나 할 수 있는 일인 동시에 아무나 쉽게 할 수 없는 일인 셈이다. 지금 나의 교육활동을 저해하는 나쁜 습관 일체로부터 벗어나겠다는 마음을 한번 품어 보자. 그래야 좋은 교육을 실천할 수 있다.

🎵 이이

율곡 이이(1536~1584)는 조선 중기의 성리학자다. 13세의 나이에 진사시에 합격했고, 생원시와 진사시를 포함하여 아홉 번의 과거에서 모두 장원으로 합격할 정도로 똑똑한 인물이었다. 여러 관직을 오가며 조선 사회의 제도 개혁을 주장했고, 관직에서 물러난 후로는 학문에 전념하고 후진 양성에 힘쓰며 다양한 저술을 남겼다. 그는 『동호문답(1569)』에서 왕도정치의 이상을 문답 형식으로 서술했고, 홍문관의 부제학으로 있던 때에는 국왕의 학문을 위해 당시 왕이던 선조에게 『성학집요(1575)』를 지어 바쳤으며 그로부터 2년 뒤에는 관직에서 물러나 학문을 시작하는 사람들을 위한 책 『격몽요결(1577)』을 세상에 냈다.

지금도 공부 잘하는 선생님

공자, 『논어』

"배우고 때맞춰 익히면 또한 기쁘지 아니하랴."
孔子

공부를 잘하려면 몇 등 정도 해야 하나요

공부를 잘한다고 말할 때 일반적으로 그것은 어떤 사람이 공부를 통해서 지식을 많이 알고 있는 상태를 의미한다. 학교에서 흔히 공부를 잘한다는 학생은 교과서 속 지식을 잘 파악하고 있는지가 관건이다. 학생들 가운데 누가 공부를 잘 하는지를 비교할 때에는 시험 점수와 석차를 가져다 댄다. 동일한 시간에 누가 더 효율적으로 지식을 익혀 성적을 내는가에 의해 공부를 잘하는 사람 혹은 그렇지 못한 사람이라고 평가가 갈린다. 스스로를 평가할 때에도 이런 기준에 의존한다.

과연 전교 1등을 거머쥔 학생이 공부를 제일 잘하는 학생일까? 나이가 들고 머릿속 지식이 흐려지면 공부를 못하는 사람이 되는 걸까?

숫자로 환산시키는 방식의 평가는 그 나름의 가치가 있다. 익혀야 할 것을 학생이 얼마나 익혔는지 확인할 때, 그리고 선발이 필요할 때 아주 유용하다. 이런 평가의 필요성은 분명한데 문제는 조선 시대 과거제부터 지금의 대학 입시 제도에 이르는 평가 방식이 공부의 의미를 왜곡시켰다는 데 있다. 오늘날 우리는 안타깝게도 공부의 진정한 의미를 생각해 볼 기회를 박탈당한 채 시험 성적이 좋은 것이 공부를 잘하는 것으로 인식되는 시대를 살고 있다.

공부를 어떻게 좋아할 수가 있지?

공자는 보다 높은 차원에서 공부의 의미를 이해하게 한다. 공부를 해서 얻은 지식의 양만 놓고 공부를 잘하는 사람인지 아닌지 여부를 판단하는 것은 적어도 공자에게는 어리석은 일로 여겨진다.

> 선생님, 말씀하시다. 아는 것은 좋아함만 못하고, 좋아하는 것은 즐기는 것만 못하느니.
>
> 子曰 知之者, 不如好之者, 好之者, 不如樂之者.
>
> 『한글세대가 본 논어 1』, 공자 저, 배병삼 주석(2003), 문학동네, 324쪽.

'안다'라는 것이 결과적 차원을 의미하는 것과 달리 좋아함과 즐김은 공부의 과정에서 체험되는 것이다. 인지적인 지식은 결과로서 실감되는 대상인 반면 좋아함과 즐김은 과정에서 정서적으로 체험되는 것이다. 그렇다면 공부를 잘한다는 건 어떤 의미가 되는가?

좋은 성적을 받아 느끼는 희열이나 만족감은 여기에서 말하는 즐거움이 아니다. 한漢나라 이후 지식인의 필수 서책으로 손꼽혀 온 공자의 『논어』에서 그 답을 찾아볼 수 있다. 『논어』는 춘추시대 공자의 언행들을 모으고 추려 엮은 책으로, 학문과 덕행의 근본에 대해 이야기하는 「학이學而」 편을 시작으로 총 20편으로 구성되어 있다. 인仁의 실천에 관한 제자의 질문에 공자가 제시하는 답변은 하나같이 꾸밈이 없고 뼈가 있으며 함축된 의미가 진하다.

이 책에서 공자는 시종일관 공부를 좋아하고 즐기는 '호학好學'의 자세를 보인다. 다른 것은 몰라도 배움 그 자체를 좋아하는 것에 있어서만큼은 누구에게도 뒤지지 않는다고 자신할 정도로 공자 스스로 그런 삶을 살았다. 이런 식으로 공부를 이해하면 성적이 떨어졌다고 공부에 대한 재미를 잃어버리지 않는다.

모두가 공부를 잘하는 학교의 탄생

공부를 이렇게 이해하는 사람은 배움을 좋아하는 사람이 될 수 있다.

그러면 주위의 온갖 사물과 현상들이 배움의 소재가 된다. 길가에 핀 꽃도, 개울가에 흐르는 물도 모두 배움의 대상이다. 배움은 철저하게 개인의 자세에 달린 문제다. 개인이 배움에 대해 어떤 자세를 취하느냐에 따라서 자신의 삶을 둘러싸고 있는 환경이나 일들 모두가 배움의 요소가 될 수 있다. 나무에 열린 사과가 가을이 되면 잘 익어 땅바닥으로 떨어지는 현상이 많은 사람들에게는 하나의 단순한 장면으로 인식되었지만 뉴턴에게는 탐구의 대상으로 인식되었다. 이것은 뉴턴이 배움의 자세로 충만했기에 가능했던 일이다.

> 선생님 말씀하시다. 세 사람이 길을 가도 반드시 나의 스승이 있게 마련. 그 가운데 잘난 것은 골라서 좇고, 잘못된 것은 고칠 일이다.
>
> 子曰 三人行, 必有我師焉, 擇其善者而從之, 其不善者而改之.
>
> 『한글세대가 본 논어 1』, 공자 저, 배병삼 주석(2003), 문학동네, 379쪽.

공자는 세 사람이 함께 있으면 두 사람으로부터 나머지 한 사람은 분명 배울 것이 있다고 말한다. 자신과는 다른 두 친구의 모습을 생각의 대상으로 삼을 수 있기 때문이다. 친구의 좋지 않은 행동은 타산지석으로 삼을 수 있으며 자신이 부족하거나 몰랐던 부분에 대해서는 고쳐 나가면서 성장할 수 있다. 이렇게 보면 공부를 잘한다는 건 편견이나 무념무상에 매몰되지 않고 생각의 폭과 깊이를 넓혀 나가는 습관의 끈질긴 지속이다.

　학교를 좋아하는 학생이라면 분명 공부에 즐거움을 느끼는 학생이다. 왜냐하면 학교는 여러 모로 다양한 공부가 이루어질 수 있는 곳이기 때문이다. 물론 공부를 단순히 수업 시간에 교과서의 지식을 머릿속에 담는 것으로만 한정한다면 책상에 엎드린 아이들은 공부를 잘하는 사람이라 보기 어렵다. 하지만 학교에서 학생들이 배우는 것을 교과서에 한정 짓지 않는다면 친구들과 어울리면서 다양한 경험을 하는 학생도 공부를 잘하는 학생이다. 공자가 말한 배움의 자세를 따르는 학생이라면 친구와 어울리며 노는 것도 공부요, 갈등을 겪는 것도 공부다. 학생들은 학교에서 친구들, 선생님과의 관계 속에서 유의미한 공부를 해 나간다.

선생님은 지금도 공부 잘해!

가르치는 타인은 공부의 필수 요건이 아니다. 서운할 수도 있는 이야기지만 교사가 없어도 우리는 얼마든지 스스로 배울 수 있다. 이것을 다른 시각에서 해석하면 교사는 가르치기만 하는 사람이 아니다. 교사도 한 명의 인간으로서 배움의 주체다. 그러니 공부를 잘하느냐 못하느냐 하는 식의 표현은 교사에게도 당연히 쓸 수 있다. 나는 공부 잘하는 선생님일까? 교사는 공부하는 모습으로 학생들에게 배움을 가르친다. 공부 잘하는 선생님 밑에서 공부 잘하는 학생이 탄생한다. 교사가 학생에게 공부를 독려하기 위해 들려줘야 하는 이야기는 과거에 자신이 열심히 공부했던 이야기가 아니다. "선생님은 어렸을 때 이렇게 공부해서 공부를 잘했어요."라는 식의 과거형이 아니라 "선생님도 공부 잘하고 있어요!" 하는 현재진행형으로 공부에 대해 이야기해야 한다.

> 선생님 말씀하시다. (배운 것을) 묵묵히 마음에 새기고, 배우면서 싫증 내지 않으며, 남을 가르침에 게으르지 않음이여! 이 가운데 내게 능한 건 무엇일까?
>
> 子曰 默而識之, 學而不厭, 誨人不倦! 何有於我哉?
>
> 『한글세대가 본 논어 1』, 공자 저, 배병삼 주석(2003), 문학동네, 350쪽.

🎎 공자

공자(B.C.551~B.C.479)는 노나라 곡부에서 태어났으며, 3살에 아버지를 여의고 홀어머니 슬하에서 어렵게 자랐다. 가난하고 비천한 환경에서 컸지만 누구보다도 학문을 좋아했으며, 도덕적 이상을 현실 정치에 옮기고자 노력했다. 그러나 노나라의 정치에 실망한 뒤, 벼슬을 내려놓고, 고향으로 돌아와 제자 양성에 힘썼다. 『논어論語』는 공자가 제자들과 나눈 말을 모으고 간추려 엮은 것이라는 의미의 책명으로, 공자의 사상뿐만 아니라 제자 교육에 대한 교육자적 탁월함을 엿볼 수 있는 책이다. 그는 "아침에 도를 들으면 저녁에 죽어도 좋다朝聞道夕死可矣."라는 말을 할 정도로 인仁과 의義가 충만한 세상을 꿈꾸며 치열하게 학문하는 삶을 살았다.

무사유라는 이름의 악

한나 아렌트, 『예루살렘의 아이히만』

"악이란 뿔 달린 악마처럼 별스럽고 괴이한 존재가 아니며,
사랑과 마찬가지로 언제나 우리 가운데 있다."

H. Arendt

무사유의 삶

인생에서 앞만 보고 걷다가 무언가를 놓쳤다는 것을 한참 뒤에 깨달은 적이 있는가? 후폭풍이 나에게만 영향을 미친다면 인과응보라 생각하고 원점으로 되돌아가서 다시 시작하면 그만이다. 하지만 문제는 인생은 혼자 사는 게 아니라는 데 있다. 아무 생각 없이 내달렸는데 나의 행동이 다른 이들에게 영향을 미치고 있다면 나만의 행동으로 간주할 수 없다. 나는 단지 열심히 살아가겠다는 떳떳한 명분으로 어떤 행동을 했다고 하더라도 타인에게는 이 행동이 타격 혹은 상처

가 될 수 있기 때문이다.

　노벨상의 그 노벨은 과학자로서의 삶에 그저 충실하던 중 다이너마이트를 만들었다. 이것이 전쟁 무기로 사용될 거라고는 전혀 생각하지 못했기 때문에 그는 괴로움 속에서 삶을 마감했지만 그보다 더 괴로웠을 건 다이너마이트로 인해 죽고 다친 이들과 가족들이다.

　인간은 늘 사유해야 한다. 자신의 행위가 은연중에 무엇을 지향하고 무엇을 등지고 있는지를 사유해야 한다.

악의 평범성

2차 세계대전 당시 유대인 대학살의 나치 전범 아이히만을 떠올려보자. 나치 정권에서 장교를 지냈던 아이히만이 체포되어 사형 선고를 받기까지, 철학자 한나 아렌트는 그를 지켜보고 글을 썼다. 그것을 엮은 책이 『예루살렘의 아이히만』이다. 아이히만이라는 사람에 대한 신상 명세가 담겨 있을 것 같은 제목이지만 아렌트는 아이히만의 재판 과정을 지켜보면서 지극히 평범해 보이는 사람에게서도 절대 악이 실행될 수 있다는 것을 발견한바 그것을 이 책에 소개했다. 이 책의 부제는 "악의 평범성에 대한 보고서"다.

　체포된 아이히만의 얼굴이 재판정에서 공개되기 전까지 사람들은 그가 냉혹하고 무서운 얼굴을 가진 장교일 거라고 생각했다. 하지만 그는 왜소한 몸집에 평범한 눈빛을 지닌 보통의 사람이었다. 아이히만은 유대인 학살이라는 절대 악의 중심에 있던 인물이었지만 그가 재판정에서 보여 준 모습은 지극히 평범한 일반인의 모습이었고, 재판에 앞서 그의 정신 감정을 진행한 의사나 성직자도 그를 '정상'이라고 감정했다. 그렇게나 평범해 보이는 사람이 유대인 학살이라는 잔혹한 범죄에 적극적으로 가담했다는 사실에 사람들은 경악했다.

> 그들은 "사무실의 일벌레일 뿐"이었고, 이들에게는 모든 것이 "문장을 통해, 명령을 통해" 결정되었으며, "다른 것에는 아무런 관심도 없었다." 요약하자면 그들은 바로 '작은 톱니바퀴'였는데, 피고 측에 의하면 아이히만이 그와 같았다는 것이다.
> 『예수살렘의 아이히만』, 한나 아렌트 저, 김선욱 역(2020), 한길사, 117쪽.

재판정에서 그가 입을 열자 사람들은 다시 한번 경악했다. 아이히만은 자신이 공무원으로서 상관의 명령에 복종했을 뿐이라고 스스로를 변론했다. 국가의 녹을 먹고 사는 공무원으로서 국가가 시키는 일을 따르지 않는 것이 오히려 문제라는 말을 덧붙였다. 그는 가족을 사랑하고 부양하는 보통의 가장이었다. 아렌트는 아이히만이 일상에서 보통의 삶을 살아가는 평범한 사람이었음에도 유대인 학살이라는 절대 악을 자행할 수 있었던 근본적인 이유가 무사유에 있다고 보았다. 자신이 하는 일의 의미에 대해 전혀 생각하지 않고 살았던 그 습관이 아이히만을 절대 악으로까지 끌고 들어갔다는 것이다.

평범성은 학교에서 만들어진다

사회인으로서 교사는 자신에게 맡겨진 교육활동에 충실하고자 노력
하며 살아간다. 그런데 교사가 교육활동이라고 여기며 학생을 지도
하는 구체적인 행위가 학생의 성장을 저해할 가능성이 존재한다. 아
이히만처럼 악은 평범한 얼굴을 하고 있다. 교사의 무사유는 학생을
죽게 만들 수 있다. 아이히만이 유대인들을 생물학적으로 죽게 만들
었다면 교사는 학생의 사고나 감정을 죽일 수 있다.

또한 교사가 무사유 속에서 자행하는 행위들이 학생들의 머릿속에
서 똑같은 무사유를 초래할 수 있다. 교사는 학생들로 하여금 자신의
생각과 행동과 무의식을 스스로 점검하도록 이끌어야 한다. 나도 모
르는 사이에 어떤 잘못을 저지르고 있진 않은지, 좋은 영향력을 미칠
기회를 놓치고 있진 않은지를 사유하는 습관을 확실히 갖도록 도와
주는 게 좋다. 이런 생각에 게으른 사람은 그게 누구든 아이히만처럼
부지불식간에 절대 악에 손댈 수 있는 가능성을 그대로 방치하고 있
는 셈이다. 때로는 교사의 특정 행위가 학생들로부터 사유의 원천을
제거하기도 한다. 우리는 학생들에게 생각할 틈을 늘 마련해 주어야
한다. 숨 가쁘게 달리기만 하는 우리는 무사유의 괴물들을 키우고 있
는지도 모른다.

교사는 일상적으로 사유하지 않는 자신의 모습을 진지하게 경계해
야 한다. 교사에게 사유가 부재할 때 악은 언제든 교실에 출현할 수

있다. 지금 현재 아이들을 잘 가르치고 있는 것인지, 맹목적으로 그냥 열심히 달려만 온 것은 아닌지 돌아보아야 한다. 내가 지금 잘하고 있는 것인지를 늘 검토해야 악의 출현을 미리 막을 수 있다.

아렌트는 일상에서 우리가 악의 작용을 인지하게 되는 건 언어를 통해서라고 보았다. 언어는 사유를 매개하므로 자신과의 소리 없는 대화를 가능하게 하기 때문에 행위보다 말이 더 중요하다 여겼다. 행위의 진정한 의미를 포착하게 해 주는 것 또한 말이라고 보았다. 실제로 아이히만이 재판장에서 보여 준 언어는 그가 사유하지 않는 사람임을 알아차리게 해 주는 무능한 언어였다.

> 그의 말을 오랫동안 들으면 들을수록, 그의 말하는 데 무능력함은 그의 생각하는 데 무능력함, 즉 타인의 입장에 생각하는 데 무능력함과 매우 깊이 연관되어 있음이 점점 더 분명해진다. 그와는 어떤 소통도 가능하지 않았다. 이는 그가 거짓말하기 때문이 아니라, 그가 말과 다른 사람들의 현존을 막는, 따라서 현실 자체를 막는 튼튼한 벽으로 에워싸여 있었기 때문이다.
>
> 『예수살렘의 아이히만』, 한나 아렌트 저, 김선욱 역(2020), 한길사, 106쪽.

악을 키우지 않는 교실이란

아렌트는 전체주의 체제가 인간성을 말살하는 마지막 단계는 개성을 파괴하는 일이라 했다. 그의 말대로라면 질문이 없는 고효율의 강의식 교과 수업은 그 자체로 좋지 않은 수업일 수 있다. 질문이란 자신이 발 딛고 살아가는 세계에 대한 탐구 행위가 진행되고 있음을 드러내는 언어이기 때문이다. 질문을 품는다는 건 그 자체로 학생이 스스로 세계의 문제에 참여한다는 것을 의미한다. 질문을 품은 순간에 즉답을 해 주지 못할지라도 '왜?', '이렇게 해도 괜찮은가?'라는 질문을 학생이 재차 던지도록 둔다면 그것으로 우리는 최악은 피한 셈이다. 학생들에게 하나의 답을 요구하거나 획일화된 지식을 주입시키지 않았으니 말이다. 아무리 현실에 치이더라도 우리는 최악은 피해야 한다. 아이들이 아이히만처럼 변질되도록 그렇게 둘 수는 없다. 악은 출현할 틈을 언제나 노리고 있다. 그 틈을 메우기 위해 우리는 질문하고 질문받아야 한다.

🔖 한나 아렌트

한나 아렌트(1906~1975)는 현대의 대표적인 정치철학가로 손꼽히는 유대인 철학가다. 1933년 히틀러가 권력을 잡은 이후, 활동가로서 반나치 운동 등에 참여했다. 1951년 『전체주의의 기원』을 출간하여 파시즘과 스탈린식 사회주의 체제를 전체주의로 묶어 개인의 자유를 말살하는 광기와 공포로 지배하는 반정치적 정치 형태라 주장했다. 1958년 『인간의 조건』에서 인간의 활동을 노동, 작업, 행위로 구분하고 근대가 인간을 노동에만 몰두하게 하여 이웃과 공동체를 돌아보지 않는 동물적 삶을 살게 만들었다 지적하며 공적인 삶과 미덕을 정치적 주제로 불러일으켰다. 1960년에 나치스의 유대인 학살을 지휘한 아돌프 아이히만이 붙잡혀 이듬해 재판을 받게 되자 『뉴요커』의 특별 취재원 자격으로 재판을 취재해 보고서를 작성했고 이것이 1963년 『예수살렘의 아이히만』으로 출간되었다.

나의 정신에 대한 의심

데카르트, 『방법서설』

"진정 진리를 추구하려면 최소한 인생에 한 번은
가능한 한 모든 것들에 대해서 의심을 품어 봐야 한다."

R. Descartes

역사 교과서 국정화 논란

2015년 10월, 교육부가 역사 교과서 국정화 방침을 공식 발표하면서 사회적으로 엄청난 이슈를 모았다. 11월에는 당시 교육부장관이던 황우여 씨가 정부서울청사에서 발표하길 현행 역사교과서의 검정 발행 제도로는 올바른 역사 교과서를 만드는 것이 현실적으로 불가능하다는 것이 정부의 판단이며 역사교육을 정상화하여 국민통합을 이루기 위하여 국가의 책임으로 올바른 역사 교과서를 발행하기로 했다고 못 박았다. 시민들의 역사관과 국가관을 통일함으로써 이념 논쟁과 갈등을 줄이자는 취지라고 하지만, 역사 국정 교과서는 편향적 기술의 한계를 지닐 수밖에 없다. 많은 비판에도 불구하고 정부는 밀어붙였다. 다행히 교과서의 과거 회귀는 박근혜 전 대통령의 탄핵과 함께 흐지부지됐다. 정권의 이념 성향을 교육에 투영하는 시도 그 자체를 막는 제도적 장치가 마련되어야 한다.

역사적 사실은 해석의 대상이다. 역사적 사실은 변할 수 없지만 역사적 해석은 언제든지 변할 수 있다. 역사 교과서에 담겨 있는 역사는 역사가 혹은 집필자의 인식이 반영된 해석이다. 역사교육의 목표는 역사 해석에 대한 학생 개개인의 해석 역량을 길러 주는 데 있다. 일찍이 E. H. 카는 『역사란 무엇인가』에서 역사를 역사가와 역사적 사실들의 끊임없는 상호작용 과정이자 현재와 과거 사이의 끊임없는 대화로 설명했다.

내 생각이 틀릴 수 있다

역사 교과서 국정화에 대한 논쟁이 한창 불거졌을 때 그에 대한 TV 토론 프로그램을 시청했다. 국정화에 찬성하는 논객 중 한 사람이 말하길 자신의 역사 해석이 옳으며 자신의 역사 인식과 반대되는 서술을 하고 있는 역사 교과서들에 문제가 있다고 했다. 그의 역사 해석이 어떤 것인지와 별개로, 대단히 실망스러운 태도였다. 더구나 그의 역사적 관점은 현재의 국내 역사학자들이나 역사 교사 다수의 입장과는 배치되는 쪽이었다. 흔히 학계에서 어떤 이론에 대해서 그것의 보편타당성을 입증할 수 없을 때, 그럼에도 그것을 다수의 학자들이 동의하고 있다면 법칙까지는 아니더라도 학설이라는 이름으로 통용된다. 그런데 그 학설이 자신의 입장과 다르다고 해서 자신이 맞고 다른 사람들이 틀렸다고 비판하는 것은 학자적 마인드가 결여된 지적 오만이다. 그에겐 자신의 생각을 의심하고 검증하는 자세가 결여된 것처럼 보였다.

이성의 올바른 사용법을 설명한 『방법서설』이라는 책이 있다. 데카르트의 책이다. 이성을 잘 인도하는 법, 그리고 학문을 하며 진리를 찾아가는 방법이 담겨 있는 책이다. 총 여섯 개의 부로 구성되어 있는데, 특히 1부와 2부는 참된 인식에 도달하기 위해 절대적으로 필요한 것이 올바른 이성이며, 이성의 사용에 있어 적용되어야 할 주요 규칙들에 대해서 설명하고 있다.

> 나에게 있어서는, 내 정신이 어떤 것에서도 보통 사람들의 정신보다 더 완전하다고 여긴 적이 한 번도 없다. 심지어 나는 몇몇 다른 이들만큼 재빠른 생각을, 또는 선명하고 판명한 상상을, 또는 광범위하고 생생한 기억을 갖기를 종종 바랐다.
>
> 『방법서설』, 데카르트 저, 이현복 역(2019), 문예출판사, 144쪽.

이 책에서 데카르트가 이야기하는 지적 겸손과 자기 성찰의 자세는 학자라면 누구나 지녀야 한다. 진리를 탐구하기 위해 데카르트는 조금이라도 의심의 여지가 있는 것에 대해서는 진리로 받아들이기를 일단 보류했다. 사람들이 통상적으로 진리라고 여기는 것도 확실한 인식에 토대를 둔 것이 아니면 의심했다. 진리가 아니라고 부정할 만한 확실한 근거가 있지 않더라도 진리가 아닐 수 있는 가능성을 배제하지 않았다. 어떤 것이 진리임을 견지하는 입장에는 진리가 아님을 부정할 수 있는 확실한 근거가 없다는 측면에서 데카르트의 예민한 의심은 합리적이다. 이 의심은 기본적으로 자신의 인식에 대한 의심이다. 인식은 감각에 의존하므로 늘 우리를 속일 수 있다.

방법적 회의

데카르트는 확실한 인식체계를 구축하기 위해서 모든 것을 의심했고 그로써 도출되는 확실한 인식의 토대를 찾고자 했다. 이것을 데카르트는 '방법적 회의'라고 말했다. 어떤 것에 대해서 참이 아니라고 의심하는 동안에도 그 의심하는 것을 생각하고 있다는 사실은 자명한데 이때 생각하고 있는 자신이 존재한다는 것만큼은 아주 명증하며 확실한 사실이다. "나는 생각한다, 고로 존재한다."라는 명문은 데카르트가 불확실한 인식을 모두 제거했을 때 마침내 도달하게 된, 너무나 자명한 철학의 제1원리이다.

개방적인 사고와 열린 마음

학교라는 공간 안에서 교사에게는 지적 권위가 부여된다. 그러나 이 권위를 절대시해서는 안 된다. 절대적 권위 아래에서 공부하는 학생이 선택할 수 있는 것은 자신의 견해를 꽁꽁 숨기고 지내거나 스승과의 단절을 선택하는 것뿐이다. 후자를 선택하기란 쉽지 않다. 지적 오만에 빠진 역사학자를 다시 생각해 보자. 그 학자 밑에서 공부하는 학생은 자신의 스승과 반대되는 역사적 해석을 피력할 수 없을 것이 분명하다. 이는 교사가 학생에게 자행하는 사상적 폭력이다.

> 그 때문에 나는 내 스승들의 구속에서 해방될 수 있는 나이가 되자마자 글공부를 완전히 떠났다. 그리고 나 자신에서 혹은 세상이라는 커다란 책에서 발견될지도 모를 학문 외에는 다른 것은 더 이상 찾지 말자고 결단하고는 여행을 하는 데, 궁전과 군대를 보는 데, 다양한 기질과 환경을 가진 사람들과 어울리는 데, 다양한 경험들을 쌓는 데, 운이 내게 내보인 마주침들 안에서 나 자신을 시험하는 데, 그리고 내게 나타난 것들에 대해, 이것들에게서 어떤 이익을 끌어낼 수 있는지를 어디에서나 반성하면서 내 남은 청춘을 보냈다.
>
> 『방법서설』, 데카르트 저, 이현복 역(2019), 문예출판사, 153쪽.

교사에게는 수업에 대한 자율성이 있다. 교수에게는 더 폭넓게 인정된다. 똑같은 강좌명으로 강의를 하더라도 교수에 따라 전혀 다른 성격의 교재가 선택되고 전혀 다른 방향의 강의가 펼쳐지곤 한다. 이는 연구 기관으로서 대학이 확보해야 하는 기본 조건이다. 그 역사학자가 대학에 있다면 학생에게는 더 치명적이다.

훌륭한 교사는 제자의 해석을 존중하며 그것을 뒷받침하는 객관적인 근거를, 그리고 그 반대 입장의 근거까지 엄선하여 기꺼이 제공함으로써 그의 사고과정을 도울 수 있어야 한다. 자신과는 다른 해석도 학생의 발전에 도움이 될 수 있다면 기꺼이 소개해야 한다.

개방적인 사고와 열린 마음은 좋은 교사라면 마땅히 가져야 할 도구다. 이것은 우선 학생의 긴 지적 모험에 날개로 작용한다. 게다가 학생의 사고과정을 존중하며 지켜보는 중에 교사는 이전에 가지지 못했던 새로운 인식에 도달하는 대단한 기회를 얻을 수도 있다.

데카르트

중세 시대의 신 중심 사유에 맞선 이성 중심 사유로의 전환의 시작점에 있는 철학자로서 데카르트(1596~1650)는 서양 근대철학의 시대를 열었다고 해도 과언이 아니다. 데카르트의 주된 관심사는 우리가 흔히 지식이라고 하는 것들이 정말로 자명하고 확실한지에 관한 문제였다. 참된 지식의 체계는 오직 인간의 이성의 힘을 기반으로 세워져야 한다는 신념을 갖고 연역적 방법에 기초하여 지식의 체계를 수립하고자 했다. 이때 그가 수학의 공리처럼 철학의 출발점으로 내세운 제1원리가 바로 생각하는 자기 자신의 존재이다. 이것은 『방법서설』과 그 후에 저술한 『성찰』에도 잘 나타나 있다. 나아가 어떠한 감각의 도움 없이 순수하게 마음속에 본래부터 가지고 있는 본유관념을 토대로 신의 존재 증명을 시도했다.

나의 삶을 산다는 것

하이데거, 『존재와 시간』

"양심이 호소하는 소리를 올바르게 듣는다는 것은,
가장 고유한 존재가능성을 바탕으로
자신을 이해하는 행위를 뜻한다."
M. Heidegger

실존으로서의 인간

인간 각자가 바라는 삶의 모습은 모두 조금씩 다를 테지만 다들 원하는 목표를 이루기 위해서 얼마간의 노력을 하며 살아간다. 자신이 나름대로 설계해 둔 행복을 꿈꾸며 때로는 지금의 모습이 행복으로 가는 길에 부합하는지 아닌지에 대해 생각해 보고 반성한다. '과연 지금 나는 제대로 살고 있는 것인가?', '어떻게 사는 것이 좋은 삶일까?'와 같은 질문을 스스로에게 던진다. 이는 인간의 본질적인 성격이다.

하이데거는 세상에 존재하는 많은 존재자들 가운데 인간만이 유일하게 존재물음을 던질 수 있는 존재라고 했다. 인간은 스스로 자신의 존재를 문제 삼을 수 있는 유일한 존재라는 말이다. 하이데거는 인간의 이러한 존재 방식을 '실존'이라고 말했다. 하이데거가 '존재한다'는 말의 궁극적 의미를 밝히는 데 주력한 그 사고의 과정과 결과가 『존재와 시간』이라는 책이다. 인간은 자신을 불안하게 하는 근원적 염려로부터 벗어나기 위해서 일상에 매몰되어 살아가는데 이는 인간의 비본래적 모습이다. 하이데거는 망각하고 살았던 자신의 본래성을 회복해야 함을 시간성에 근거하여 설명했다.

하이데거는 자신의 존재에 대해 의문을 제기하며 존재가 드러나 있는 존재자로서의 인간을 '현존재'라고 부른다. 현존재인 인간은 발붙이고 살아가는 세계 내에서 다른 존재자들과 끊임없이 관계한다. 이렇게 다른 존재자들과의 실천적 관계 속에서 살아간다는 의미에서 인간은 하이데거에 있어서 '세계-내-존재'이기도 하다. 싫든 좋든 우리는 태어나면서부터 다른 존재자들과의 관계 속에 내던져진다.

세계 – 내 – 존재

한편 하이데거에 따르면 인간은 모두 자신이 선택하지 않은 세계에 이미 던져진 채로(被投, 피투) 있지만 그 세계에서 자신의 삶의 궁극적인 목적을 향해 스스로를 던지는(企投, 기투) 존재다.

그러나 세계 속에 던져진다는 것은 저마다 자신의 모든 가능성 자체인 존재자의 존재양식으로 존재하는 일인데, 그러한 모든 가능성에 있어서, 또 그러한 모든 가능성에 의거해서 자기를 이해하듯이―그러한 모든 가능성을 향해 자기를 기투하듯―그렇게 그때그때 자신의 가능성이 되는 것이다.

『존재와 시간』, 하이데거 저, 전양범 역(2018), 동서문화사, 234-235쪽.

그는 인간은 미래의 가능성, 다시 말해서 무엇인가 실현해야 할 과제라든가 가능성을 추구하는 존재라고 말한다. 인간은 탄생에서 죽음에 이르는 자신의 삶 전반을 문제 삼으면서 살아간다. 삶의 한복판에서 문득 지금까지 자신이 살아온 과거를 회상하기도 하고, 그 과거와 현재 삶의 일치 혹은 불일치 속에서 기뻐하거나 아쉬워하며 자신의 미래, 즉 자기 삶의 가능성 같은 것을 추구하고 계획하면서 지금 나는 어떻게 살아야 하며 무엇을 해야 하는지를 규정한다.

세계 내에서 사물들이 정해진 목적에 따라 그 자체로 존재하는 것과 달리, 인간은 누구나 좋은 삶이라는 궁극적인 목적 아래 자신과 관계하는 존재자들을 이해하려고 한다. 다시 말해서 인간은 이상적인 삶과 세계에 대한 자신의 이해를 구현하려는 방식으로 살아간다. 예를 들어 집에서는 상대에게 좋은 배우자이고 싶고, 자식에게는 좋은 부모가 되고 싶어 한다. 일터에서도 마찬가지다. 조직 안의 존재자들과의 관계 속에서 훌륭한 사람으로 존재하기를 원한다. 이런 바람을 실현하고자 다양한 역량과 품격을 갖추는 일에 노력을 들인다.

삶의 이상

실존으로서, 그리고 현존재의 한 부류로서 교사 역시 학교라는 작은 울타리 내에 거주하면서 교실, 칠판, 교탁, 학생, 동료 등 다양한 존재자들과 관계하며 그 안에서 이상적인 교사로서의 삶을 구현하려고 노력한다. 대부분의 교사는 개인이 갖고 있는 조건이나 처한 환경이 어떻든지 간에 학교라는 세계 속에 상정되어 있는 이상적인 교사상이 갖춰야 할 역량이나 품격을 갖추기 위해 노력한다.

그런데 여기서 우리는 사람들이 상정한 이상적인 교사의 모습이 정말 이상적인 것인가에 대해서 질문을 던질 수 있다. 만약 이상적이라 여긴 교사상에 실제로 자신이 근접했음에도 불구하고 행복을 느끼지 못한다면 애초에 마음에 담은 이상적인 교사상이 잘못되었을 가능성이 높다.

사람들이 삶의 이상을 제대로 이해하며 살아간다면 다행이지만, 하이데거는 현실에서 대부분의 사람이 착각 속에서 살고 있다고 진단한다. 자신이 자기 삶의 주체로서 주변의 사물과 사람들을 잘 이해하며 살아가고 있다는 착각 말이다. 안타깝게도 하이데거가 보기에 사람들은 자기 삶의 주체가 아니라 단지 한 명의 세상 사람으로 살아가고 있다. 이것은 우리가 이미 내던져진 세계 안에서 세상 사람들이 정해 놓은 가치 척도에 따라서 삶을 계획하고 살아간다는 의미이다. 실제로 그렇다. 일터를 예로 들면, 일반적으로 우리는 사회가 인정하는 직장에 취직하기 위해서 노력하고, 그 직장에 취직해서는 동료들이 존경하는 직장 상사가 되기 위해 노력한다. 일터만이 아니다. 소위 '능력 있는 사람'으로 살기 위해서 어느 정도의 경제력을 갖추려고 하고, 또 그렇게 보이기 위해서 소위 우리 사회가 '능력 있는 사람'으로 여기는 온갖 것들을 쟁취하기 위해서 노력한다.

교사로서의 삶

이제 우리는 혹시 자기 스스로가 세상 사람들이 생각하는 교사로서의 삶을 살고 있는 것은 아닌지 자문해 볼 필요가 있다. 주변에서 교감, 교장으로 승진해야 인정해 주니까 승진하려고 하고, 세상 사람들이 부부교사라면 대기업에 다니는 사람 못지않게 경제적으로 여유 있는 삶을 산다고 하니까 교사인 배우자를 만나려고 하는 것은 아닌지 묻고 싶다. 어쩌면, 선택은 자기가 했더라도 실제로는 세상 사람들의 가치 척도와 시선에 얽매여 자신의 삶을 살고 있지 못할 수 있다. 이것은 거짓 삶이다. 거짓 삶에는 진정한 행복이 있기 어렵다.

원점에서 우리는 삶의 궁극적인 목적은 무엇이며, 그것에 부합하기 위해서 교사로서 어떻게 살아야 하는지를 고민해야 한다. 삶의 방향이 정해졌다면 그것에 비춰 자신의 조건과 환경을 토대로 해서 구체적으로 어떻게 살아야 할지를 선택해야 한다. 지금 가르치고 있는 학생들과 어떻게 대면해야 하고, 동료와는 어떤 만남을 가져야 하는 지를 하나하나 새롭게 규정해야 한다. 사실 이것은 우리가 이미 세상 사람들의 시선에 사로잡혀 있기 때문에 쉽지 않다. 그렇지만 우리는 스스로가 삶의 온전한 주체로 서기 위해 끊임없이 노력해야 한다.

죽음에 대한 불안과 삶의 전회

불치병으로 시한부 선고를 받았다고 상상해 보자. 지금 당신이 살고 있는 한 인간으로서의 모습, 당신이 갈망하고 있는 교사로서의 이상향은 살날이 며칠 남지 않은 당신에게도 충분히 가치가 있고, 의미 있을지 생각해 보자.

> '죽음'은 세계 내부에서 일어나는 지극히 당연한 사건이다. 이처럼 죽음은 일상적 만남에서도 특징적인 은밀한 영역에 머물러 있다. (중략) 죽음에 대한 이 해석을 어떤 세인(세상 사람)은 분명히 말하기도 하지만, 대부분은 머뭇거리며 둘러맞추듯 말한다. 그 내용을 간단히 말하자면 이렇다. 사람은 언젠가 반드시 죽지만, 내 차례는 당분간 오지 않을 것이라고.
>
> 『존재와 시간』, 하이데거 저, 전양범 역(2018), 동서문화사, 326-327쪽.

관리자로의 승진을 자신의 교직 여정에서 가장 중요한 과업으로 삼았더라도 시한부 선고를 받는다면 계속해서 승진을 염두에 둔 삶을 살지는 않을 것이다. 승진 외에도 그동안 가치 있다고 여긴 많은 것들이 무의미하게 느껴질 것이다. 이처럼 죽음은 우리를 본래적인 실존에 귀 기울이도록 만든다. 그럼에도 불구하고 대부분의 사람들은 죽음을 자신과는 상관없는 먼 미래의 일로 치부해 버린다. 하지만 죽음은 늘 우리 앞에 임박해 있다. 벌을 받거나 잘못을 들키거나 시험에 떨어지는 것을 걱정하는 일을 넘어서는 인간 본연의 불안, 즉 죽음을 마주할 때 우리는 그동안 집착해 왔던 가치들을 정리하고 삶의 새 가능성을 열 수 있다.

🎵 하이데거 _____

독일의 실존주의 철학자 하이데거(1889~1976)는 인간의 존재 방식을 '불안'으로 규정하며, 인간을 자신의 존재를 끊임없이 문제 삼으며 살 수밖에 없는 '세계 내에 던져진 존재'로 이해한다. 하이데거는 인간이 죽음을 애써 외면한 일상적 삶에서 벗어나 죽음을 선취함으로써, 본래적이고 주체적으로 살아갈 수 있다고 말한다. 하이데거의 현존재의 존재 의미 탐구와 인간실존에 대한 존재론 연구가 1927년에 『존재와 시간』의 탄생으로 이어졌다.

자기 강제라는 이름의 자유

칸트, 『실천이성비판』

"내 마음을 늘 새롭게 하는 두 가지는
별이 빛나는 내 위의 하늘과
내 안에 있는 도덕법칙이다."
I. Kant

자유에 대한 단상

우리는 자유의지가 없는 상태에서 한 일에 대해서는 관대하다. 학교
폭력 사안에 있어서도 가해 학생이 애초에 친구를 괴롭히려는 의도
가 있었는지가 윤리적 책임의 크기를 결정하는 데 중요한 역할을 한
다. 교사도 학생이 친구의 협박에 떠밀려 어쩔 수 없이 저지른 잘못
이라든가 예기치 못한 교통 혼잡 때문에 발생한 지각에 대해서는 크
게 나무라지 않는다. 자유의지에 의한 행동이 아닌 만큼 그로 인한
결과에 대해 교사는 학생에게 책임을 묻지 않는다. 이렇듯 우리에게

자유는 인간 행동의 기본 조건이며, 자유도에 따라 도덕적 비난과 칭찬의 수위도 결정된다.

자유는 지고지순한 인류의 보편적 가치다. 모든 국가의 역사는 자유를 쟁취하는 방향으로 흘렀다. 프랑스 혁명은 신분 차별이라는 낡은 질서를 타파하고 개인의 자유와 평등한 권리를 얻기 위해서 일어난 시민혁명이었고, 4·19 혁명은 학생과 시민들의 주도로 3·15 부정선거와 독재에 맞서 일으킨 민주주의 운동이었다.

헌법에는 모든 국민에게 신체의 자유, 거주 이전의 자유, 직업선택의 자유, 종교의 자유, 언론·출판의 자유 등이 있음이 분명히 명시되어 있다. 개인적 조건, 환경 등에 의해 이러한 자유를 제한적으로 누릴 수밖에 없는 사람들도 있지만, 기본적으로 누구나 여건만 된다면 이사를 갈 수 있고, 직장을 옮길 수도 있다. 말 그대로 내가 원하는 것을 선택하고, 하고 싶은 대로 행동할 수 있는 것이 자유다. 약속된 체계 내에서가 아니라면 누구도 타인에게 강요를 할 수 없다. 그런데 이와 같은 자유 개념은 자유를 매우 협소하게 이해한 것이다.

자유와 도덕법칙
·····················

철학자 칸트는 자유를 매우 적극적인 방식으로 이해한다. 그의 3대 비판철학서 중 하나로 1788년에 출간된 『실천이성비판』은 '우리가 무엇을 해야 하는가' 하는 당위적 차원의 문제를 논의한다는 점에서 윤리학과 관련된다. 책 제목에서 예상할 수 있듯이 칸트에게 있어서 인간의 이성은 사물을 인식하고 세계를 이해하는 성격의 이성만 존재하는 것이 아니다. 인식과 이해 차원의 이성을 '이론(理論)이성'이라고 한다면 인간의 행위와 관련한 '실천이성'도 존재한다. 실천이성은 주어진 일련의 문제 사태에서 우리에게 도덕적 의무와 당위를 부여하는 역할을 한다. 칸트는 인간이 자율로서의 자유가 내재된 의지를 갖고 있으며, 도덕적 가치는 바로 내면의 도덕법칙, 다시 말해서 정언명령을 따르는 데 있다고 설명했다. 또한 이 책에서 칸트는 구체적 행위의 실천 주체인 인간이 주관적으로 세운 준칙이 어떤 경우에 객관적 법칙이 될 수 있는지에 대해 탐구했으며 그것에 대한 답을 찾는 과정에서 '의지의 자율로서의 자유' 개념을 도입했다.

이 자유는 환경적 제약이나 외부 간섭 따위에 대한 자유를 의미하지 않는다. 칸트에게 있어서 자유의 본질적인 의미는 인간이 스스로의 자발적인 의지에 의하여 도덕 법칙을 자기 자신에게 부여하는 것이다.

그가 말하는 보편적 도덕법칙은 인간의 내면에서 비롯되는 자기입법의 원리다. 즉, 일련의 도덕적 문제 상황에서 자신이 옳다고 생각하는 방향에 대해서 다른 사람들도 그렇게 생각할지를 스스로 묻는 것이다. 일종의 보편화 검사라고 볼 수 있다. 자신의 내면에서 명령하는 행위가 보편적일 수 있는지를 따져 보는 것이다. 이 과정의 핵심은 인간을 목적으로 대우하고 있는가를 따져 보는 것이다. 칸트는 그러한 보편화 검사를 통과한 것이 자신의 내면에서 반드시 지켜야 할 법칙으로서 명령을 내리게 된다고 했다. 이 명령에 의해 일어나는 마음속의 자기명령이 바로 칸트의 '정언명령'이다.

너의 의지의 준칙이 항상 동시에 보편적 법칙 수립의 원리로서 타당할 수 있도록, 그렇게 행위하라.

『실천이성비판』, 칸트 저, 백종현 역(2009), 아카넷, 91쪽.

의지의 자율로서의 자유

정언명령을 따르는 것은 의지의 자율로서의 자유다. 인간의 도덕적 행위는 스스로 입법한 도덕법칙에 자발적으로 일치하는 행위를 하는 것이다. 인간의 먹고 자는 등의 행위는 자연적 경향성에 따르는 것이다. 만약 어떤 학생이 칭찬을 받기 위해서 선행을 베풀었다면 그것에는 아무런 도덕적 가치가 없다. 오직 그 선행이 옳다는 생각 때문에 그것을 스스로 의욕하고 실천으로 옮기려는 의지만이 도덕적으로 옳은 것이다.

인간의 경향성을 극복하고 도덕법칙을 따를 때 인간은 인간다운 존재가 된다. 도덕법칙은 인간이 자신에게 부과하고, 인간이 인간이기 위해 스스로 복종해야만 하는 법칙이다. 결국 칸트에게 있어서 자유는 의지의 문제다. 인간의 의지가 이성의 명령에 따라 행위하도록 한다. 인간의 행위는 이성만으로 동기화되지 않는다. 인간으로 하여금 바람직한 행위를 실천하도록 하는 원동력은 도덕법칙에 대한 존경심에 있다. 그리고 존경은 일반적인 감정과는 다르다. 존경은 오직 인격을 향해 존재한다.

> 존경은, 우리가 하고 싶든 하고 싶지 않든, 공적 있는 이에게 〔바치길〕 거부할 수 없는 공물貢物이다. 우리는 경우에 따라 외면적으로는 존경을 보류할 수 있지만, 그러나 내심으로 그것을 느끼는 것을 막을 수는 없다.
>
> 『실천이성비판』, 칸트 저, 백종현 역(2009), 아카넷, 158-159쪽.

타율에서 자율로

많은 아이들은 자신의 명령이 아니라 타인의 명령에 의존한다. 부모님이 밥 먹으라고 해야 밥상 앞에 앉고, 씻으라고 해야만 씻는다. 공부도 하라고 해야만 억지로 책을 꺼내 드는 아이가 있다. 타율적인 삶이다. 학교에서 규칙을 따르는 행위도 이면의 동기를 보면 타율적인 경우가 많다. 예를 들어, 복도에서 뛰지 않는 습관을 가지고 있는 이유가 선생님에게 혼날까 봐 또는 친구들한테 도덕적 비난을 받을까 봐 걱정이 되어서라면 이것도 타율적인 삶에 해당한다. 외부에서 정한 규칙에 강제되어 행위했기 때문이다.

칸트는 도덕의 영역에 있어서 우리를 내용의 세계가 아니라 형식의 세계로 초대한 철학자다. 칸트는 행위 자체에서는 도덕적 가치를 찾을 수 없다고 말한다. 복도에서 뛰지 않는 행위 자체에 도덕이 있는 것이 아니라, 행위의 동기가 내면에서 제정한 법, 즉 자기입법의 원리에 따랐어야 비로소 도덕적이라는 것이다. 성인들도 타율적인 삶에서 자유롭지 못하다. 다들 자유롭게 살고 있다지만 외부에서 정해 놓은 가치규범에 강제된 삶을 사는 면이 없지 않다. 진정으로 자유롭기를 바란다면 내면의 목소리에 귀를 기울일 필요가 있다.

자유 실현의 교육

칸트의 자유 개념대로라면 인류의 자유 쟁취를 위한 투쟁은 아직도 왕성하게 현재진행형이다. 폭압적 정권에 대항하는 싸움이 아니라 내 안의 도덕법칙과의 싸움이다. 칸트의 표현대로라면 우리에게 던져진 과제는 도덕법칙에 대한 존경심을 갖는 일이다.

도덕법칙에 대한 존경은 유일한 그리고 동시에 의심할 바 없는 도덕적 동기이며, 이 감정은 또한 오로지 이 근거 이외에는 어떠한 객관도 지향하고 있지 않다. 무엇보다 먼저 도덕법칙은 이성의 판단에서 객관적으로 그리고 직접적으로 의지를 규정한다.

『실천이성비판』, 칸트 저, 백종현 역(2009), 아카넷, 160쪽.

학교에서 학생들이 익혀야 하는 자유는 어떤 것일까? 협소한 자유 개념도 제대로 익혀야 하지만, 칸트가 말하는 적극적인 차원의 자유 개념을 경험하는 장이 학교여야 한다. 태어나면서부터 내면에 품고 있는 실천이성을 발현해 스스로 도덕법칙을 세우고 스스로 복종하며 살아가는 인격을 형성하도록 돕는 것이 교사의 일이다. 학생이 자신의 욕구나 선생님의 명령에 복종하지 않고 자신의 의지로 객관적 도덕법칙에 따를 때 진정한 의미의 실천적 자유를 경험하는 것이다.

칸트

인간이란 인식과 행위에서 처음부터 끝까지 능동적 존재임을 역설한 칸트 (1724~1804)는 시간 강사이자 사서로 생계를 유지하다가 46세부터 대학 교수로 논리학과 형이상학을 가르치기 시작했으며 57세였던 1781년에 『순수이성비판』을 출간했다. 책 내용에 대한 혹평과 몰이해가 뒤따르자 2년 뒤에는 해당 도서의 입문서 격의 『형이상학 서설』을 출간했고 이후 3년 동안 매년 한 권씩 책을 냈다. 1788년에 『실천이성비판』을, 1790년에 『판단력 비판』을 내놓음으로써 소위 칸트의 3대 비판철학서가 완성되었다.

교사의 상향평준화를 위하여

헤겔, 『정신현상학』

"세계의 역사는 자유의식의 진보 외에 아무것도 아니다."
G. Hegel

예속과 정체

'저 사람 왜 저래? 왜 혼자 튀는 행동을 해?'라고 생각해 본 경험이 있나? 그렇다면 당신은 타자에게 그리 관대하지 않은 사람일 수 있다. 우리사회는 튀는 사람을 그다지 좋아하지 않는 것 같다. 학부모들은 자식에게 중간을 원한다. 물론 학업성취도는 예외다. 괜히 튀는 행동을 해서 친구들 사이에서 미움을 받을 것을 걱정하기 때문이다. 선생님들의 입방아에 오르내리는 것도 영 달갑지 않아 한다.

관용이 넉넉하지 않은 사회 분위기라면 외부 시선을 감당하지 못하는 사람은 자신이 의도했던 바를 실행으로 옮기지 못하고 접어 버린다. 주위의 시선을 아랑곳 않고 본인이 가고자 하는 길을 가는 사람도 있다. 하지만 전자와 같은 선택을 하는 사람이 훨씬 많다. 격차성에 따른 상호 비교주의가 철저하게 현실에서 작동되고 있기 때문이다. 이러한 삶의 양태는 사회의 발전을 좀먹는다. 격차성에 따른 비교의식이 늘 그 자리에 안주하려는 집단 분위기를 유지시킨다. 변화의 싹이 트기 어렵고 공동체의 발전은 기대하기 어렵다.

이러한 특성은 어느 집단에서나 발견된다. 특히 소속의 욕구가 강하고 유대 관계를 중요시하는 초등학생들에게 잘 나타난다. 교사가 조금만 민감하더라도 학생 집단 내에서 누가 양보를 하고 누가 항상 집단에서 목소리가 큰지를 쉽게 파악할 수 있다. 어떤 아이들은 단순 선호를 드러내는 의사결정 과정에서 늘상 어쩔 수 없이 양보만 한다. 그것이 집단 안에 자신을 분명하게 예속시키는 길이라고 생각하기 때문이다. 이런 의식이 만연하면 학생 개개인의 성장은 더뎌진다.

자기의식과 정신

교실 내에서 학생들이 표현의 자유를 포기하고 자신이 속한 집단 안에 예속되려는 경향을 과하게 보인다면 교사는 걱정해야 한다. 자신이 운영하는 학급이 건전하고 역동적인 소통의 장이 되어야 하는데 서로에 대한 눈치와 조심성만 길러 주고 있으니 말이다. 하지만 이러한 상황에도 희망은 있다. 학생들의 의식이 여전히 살아 있다는 점에 희망이 있다. 자신의 뜻을 굽히고 집단에 순응했을지라도 의식 속에는 그것이 어쩔 수 없는 선택이었다는 점을 생각하며 자신의 나약함을 위로하고, 다음에는 더 좋은 선택을 해야겠다는 정신으로 나아갈 수 있다. 이것은 인간이 자기의식을 갖고 있기 때문에 가능한 일이다. 의식과 정신의 관계를 집중적으로 조명한 철학자가 헤겔이다.

헤겔은 초기 저작 『정신현상학』에서 의식의 경험에 대해 논의한다. 핵심은 인간의 의식이 경험을 통해 진리를 파악해 간다는 점이다. 그는 우리에게 실재하는 세계란 사람들의 정신이 지닌 주관적 개념들 이상의 것이라고 여겼다. 인간은 의식의 경험을 통해서 자기 자신의 내용과 대립을 극복하고 자신과 완전히 일치하게 되기까지 의식의 변증법적 운동을 거치면서 절대 지知에 이를 수 있다.

인간은 고정된 실체로 존재하는 것이 아니다. 자기의식을 통해 자기 분열과 자기동일화의 과정을 거치는 연속적 운동을 한다. 쉽게 말해서 우리의 의식은 끊임없이 자기 자신의 변화를 만들어 내지만, 한편으로는 변하지 않는 자신이 존재하며, 변하지 않는 자신으로의 통일이 이루어진다. 어린이에서 청소년으로, 청소년에서 성인이 되는 과정을 경험하면서도 여전히 의식에는 '경험하고 있는 자기'가 있다. 이렇게 인간은 자기동일성을 유지하면서 동시에 자신을 자신으로부터 구별함으로써 스스로를 대상화해 바라볼 수 있는 존재다.

자기의식은 무엇보다 먼저 단일한 즉자존재로서 모든 타자를 배제하여 자기동일성을 지닌다. 이때 자기의식의 본질이며 절대적 대상이 되는 것은 '자아'로서, 자기의식은 자각적 존재인 이 '자아'와 직접 어우러진 가운데 개별자로서 존재한다.

『정신현상학』, 헤겔 저, 김양순 역(2016), 동서문화사, 131쪽.

어떤 이유에서든 인간의 의식은 변한다. 의식의 변화는 일종의 교육됨이다. 유아기의 아이들은 감각적 경험을 통해서 대부분의 지식을 습득한다. 눈으로 직접 꽃을 보고, 소금을 직접 맛보고, 얼음을 직접 만져봄으로써 대상을 인식한다. 하지만 감각을 통한 얕은 개별적인 대상에 대한 경험일 뿐이므로 보편성을 획득하기 어렵다. 차츰 자라면서 자신이 서 있는 바로 '지금, 여기'라는 시공간적 운동 안에서 자신의 감각적 확신을 부정하게 되고 인식의 새로운 접근을 시도한다. 성장은 오류가 있기 때문에 가능한 것이며, 오류를 인식하고 인정할 때 인간은 성장한다. 실패에서 배운다는 말도 같은 맥락이다.

변증법과 부정의 자유

헤겔은 인류의 모든 정신의 발전은 정반합의 원리, 즉 변증법적인 과정을 거친다고 보았다. 구체적으로, 정正의 단계는 그 자신 속에 이미 모순을 포함하고 있음에도 불구하고 그 모순을 알아채지 못하고 있는 단계이며, 반反이란 그 모순이 자각되어 밖으로 드러나는 단계다. 그리고 합슴의 단계는 드러난 모순에 의식이 부딪침으로써 정과 반이 종합적으로 통일되는 단계다. 이를 의식의 전개 과정으로 이해해 보면 개개인의 의식 속에서 인식된 모순에 대해 부정하는 과정에서, 자신이 원래 품었던 인식이 자신의 의식 안에서 새롭게 통일되는 과정을 파악할 수 있다.

> 자기는 오직 스스로 폐기되었을 때에만 그 자신에게 현실로 나타난다. 이런 까닭에 자기는 자기의 의식과 대상의 통일을 자각하지 못하고 대상은 자기를 부정하는 것으로서 자기와 대치해 있다.
>
> 『정신현상학』, 헤겔 저, 김양순 역(2016), 동서문화사, 327쪽.

그런데 정반합의 과정이 항상 사회 발전으로 이어지는 건 아닌 것 같다. 정반합이 개인의 의식 속에서만 일어나고 현실 세계에 반영되지 못하는 측면이 있기 때문이다. 인간은 자유로운 존재다. 자기의식은 특히 그렇다. 어느 누구도 내가 될 수 없는 이상 자기의식을 침해할 수 없다. 자기의식에 있어서만큼은 지극히 평등한 존재다. 그럼에도 불구하고 사람 사이에서는 의식의 발전을 허용하지 않는 일이 종종 있다. 변증법적인 과정을 거치려면 부정의 단계가 있어야 하는데 완고한 사회는 개인의 부정을 쉽게 용인하지 않기 때문이다. 부정이 불가능하다는 것은 의식만 자유인 상태다. 표면적으로는 자유가 주어졌다고 하지만, 실제로는 표현의 자유가 훼손된 상태다.

옆 반 교사에게 자유를

역사는 의식의 전개 과정에서 진보할 수도 있고 퇴보할 수도 있다. 그것은 순전히 우리에게 달려 있다. 교사에게는 저마다 자신 있는 교육방법이 있다. 또한 교과목표를 달성시키기 위해 축적한 학습내용과 체계도 있다. 경력 교사일수록 더 많은 의식의 흐름을 거쳤고, 의식 안에서 참교육에 가까이 다가가는 법을 계속 고민하고 있다고 생각하고 있을 것이다. 이미 깨우쳤다고 생각하고 있을 수도 있다.

세상은 매우 빠르게 변하고 있다. 사회 변화에 발맞춰 교육 현장도 변하고 있다. 교사도 자신의 학급 운영에 도움이 될 다양한 교육공학적 이론과 지도 전략을 배운다. 때로는 새로운 문물을 받아들이는 일이 다소 힘에 부치더라도 아이들을 위해 부단히 노력하며 기필코 자기 것으로 만든다. 이때 개인은 성장하고 교육의 역사는 진보한다.

학교에서 여러 교사들은 함께 근무하며 학생들을 잘 가르치기 위해서 팀워크를 발휘한다. 동학년이라면 더욱 서로 힘을 합쳐서 아이들의 성장을 도모한다. 그런데 종종 동학년이라는 이름으로, 한 교사의 실험과 열정을 '튀는 행동'으로 낙인 찍어 버리는 경우가 있다. 학생들이 우리 반을 다른 반과 비교하는 것 자체가 교사에게 부담스러운 일인 건 사실이다. 곰곰이 돌이켜 보자. 정확히 말하자면 무엇 때문이었을까? 우리는 생각보다 쉽게 현실에 안주함으로써 교육의 진보를 손수 가로막는다. 나 자신을 기꺼이 반反하여 모순을 직면하고 치열하게 합合에 이르는 과정을 즐겨 보자.

일부 아이들에게는 분명 도움이 될 테지만 내 성미로는 도저히 진행하기가 어려웠던 어떤 교육활동을 동료교사가 해내고자 한다면 존중하고 인정하자. 나는 옆 반 교사의 자유를 얼마나 존중하고 있는가? 내 옆 교사의 자유를 인정해야 나도 자유롭다. 그래야 학교교육의 힘도 커진다.

헤겔

"칸트 이전의 철학이 칸트에게 흘러들어온 뒤에 독일관념론이라는 호수에 고였다가 여기에서 빠져나가는 통로이자 계기가 된 존재." 헤겔(1770~1831)에 대한 설명이다. 헤겔 이전에는 감각을 통해 전달되는 물체의 상은 의식 과정에서 왜곡이 이루어지기 때문에, 사물 자체에 대해서는 인식이 불가능하다고 보았는데 이와 달리 헤겔은 의식의 대상, 즉 물자체가 우리의 정신 속에 내재한 개념과 분리된 채 존재할 수 없으며 실재의 본성은 사유와 이성이라고 보았다. 절대적 관념론 철학자로서 헤겔은 주관과 객관의 차이를 하나의 변증법적 체계 속에서 사유했다. 주관과 객관을 동일화하는 단계에 이른 절대정신이 이성이며 그 본질은 자유인데, 역사는 이성적인 자유를 점차 실현해 가는 과정으로 전개되어 간다고 했다. 『정신현상학(1806)』은 헤겔의 주저 가운데 가장 먼저 출간된 책으로 의식이 여러 변증법적 운동을 거쳐 마침내 진리라는 완전한 자각에 이를 수 있음을 설명하고 있다.

타자의 시선과 겸손

사르트르, 『존재와 무』

"나는 타자 체험이다.
그리고 이 타자 체험은 그 자체로 이미 타자에 대한 태도다."

J. P. Sartre

어른의 의미

아이들의 성장에 어른이 미치는 영향은 지대하다. 자아 개념이 형성
되기 이전부터 마주하는 일차적 어른은 부모이고 교사는 가정을 나
와 밖에서 제대로 만나는 사회적 어른이다. 어른이라고 하면 일정한
나이에 도달한 사람 전반을 가리키는 말로 쓰이지만 사전적 의미는
이렇다. "다 자라서 자기 일에 책임을 질 수 있는 사람." 성인이 되는
것과 어른이 되는 것은 다른 일이다. 나이가 많지만 아직 어른 아닌
사람들도 있다.

아이들이 어른을 보고 배운다는 것에 동의하는 사람이라면 아이가 어떤 행동을 해서 아이 자신이 해를 입는다거나 퇴행을 겪고 있을 때 그 책임이 순전히 아이에게 있다고는 생각하지 않는다. 아이가 한 행동이므로 책임도 아이에게 있다고 하는 것은 어른들의 책임 회피다. 아이는 어른이 아니다. 자신의 행동에 아직 모든 책임을 질 수가 없는 존재다.

그렇다면, 학생이 어떤 행동을 스스로 한 경우라면 어떨까. 그 행동의 원인을 학생 개인에게서만 찾아도 과연 괜찮은 걸까. 부모가 됐든, 교사가 됐든, 주변의 어른들과 그들을 포함한 환경의 역동이 아이들에게 강한 영향력을 행사한다. 그 영향력은 아이들이 하는 말, 사고방식, 행동거지 모두를 섬세하게 장악한다. 그래서 아이와 친밀한 관계에 있는 어른일수록 아이가 저지른 일탈 행동에 대한 책임에서 자유롭지 못하다.

인터넷 공간에서 폭력과 음란을 접하는 아이들이 적지 않다. 그렇다고 인터넷 사용을 유예시키는 건 근본적인 문제 해결과 거리가 멀뿐더러 도구의 장점까지 누리지 못하게 하니 바람직한 방법이라고 보기 어렵다. 저급한 문화를 생산하고 향유하는 성인들을 사라지게 하면 좋겠지만 이상적인만큼 비현실적이다. 근본적인 해결책은 자유를 건강하게 향유하고 부끄러운 행동이나 말을 삼가는 어른의 모습을 보여 주는 것이다.

자유와 타자의 시선

························

사르트르를 생각해 보자. 실존주의 철학자 사르트르에 따르면 인간은 도처의 사물을 대면하면서 자신의 존재 가능성과 사물의 존재의미를 선택한다. 그렇게 존재론적 자유를 구현해 간다. 사물들의 틈에서 의식이 있는 인간이 자신 외에는 없다고 여길 때 세계의 중심은 오직 자신이며, 세계는 순전히 자신의 선택에 의해 의미 부여가 된다.

『존재와 무』는 사르트르의 책 중에서도 손꼽히는 주저다. 이 책에서 사르트르는 무신론적 실존주의 입장을 견지하며 독자적 존재론을 주장한다. 세계 속 모든 존재를 사물처럼 그 자체로 완전무결하게 존재하는 즉자卽自 존재와, 자신을 대對하는 존재인 대자對自 존재로 구분한다. 인간은 의식을 통해 자신을 마주할 수 있는 대자對自 존재다. 그렇기 때문에 인간은 항상 자기 밖으로 자신을 기투해 가는 자유로운 존재이며, 스스로 자신을 만들어 갈 수 있다. 또한 사르트르는 인간이란 타인이라는 존재를, 즉 사물이 아닌 의식 있는 타자를 대면하면서 자유를 실현해 가는 존재라고 보았다. 나의 시선에 타자가 들어오는 순간 나는 타자가 바라보는 대상이 되기도 한다.

타자의 시선은 세계를 통해 나를 엄습한다. 타자의 시선은 단순히 나 자신에 변형을 가져올 뿐만 아니라, '세계에' 전면적인 변모를 가져온다. 나는 시선을 받고 있는 하나의 세계 속에서, 시선을 받고 있다. 특히 타자의 시선—그것은 '시선을 향하는 시선'이고, '시선을 받는 시선'이 아니다 — 은 대상에 대한 나의 거리를 부정하고 타자 자신의 거리를 전개시킨다.

『존재와 무』, 사르트르 저, 정소성 역(2011), 동서문화사, 457쪽.

그래서 사르트르는 인간을 '대타對他 존재'로 규정했다. '나'는 타자를 여러 객체 가운데 하나가 아니라 나와 같이 시선을 통해 자신을 중심으로 질서를 지을 수 있는 존재로 파악할 수 있다. 사르트르의 말을 빌리자면 타자는 나의 세계에 들어와 내가 중심으로 서 있는 세계에 일종의 내출혈을 일으킨다. 타자의 시선이 들어오는 것을 인식한다는 것은 현재의 내 모습을 포착하게 되는 것을 의미한다.

상대편의 '눈'이 나타내고 있는 시선은 그 눈이 어떤 종류의 것이든, 전적으로 나 자신을 향한 지향이다. 나의 배후에 나뭇가지가 술렁이는 소리를 들을 때 내가 직접적으로 파악하는 것은 '거기 누군가가 있다'는 것이 아니라, '나는 상처받기 쉬운 자'라는 것. (중략) 요컨대 "나는 '보이고 있다'"는 것이다.

『존재와 무』, 사르트르 저, 정소성 역(2011), 동서문화사, 440쪽.

교사의 어려움

우리는 타자의 시선 속에서 살아간다. 어느 누구도 타자의 시선으로부터 자유롭지 못하다. 교사는 특히 많은 학생의 시선을 마주한다.

그 시선 앞에서 교사는 교사로서의 자기 존재를 끊임없이 성찰한다. 때로는 학생의 시선이 교사의 실존 깊은 곳까지 침투하여 교사의 삶 전체를 흔들기도 한다. 자신의 부족함을 부끄러워하기도 하고 교사로서 어찌할 수 없는 한계 상황에 직면하여 괴로움을 느끼기도 한다.

완벽한 사람은 없다. 인격 완성의 측면에서 보면 모든 인간은 '되어 가는 존재'다. 다만 현재의 자신을 객관적으로 성찰하고 인격 도야를 위해 노력하는 측면에 있어서는 모두가 다르다. 하나의 인격체로서 완벽한 교사란 존재하지 않는다.

교사에게 특별히 고결한 인품이 요구되는 것은 교사가 항상 학생의 시선에 있기 때문이다. 게다가 학생은 배움의 주체다. 학생과 학부모의 시선은 여간 불편한 게 아니다. 그 시선에서 벗어나기 위해 근무지에서 먼 곳에 집을 마련하는 경우도 있다. 타인의 시선에 의해 자신의 자유가 응고될 것을 염려하는 때에 우리는 남들에게 보여 주지 않은 진짜 '나'를 발견한다.

하지만 타인의 시선으로부터 아무리 숨으려 해도 숨을 수 없다. 상황이 이렇다면, 자신을 숨기기보다는 학생들의 시선에 자연스럽게 노출되기를 고민해 보는 건 어떨까. 다소 의도적인 노출이라도 좋다. 학교 밖에서도 학생의 시선을 직시하는 교사들은 때때로 '왜 밖에서 선생님 행세냐'는 핀잔을 듣기도 한다. 하지만 그것은 학생의 시선이 존재함을 의식하는 교사가 스스로 지향하는 인간의 모습을 구현하기 위한 구체적 행위다.

반면교사
··········

배움을 위해 머무는 공식적 공간인 학교에서 학생들에게 교사는 타자의 시선이다. 교사의 존재 자체가 학생들에게는 성장의 밑거름이 될 수 있다. 관건은 학생들에게 교사가 어떤 시선으로 인식되느냐다. 교사가 정의로운 삶을 몸소 실천으로 보여 준다면 학생들도 정의롭게 살기 위해서 노력할 것이고 교사가 어수선하면 학생도 정결하지 않을 확률이 높다. 그래서 교사는 학생들에게 모범이 되는 존재가 되어야 한다. 하지만 학생의 눈에 완벽한 교사일 수는 없다. 만약 완벽한 존재로 비춰진다면 그것은 아마도 진짜 '나'를 숨겼기 때문일 것인데 사실 자신을 완벽하게 숨기는 것은 불가능하다.

이러한 사실을 자각한 교사는 겸손이라는 종착점에 다다르게 된다. 겸손하지 못한 교사는 학생들에게 위험하다. 자신이 모르는 사이에 학생들에게 자신의 과오를 가르칠 수 있기 때문이다. 기원전 약 5세기경 그리스에는 변론술에 뛰어난 소피스트들이 있었다. 많은 사람들이 이들에게 가르침을 받고자 했으며 실제로 이들은 돈을 받고 학생들을 가르쳤다. 당시는 아테네의 정치적 공론의 장이었던 아고라에서 시민들을 얼마나 잘 설득하느냐가 개인의 능력이고 곧 권력이었기 때문에 이들이 가르친 것은 상대방을 굴복시키는 언어적 기교였다. 이것은 소크라테스가 말한 진리와는 거리가 멀다. 자신의 논리로 상대방을 이기는 것이 인생에서 그렇게 가치 있는 일일까? 권력에 대한 욕망은 당시 젊은이들로 하여금 배움에 대해 오해하게 만들었다. 어찌 보면 타락한 것은 소크라테스의 가르침을 받은 사람들이 아니라 소피스트를 추종한 사람들이었다. 만약 당시의 소피스트들에게 돈을 주면서까지 가르침을 받으려고 했던 학생들이 소피스트를 반면교사로 인식했다면 어땠을까? 소피스트들은 소크라테스와 달리 거만했다.

불완전성에 대한 고백

우리가 지향하는 '좋은 선생님'은 소피스트는 아니다. 어리석은 길을 가지 않도록 교사가 스스로 경계하는 것만으로는 부족하다. 우리 모두는 불완전한 인간이기 때문이다. 교사의 과오에서 학생들이 배울 수 있게 해야 한다. 이를 위해 필요한 것은 교육활동 중에 범한 실수나 잘못을 미화하거나 숨기지 않는 겸손이다. 스스로가 완벽할 수 없다는 자기인식에서, 그리고 그것이 늘 드러날 수 있음을 인정하는 데서 겸손은 잉태된다. 학생들과의 첫 만남을 다음 같은 고백으로 시작하면 어떨까?

"여러분, 선생님도 여러분과 똑같은 한 명의 사람입니다. 여러분처럼 실수도 하고, 스스로에게 맹세한 다짐을 지키지 못할 때도 있습니다. 그래서 늘 반성하는 삶을 살아요. 선생님에게 실망하거나 서운한 일이 생길 수도 거예요. 솔직하게 말해 주었으면 해요. 그리고 혹시 선생님에게서 좋지 않은 모습을 보았다면 '나는 선생님처럼 하지 말아야지.'라고 여기며 '반대의 모습'을 배웠으면 합니다. 선생님은 여러분의 솔직한 표현을 듣고 성장하고, 여러분은 선생님의 좋지 않은 모습에서도 배우면서 함께 성장했으면 해요."

🎧 사르트르

프랑스 실존주의의 대가인 사르트르(1905~1980)는 두 살 때 아버지가 죽고 소르본 대학 독문과 교수였던 외조부 집에서 성장했다. 파리 고등사범학교에서 철학, 사회학, 심리학을 공부했다. 제대 후 중고등학교에서 가르치며 문학 작품을 집필하여 1938년 첫 소설 「구토」를 냈고 희곡 「파리」를 내면서 이름을 떨쳤다. 2차 세계대전에 참전해 독일군 포로가 되었다가 파리로 돌아와 나치 저항단체를 조직했다. 1943년에 『존재와 무』를 출간하면서 철학자로 자리 잡았다. 이후 레지스탕스 활동을 하며 카뮈와 작품 대결을 했고 잡지 『현대』를 창간해 실존주의를 논하며 문학 활동을 했다. 1964년 노벨 문학상 수상자로 선정되었으나 평가 기준과 등급화를 거부하며 수상을 거부했다. 1973년 실명하며 집필을 멈췄다.

교사의 책임 범위

레비나스, 『전체성과 무한』

"윤리는 존재에 앞선다."
E. Levinas

전쟁이라는 존재론적 딜레마

전쟁에서 사람을 죽이는 것은 과연 정당화될 수 있는가? 호메로스 이후의 서양 전통에서는 나라와 가족을 지키기 위해 전쟁터에 나가 싸우다 죽는 것을 가장 고귀한 죽음으로 여겼다. 병사가 전쟁에서 상대를 죽이는 건 내가 죽는 쪽을 선택할 수 없기 때문이다. 상대는 소멸돼야 할 적에 불과하다. 상대 병사도 나처럼 누군가의 아들딸이거나 부모이며 사연 있는 삶을 살아 온 존재이지만 그런 것에 관심을 둘 수 없다. 전쟁은 개인을 고귀한 생명을 지닌 유일무이한 존재자로 보지 않는다. 개인은 누구와도 대체 가능한, 원자화된 일개 병사다.

전쟁에서 인간의 존엄성은 무력하다.

영화 「공동경비구역 JSA」에는 북한 병사가 지뢰를 밟은 채 어찌하지 못하고 있는 남한 병사를 구해 주는 장면이 나온다. 자신의 판단으로 적군을 살려 보내는 일개 병사의 행위는 군법상 중대 범죄다. 더구나 적을 구해 준 순간 그가 돌변해 공격해 올 수 있다는 당장의 위험도 있다. 그럼에도 불구하고 병사로 하여금 적을 살려 주게 만든 동인은 무엇이었을까? 살려 달라는 남한 병사의 목소리에 담긴 절박함이었을 것이다. 죽음이라는 절체절명의 위기에 한껏 나약해져 있는 한 명의 가련한 사람이 그의 눈에 보였을 것이다. 약자의 살려 달라는 외침이 거부할 수 없는 도덕적 명령으로 그를 흔들었을 것이다.

나약한 상대방을 그다지 죽이고 싶지 않더라도 내가 살기 위해서는 살려 두기도 곤란한 전쟁 특유의 존재론적 딜레마 상황에서 결국 적을 살려 보내는 쪽을 선택한 북한 병사의 행동은 종전 이전의 비무장지대라는 공간에서 너무나도 어색한 인간적 윤리에 따른 것이었다.

타자 얼굴의 현현

도와달라는 타자의 간곡한 호소를 명령으로 이해한 철학자가 있다. 바로 레비나스다. 『전체성과 무한』에서 그는 서구 전통철학이 상정한 주체성은 모든 것을 자기 중심으로 환원하는 방식을 지향했기 때문에 전체주의 속성을 벗어날 수 없다고 비판했다. 그는 자신의 인식과 이해의 지평 안에서 포섭할 수 없는 무한의 이념으로 타자를 논의하고, 그러한 타자와의 관계맺음 속에서 진정한 의미의 주체됨이 가능하다고 보았다.

레비나스에게 있어서 타자는 늘 헐벗은 얼굴로 "살려 달라!"고 호소하는 자다. 그리고 타자의 호출에 응답할 때 나의 '나됨', 즉 주체성이 성립된다. 인간은 주변 세계에 대한 향유 속에서 다른 이가 대신할 수 있는 자신의 고유성을 확인하는데, 레비나스는 향유의 과정이 아니라 내가 아무리 다가가려 해도 다가갈 수 없는 타자의 호소에 대해 응답하는 형이상학적 욕망의 실현 과정에서 참된 주체성이 성립된다고 말한다. 여기에서 타자의 호소에 응답하는 것은 일종의 무조건적 책임이며 이 책임은 자유에 앞선다.

우리가 누군가를 돕는 상황을 생각해 보자. 우리가 도와줄 상대를 선택하는 것 같지만 한편으로는 타인의 절박한 도움 요청에 우리가 먼저 선택되어진다. 이는 매우 근원적인 선택됨이다. 예를 들어서 맛있는 음식을 먹을 때 돌아가신 부모님의 얼굴이 떠오르는 사람이 있다. 살아계실 때 못 다한 자식으로서의 책임감의 발로일 것이다. 음식물 쓰레기를 버릴 때면 하루 한 끼도 제대로 해결하지 못해서 기아에 허덕이는 난민의 모습이 떠오른다는 사람도 있다. 부모님과 난민의 얼굴 모두 개인의 의지와 무관하게 떠올려지는 것이다. 언제나 자아는 타자에게 노출되어 있다.

레비나스는 개인의 마음속에 얼굴로 현현하는 타자의 호소를 묵살할 수는 있지만, 도와달라는 타자의 호소 자체를 거부할 수는 없다고 본다. 타자의 절박한 호소를 뿌리치려 하면 할수록 더욱 그 타자는 자아와 가깝게 대면하여 강하게 호소한다. 쉬운 예로, 우리가 어떤 잘못을 저질렀을 때 혹은 자신의 정신을 괴롭히는 특정인이 있을 때 머릿속을 비우고 싶어 애쓸수록 더욱 선명하게 떠오르지 않는가. 중요한 것은 자신이 타자의 곤경에 직접적 원인 제공자가 아님에도 불구하고 타자에 대한 책임감에 스스로 사로잡힌다는 점이다. 타자의 얼굴의 현현은 그 자체로 우리에게 명령적이다. 끊임없이 우리에게 응답을 촉구한다.

> 의지는 자신이 의욕할 의미 속에서 이 책임을 떠맡는 데 자유롭다. 의지는 이 책임 그 자체를 자유롭게 거부하지 못하며, 의미 있는 세계—타인의 얼굴이 의지를 이 세계 속으로 끌어들였는데—를 자유롭게 무시하지 못한다. 얼굴의 맞아들임 속에서 의지는 이성에 열린다.
> 『전체성과 무한』, 레비나스 저, 김도형·문성원·손영창 역(2018), 그린비, 326쪽.

사실 타자 중심으로의 사유 전환은 기존에 인간의 이성에 근거하여 확립한 근대적 주체성에 대한 전복과 다름없다. 타자, 그리고 타자에 대한 책임 문제는 좋은 삶을 위해 고민해야 할 핵심 테제임에도 불구하고 여전히 우리 사회는 근대적 주체 개념에 근거한 사유 체계에 머물러 있다. 타자에 대한 논의를 해 나간다 하더라도 자기중심성에 입각한 타자 해석을 지속한다면 타자에게는 소외되거나 폭력에 의해 상처 입을 위험이 지속된다. 왜냐하면 자신을 중심에 둔 타자 이해는 자기 동일화의 과정을 벗어나지 못하기 때문이다. 그러나 레비나스에게 있어서 타자는 무한하다. 타자는 결코 자아가 포착할 수 있는 인식의 대상이 아니다. 맞이해야 할 일종의 손님이다.

법적 책임, 그 이상의 책임

즉 레비나스가 주장한 것은 자기동일성 속에 머물며 타자를 포섭하는 주체의 자유보다 타자에 대한 책임이 우선되어야 한다는 것이다. 그는 타자의 호소에 응답하고 책임지는 것에서부터 윤리의 정립을 시도하였다.

우리는 때로 타인의 고통을 뒤늦게 알아차리고 자책한다. 자살해 버린 이의 주변 사람들은 오랫동안 몹시 괴로워한다. 징후를 눈치채지 못했다는 이유에서다. 비록 말로 '죽고 싶다'고 표현한 적이 없고 도움을 요청하지 않은 경우라도 무언의 언어로 절박한 심정을 담아 외롭고 힘들다는 메시지를 호소해 왔을지도 모른다는 생각에 사로잡히게 된다.

상대방의 호소가 실제로 있었는지 여부와 무관하게, 즉 실제로는 호소가 없었을지라도 자아는 아주 절박한 호소가 있었다고 느낀다는 게 레비나스의 설명이다.

누군가는 타자의 살려 달라는 요청에 스스로 소환되어 말을 건네야 한다. 타자를 향한 응답이 그를 살릴 수 있다. 이러한 맥락에서 타자의 절박한 호소에 대한 무시와 무지는 윤리와 관련 있다.

왜 우리는 타자의 호소에 응답해야만 하는가? 그리고 어떻게 하면 타자의 아픔과 슬픔에 대면할 수 있을까? 전자는 타자에 대한 주체의 책임 차원에서 윤리적 삶의 근본 물음이 되어야 하며, 후자는 학생들을 윤리적 삶으로 인도하려는 교사라면 마땅히 던져야 할 질문이다.

"우리는 우리의 자유로운 선택에 따른 결과에 책임을 져야 한다."는 말은 전혀 잘못된 말이 아니다. 이와 비교해 보자면 레비나스처럼 "우리는 타자의 고통을 대신 짊어져야 한다."는 말은 매우 과격한 표현처럼 들린다. 레비나스에게 주체란 타자를 위해 자신을 내어놓는 주체다.

> 타인과의 관계 또는 대화는 나의 자유를 의문시하는 것이자, 내게 책임을 요구하는 타자에게서 오는 부름이며, 객관적이고 공통적인 세계를 진술함으로써 나를 에워싸는 소유를 벗어던지게 하는 말이다.
> 『전체성과 무한』, 레비나스 저, 김도형·문성원·손영창 역(2018), 그린비, 317쪽.

교사의 책임

타인의 곤경을 대하는 태도를 학교는 관망할 수 없다. 우리나라 청소년 사망 원인 중 가장 큰 비중을 차지하는 건 다름 아닌 자살이다. 자살생각을 경험한 학생 대부분은 학업 스트레스, 가정 불안, 학교폭력 등으로 인한 정신적 스트레스를 회피하기 위해 충동적으로 고려해 보게 되었다고 한다. 이들의 자살생각에 친구, 교사, 학부모 등 주변 사람들의 무관심이 작용한다. 뿐만 아니라 어려움에 빠진 주변 친구를 나 몰라라 하거나 또는 그 상황을 정말로 인지하지 못해서 도와주지 못하는 학생들도 있다. 타인의 아픔에 무감각한 학생은 도덕적이라고 보기 어렵다. 우리 교육이 학생들의 전인적 성장과 심성 함양을 지향한다면 타인의 고통에 무뎌져 있는 학생들의 감각을 깨우쳐 주는 것이 교육의 핵심 과업이 되어야 한다.

대부분의 사람이 쉼터로서의 집을 일터와 철저히 분리하고 싶어 한다. 교사도 마찬가지다. 학생들과의 만남 자체가 일인 교사들에게는 일이 학교 밖에서도 진행되곤 한다. 외근이나 상담에 관한 이야기가 아니다.

교사는 퇴근 후 취미생활을 하다가도, 저녁밥을 먹다가도 문득 우리 반 학생 얼굴이 떠오른다. 특히 학교에서 발생한 일로 심히 속상했거나, 학교생활에 만족하지 못해 어둡고 슬픈 감정 상태로 귀가한 학생이 있던 날에는 그 아이의 얼굴이 자꾸 떠오른다. 당장 집에 간 학생을 어떻게 할 수는 없지만, 지금은 집에서 잘 있는지, 과연 내일 밝은 표정을 되찾고 학교에 올지 등을 걱정한다. 학생이 상심한 직접적인 원인과 교사가 무관할지라도 마찬가지다. 말다툼을 하고 서로에게 토라진 두 학생을 화해에 이르게 하지 못했다면 이는 순전히 둘 사이에서 발생한 일이니까 교사와는 상관없는 일이라고 볼 수 있을까? 교사에게는 학생의 행복한 학교생활을 책임질 의무가 있다. 일상의 순간순간 학생들의 얼굴이 현현하고 그들의 호소가 들려오는 것은 교사의 삶을 사는 사람들의 숙명이다. 학생이 처한 고민과 걱정거리에 대한 절박성의 정도야 다 다르지만 교사가 그로부터 자유로울 수 없다는 점은 다르지 않다.

레비나스

프랑스의 유대계 철학자인 레비나스(1906~1995)는 리투아니아에서 태어났고 프랑스와 독일의 대학에서 철학을 공부했다. 1930년에 프랑스로 귀화하였고 2차 세계대전이 시작된 1939년 소집되어 프랑스와 독일의 포로수용소에서 5년을 보냈고, 그때 나치에 의해 가족을 모두 잃었다. 전후에 사범학교의 교장을 맡은 뒤 1961년에 국가박사 학위를 취득했는데 그 논문이 「전체성과 무한」이다. 이후 파리 제10대학, 제4대학 등에서 교수로 있으면서 수많은 실존주의 철학의 논문과 주해, 유대교 논고 등을 썼다.

확증편향에 빠진 교사

후설, 『데카르트적 성찰』

"모든 판단을 중지하고 '생활세계'를 회복하는 순간,
현상의 본질에 다가갈 수 있다."

E. Husserl

아웃사이더 교사

사회의 저변에 자리 잡고 있는 공고한 틀에 일종의 외부인처럼 거리를 두고 살아가는 사람을 흔히 아웃사이더라고 한다. 집단에 소속되고자 하는 개인을 집단이 이방인으로 규정하고 배척하는 것은 바람직하지 않다. 다문화 가정에 대한 차별, 마이너리티들이 겪는 소외가 그렇다. 집단에 동화되지 않고 겉도는 삶을 스스로 선택한 사람들도 있다. 이들은 사회 구성원들이 미처 인식하지 못하던 진리나 진보의 길을 열 가능성이 있다는 측면에서 공동체에 긍정적인 영향을 미치기도 한다. 그런데 종종 위험한 아웃사이더도 있다. 자신의 생각은 모두 옳고 선을 추구하는 데 반하여 자신이 속한 집단은 미개하고 진리를 깨우치지 못했다고 착각하는 사람이다. 이들은 자신이 집단을 바꾸려 하지만 집단의 벽이 너무 완고하여 도저히 어찌할 수 없음을 느끼고 조용히 지낸다는 식의 서사를 펼치곤 한다.

교직 사회에도 위험한 아웃사이더가 존재한다. 오랜 시간에 걸쳐 한국의 학교에 뿌리내린 교육문화를 무조건 교육 진보를 저해하는 병폐로 치부하고 어떻게든 전복시키려 하는 사람들이 존재한다. 완강한 기성 문화에 대항하다가 혼자 힘으로는 변화가 불가능하다는 것을 깨닫고 나면 기성 문화 일체를 무시하며 학교생활을 해 나가는 모습을 종종 보았다.

안타깝게도 이 경우에 학교보다는 교사에게 문제가 있을 수 있다. 교사 자신이 조직의 규범 같은 암묵적 틀에 적응을 하지 못했다거나 그것을 지키려 하지 않는 방종에 기인한 개인적 아노미에 빠져 있는 경우다. 위험한 아웃사이더 교사와의 대화는 동료 교사들이 그다지 반기지 않는다. 싸우기 싫어서라기보다는 대화 자체가 되지 않기 때문이다. 자신의 생각만 정답이라 여기고 타인의 관점을 거의 수용하지 않는 탓이다.

사실 이는 오랫동안 학교에서 관리자 대 교사의 관계에서 볼 수 있던 모습이다. 지금도 교사와 교사 간 갈등보다는 교사와 관리자의 갈등이 많다. 교직 사회의 경직성과 수직성이 많이 완화되었음에도 불구하고 학교 공동체를 관리자 대 교사의 구도로 바라보며 학교를 잘 못된 열광주의나 선동으로 끌고 가려는 교사가 있다. 이런 일을 마주 하면 동료 교사보다 관리자의 입장에 공감이 되는 경우가 의외로 많 다. 관리자의 입장이 정답이라는 게 아니다. 학교 교육활동 운영의 최종 책임자인 관리자에게 마치 떼를 쓰듯 고집스럽게 발언하고 자 신의 의견이 관철되지 않으면 관리자를 소통이 안 되는 사람, 교사를 존중해 주지 않는 사람으로 비난하는 건 그의 의견에 있던 일말의 타 당성마저 퇴색시킨다. 이런 교사는 관리자의 독불장군식 학교 경영 을 차단하는 역할을 하기도 하지만 학교를 끊임 없는 갈등의 구렁텅 이로 몰아넣기도 한다. 동료 교사들의 학교생활에 있어서 여간 불편 한 존재가 아닐 수 없다.

의식의 지향성과 에포케

누구에게나 사상의 자유가 있으니 자신의 사상만을 정답으로 여기는 사상 또한 자유다. 하지만 매우 위험하다. 이런 이에게 가장 필요한 것은 자신이 잘못할 수도 있다고 생각하는 태도다. 그는 매사에 문제 의 원인을 편견이나 왜곡된 지식 같은 자신의 내부가 아니라 바깥에 서 찾고 있을 것이다. 기존의 인지구조와 습관에 대한 반성적 사고 없이 대상을 이해하고 타자를 포획하려는 태도는 필연적으로 타자와의 갈등을 야기한다. 이러한 상황에 빠지지 않기 위해서 후설의 말에 주목해 보자.

후설은 『데카르트적 성찰』에서 말하길 우리는 현상학적 판단중지를 통해 심리학적 자기 경험의 세계를 벗어나 선험적이며 현상학적인 자기 경험의 세계로 나아갈 수 있다고 했다. 이러한 현상학적 환원을 통해서만이 우리가 궁극적 근원으로 돌아가 자신과 세계를 올바르게 이해할 수 있다고 역설했다.

후설에 따르면 의미란 객관적 세계로부터 주어지는 것이 아니라, 주체성을 지닌 인간의 의식 내부에서 비롯된다. 후설이 살던 당시 심리학의 주류는 의식에 유효한 경험만을 다루는 쪽이었지만 그는 자연과학처럼 경험적인 방법에 근거해 절대적 대상성을 규명하려는 과학주의를 거부했다. 대상의 의미는 우리 내면에서부터 오는 '의식의 지향성'에 의하기 때문이다. 우리의 의식은 항상 어떤 대상에 대한 의식이다. 후설은 이에 대한 인식의 원천을 직관이라고 보았다. 그런데 우리의 인식 대상은 우리가 '지금, 여기서' 바라보고 있는 순간의 인상만으로 구성되지 않는다. 왜냐하면 우리의 의식은 항상 과거에 대한 의식과 연결되어 있기 때문이다. 결국 우리의 의식은 대상을 바라보고 싶은 대로 바라보게 된다. 이러한 관점으로부터 절대적 명증성은 찾을 수 없다.

그래서 후설은 우리 자신이 판단하고 평가하는 것을 잠시 멈추고 자신의 인식에 대해서 끊임없이 '괄호 치기'를 할 것을 주문했다. 흔히 이것을 에포케, 즉 판단중지라고 하는데 이는 우리가 일상에서 취하는 자연적 인식 태도로부터 해방되어 참된 인식으로 나아가기 위한 수단이다.

> 판단중지를 통해 우리의 것이 되는 것, 더 명확하게 말하면, 판단중지를 함으로써 성찰하는 자인 나의 것으로 되는 것은, 그 모든 순수한 체험과 그 모든 순수한 사념된 것, 즉 현상학의 의의에서 현상들의 우주를 지닌, 나의 순수한 삶이다. 판단중지는 내가 나를 자아로서 파악하는 순수하고도 보편적인 방법이라고 말할 수도 있다.
>
> 『데카르트적 성찰』, 후설·오이겐 핑크 저, 이종훈 역(2016), 한길사, 70쪽.

일상에서 우리는 각자의 관점에서 타자를 해석한다. 즉 타자를 바라보는 주체가 사전에 어떤 경험을 했고, 무엇에 관심이 있느냐에 따라 타자의 의미는 달라진다. 이것을 인지하지 못하면 자신이 보고 싶은 대로 보고, 믿고 싶은 대로 믿는 일종의 확증편향의 늪에 빠질 수 있다. 확증편향의 심각성은 자신이 확증편향에 빠져 있다는 것을 대부분 인지하지 못한다는 데 있다.

동화보다 조절이 필요한 때
....

인지구조는 쉽게 바뀌지 않는다. 피아제는 인간의 인지발달이란 환경과의 끊임없는 상호작용을 통해서 이루어지는 적응의 과정이며 적응의 양상은 동화와 조절로 구분된다고 보았다. 동화는 새 경험을 기존의 인지구조에 적합하게 변환하여 통합하는 것이며, 조절은 새로운 경험이 기존의 도식으로 도저히 이해되지 않을 때 도식 자체를 수정하는 것이다. 조절은 동화보다 일어나기 어렵다. 성인은 아이보다 생각이 경직되고, 과거의 경험에 고착되어 있는 편이다. 그래서 자신의 인지구조를 바꾸기란 그리 쉽지 않다. 조절을 거부하면 타자와의 충돌은 불가피하다. 자연과학의 영역보다는 옳음과 그름, 좋음과 나쁨의 윤리적 문제를 다룰 때 갈등은 더욱 심각하다. 과학이야 반례를 들면 오류가 쉽게 밝혀지지만 윤리적 문제는 그렇지 않기 때문이다.

조절에 유연한 사고를 가져야 한다. 언제든지 새로운 것을 받아들이고 타인의 관점에서 생각해 볼 수 있어야 한다. 교육을 본업으로 삼고 있는 교사들에게 이는 특히 절실하게 요청되는 자세다. 자신만이 정답이고 전문가인 것처럼 학생을 대하거나 동료를 대하는 것은 매우 어리석은 교사상이다.

한번은 자신이 근무하는 학교의 관리자가 소통이 제대로 되지 않는다며 흉을 보는 교사를 본 적이 있다. 마치 자신은 학교의 민주주의를 지키는 수호자이고 교장과 교감은 민주주의를 좀먹는 적폐 정도로 여기는 것 같았다. 그런데 같은 학교에 근무하는 다른 교사의 말을 들어 보니 그 교사의 소통 방식에 문제가 있다며 관리자를 옹호하는 게 아닌가? 그는 왜 자신의 소통 방식은 들여다보지 않았을까.

거듭 말하지만, 자기의식이 자기 자신을 형성하는 방향으로 나아가기 위해서는 후설의 말처럼 판단중지가 필요하다. 판단중지를 통해서 자각된 응시자만이 인간성, 즉 세계에 속한 것으로서의 자기에 대한 감각적 타당성의 배후 일체를 명백하게 되돌아가 물음으로써 '괄호 쳐진' 인간의 내재성을 환원시킬 수 있다. 이것을 '현상학적 환원'이라 한다. 이로써 선험적 경험과 세계가 드러날 때 비로소 자기 자신의 형성이 가능해진다.

> 따라서 누가 보편적 판단중지를 수행하는가? 곧 선험적으로 반성하는 자아, 즉 현상학을 하는 응시자 이외에 누구도 보편적 판단중지를 수행하지 않는다. 현상학을 하는 응시자는, 그가 결코 세계에 대한 신념 속에 살지 않았기 때문에, 세계에 대한 신념을 실행하는 것을 중단하지 않는다. 어쨌든 그는 무엇보다 곧 세계에 대한 신념에 참여하지 않는 것, 관여하지 않는 것 속에 형성된다.
>
> 『데카르트적 성찰』, 후설·오이겐 핑크 저, 이종훈 역(2016), 한길사, 317-318쪽.

자기 세계에 빠져서 타인의 관점을 수용하지 못하고 개방적인 사고를 하지 못하는 사람은 공동체의 민주주의를 수호하는 사람이 아니다. 오히려 민주주의를 좀먹게 하는 사람이다. 자신의 생각만이 정답이라고 생각하는 이를 보면 마치 호숫가에 비친 자신의 모습에 도취되어 그 모습이 자신인 줄도 모르고 사랑에 빠져서 결국 물속으로 들어가 숨을 거두는 나르시스를 보는 것 같아 안타깝다. 나르시스야 혼자만의 죽음으로 끝났지만 나르시스를 닮은 교사가 학교에 미치는 파장은 이만저만이 아니다. 온갖 갈등을 조장하고, 때로는 경력이 적은 교사들이나 학부모들을 선동하기도 한다. 그러다 자신이 생각하는 진리가 구현되지 못하면 '절이 싫으면 중이 떠나야지.'라는 자기 합리화와 함께 학교를 옮긴다. 그는 학교를 옮기면 그만일 테지만 학교 공동체는 상처를 치유하는 데 긴 시간이 걸린다. 그리고 그 교사는 옮겨 간 학교에서도 여전히 확증편향 속에서 동료를 만나고 학생을 가르친다. 슬픈 일이다.

🔖 후설

독일 관념론 철학자로 현상학의 창시자인 후설(1859~1938)은 현재 체코, 당시 오스트리아인 프로스니츠에서 태어났고 라이프치히와 베를린의 대학에서 수학과 물리학을 공부했다. 수학자 수하에서 박사학위를 취득한 뒤 철학으로 전향했고 1887년 할레 대학에서 「수의 개념에 대하여」로 교수 자격을 취득했다. 1900~1901년에는 「논리연구」를 발표해 현상학의 출현을 알렸고 1905~1907년에 현상학적 환원의 방법을 제창했는데 데카르트와 칸트라는 양극 간 긴장관계 속에서의 칸트 철학 연구가 결정적이었다. 1916년에 리케르트의 후임으로 프라이부르크 대학에 초빙되어 1928년까지 있었다. 『데카르트적 성찰』은 1929년 파리 소르본에서의 강연 등에 기초해 집필된 것으로 1931년 파리에서 프랑스어판으로 출판된 뒤 독일어판을 위한 퇴고 중에 미완되어 있다가 후설 사후인 1950년에 당시 조교이자 공저자로 퇴고를 위탁받은 핑크에 의해 정리되어 파리 강연 원고와 함께 『후설 전집』 제1권으로 출판되었다.

로봇의 시대, 교사의 존재 이유

베르그송, 『창조적 진화』

"인간은 인간 자신을 끊임없이 창조해 가고 있다."
H. Bergson

로봇 vs 인간

2017년 알파고와 이세돌의 바둑 대전은 로봇과 인간이 펼치는 세기의 대결로 전 세계인의 이목을 집중시켰다. 대국을 지켜보던 모든 사람들의 마음 한곳에는 인간 대표 이세돌이 이기기를 바라는 마음이 있었으나 4:1 알파고의 승리로 싱겁게 끝나고 말았다. 인간의 승리를 바란 사람들은 망연자실했고 이세돌은 자신의 패배가 인간의 패배가 아니라고 애써 사람들을 위로했다. 대국 전부터 로봇 공학자, 컴퓨터 프로그래머, 관련 분야의 연구자들은 알파고의 승리가 어느 정도 예견된 일이라고 입을 모아 말했다. 관심은 이세돌이 이긴 한 번의 대국에 집중됐다. 대단한 대국이었다는 찬사와 말도 안 되는 음모론이 뒤섞여 떠들썩했다.

이세돌이 백을 쥐고 임한 네 번째 대국에서의 승리 요인으로 바둑 전문가들은 78번째 수를 꼽는다. 알파고가 백을 잡았다면 동일 상황에서 이세돌과 같은 수를 놓았을 확률이 0.007%였다고 한다. 78번째 수는 알파고의 분석력으로는 풀어낼 수 없었던 신의 한 수였다. 그런데 사실, 알파고와 이세돌의 대국을 로봇 대 인간의 게임으로만 바라보는 것은 곤란하다. 이는 현재의 로봇 기술이 어디까지 왔는지를 가늠해볼 수 있는 기회였으며, 한편으로는 인간이 패배했기에 더더욱 인간에게 로봇에 대한 근본적 질문을 던지도록 해 준 사건이었다. 다시 말해서, 인류에게 로봇은 어떤 존재이며, 인간이 로봇과 맺는 관계는 어떠해야 하는지, 로봇기술의 발전이 가져올 수 있는 윤리적 문제점들에는 어떤 것들이 있는지 등에 관해서 성찰해 볼 수 있는 계기를 마련했다는 데 의의가 있다.

인간의 도구

어떤 영역에서 인간의 능력을 능가하는 로봇을 보면서 사람들은 로봇이 인간보다 우월해지는 시점이 이미 코앞에 다가왔다고 말한다.

실제로 특정 능력 면에서는 로봇은 인간의 능력을 넘어서 있다. 애초에 로봇이 인간의 힘으로 할 수 없는 일들을 대신하기 위한 목적으로 발명되었음을 생각하면 당연한 일이다. 사람들 여럿이 힘을 모아도 옮길 수 없는 무거운 물건을 옮길 수 있는 힘 센 로봇에서 출발해서 인간의 제한된 신체기능을 뛰어넘은 로봇들, 어마어마한 양의 빅데이터를 기반으로 정보를 분석하고, 엄청 빠른 속도로 최적의 해답을 찾는 지능형 로봇까지 광범위한 영역에서 로봇은 이용되고 있다. 만약 로봇이 인간보다 뛰어난 능력을 발휘하지 못한다면 그 로봇은 존재 이유가 없다. 요컨대 로봇은 일차적으로 인간의 필요에 따라 만들어진 도구다.

그리고 로봇은 인간을 위해서 쉼 없이 달린다. 로봇이 쉬는 것은 더 이상 인간의 삶에 쓸모가 없어졌거나, 로봇의 작동을 위해 필요한 물리적·화학적 에너지가 소진되었을 때다. 로봇은 충전만 해 주면 영원히 자신에게 맡겨진 임무를 수행할 수 있다. 에너지만 있다면 24시간을 쉬지 않고 자신의 기능을 수행할 수 있는 것이 기계로서 로봇의 본질이다. 이것은 인간이 로봇을 따라잡을 수 없는 영역이다. 그런데 역설적이게도 동시에 이 점은 로봇이 인간을 따라잡을 수 없는 점이기도 하다. 로봇은 인간이 갖고 있는 원초적인 생명력을 가질 수 없다. 로봇에게 실존이라는 말은 부적합하다.

시간 체험

로봇에게도 생명이 있는 것처럼 받아들이는 사람이 있을지 모르지만 인간이 갖고 있는 생명과는 본질적으로 다르다. 로봇의 생명은 시간과는 무관한 개념이다. 로봇에게는 '지금, 여기'라는 말이 성립될 수 없다. 로봇은 오로지 인간이 발명한 초 단위의 분절 가능한 시간 개념에 갇혀서 세계를 이해할 수밖에 없는데 이런 근대적인 시간 개념 속에서는 운동성을 갖기 어렵다. 무수히 많은 점을 모아도 결코 운동성은 나타날 수 없는 것과 같은 이치다. 그러나 인간은 뉴턴의 '절대 시간' 이외의 차원에서 시간을 바라볼 수 있다. 이 점이 로봇과 인간의 결정적 차이다. 이와 관련하여 우리는 베르그송의 시간 개념에 주목할 필요가 있다. 베르그송은 시간을 지속의 차원에서 이해한다.

그는 『창조적 진화』에서 생명을 세계의 근본을 이루고 부단히 지속하며 끊임없이 새로운 것을 생성하는 운동으로 설명했다. 이런 생명의 약동이 없는 것은 죽은 사물과 같다고 했다. 그에게 있어서 시간은 살아 있는 것이며 움직임 그 자체다. 시간은 공간화할 수 없으며, 지속적이기 때문에 균질적이지 않으며, 그렇기 때문에 분할할 수도 없는 것이다.

만약 내가 설탕물 한 컵을 만들려고 한다면 서둘러 만들려고 해도 소용이 없고, 설탕이 녹기를 기다려야 한다. 이 작은 사실이 말해 주는 바는 상당하다. (중략) 내가 기다려야 하는 시간은 나의 조바심, 즉 마음대로 늘이거나 줄일 수도 없는 나의 고유한 지속의 몫과 일치한다. 그것은 더 이상 사유된 것이 아니라 체험된 것이다.

『창조적 진화』, 베르그송 저, 황수영 역(2020), 아카넷, 33-34쪽.

로봇은 인간이 느끼는 막연한 불안을 이해할 수 있을까? 죽음에 대한 두려움이라든지, 존재의 심연에 빠져서 헤어나지 못하는 인간의 삶을 말이다. 이것은 인간에게도 쉽게 이해되지 않는 어려운 세계다. 아무리 객관적인 정보를 방대하게 수집하여 분석하고 종합한들 결코 인간이 완전히 손에 넣을 수 없는 세계다. 그 답을 찾다가 인간은 허무주의에 빠지기도 하고 '어쩔 수 없음'의 한계 상황을 마주하며 맹목적인 의지에 기대어 살아가기도 하고, 종교적 구원에 희망을 걸기도 한다. 인간이 완벽히 이해할 수 없는 미지의 세계가 있다는 것은 다른 말로 하면 지금 인간이 존재하고 있는 '지금, 여기' 바깥의 또 다른 세계가 있음을 의미한다. 인간은 여기 너머의 저편을 바라볼 수 있다. 저편이란 인간의 인식과 이해의 지평 위에서는 도달할 수 없는 초월적 세계다. 여기 너머의 저편은 지성만으로는 닿을 수 없는 세계이기에 인간을 이성을 통한 학습이 아닌 형이상학적 차원의 욕망으로 인도한다.

　인간은 고정된 주체가 아니라 생성하는 주체로서 끊임없이 소멸과 생성의 과정을 반복한다. 저편에 대한 욕망의 과정에서 주체는 이전의 나와는 다른 나로 거듭난다. 인간 이세돌과의 대국에서 승리한 알파고는 이러지 못한다. 대국으로 바둑 능력은 한 단계 진보했을지라도 새로운 알파고로 거듭났다는 표현은 성립될 수 없다. 앞에서 언급한 바와 같이 로봇에게는 흐르는 시간이 존재하지 않기 때문이다.

로봇과 대비되는 인간의 소멸과 생성의 과정을 성장이라 할 수 있는데 베르그송에 의해서는 '창조적 진화'라는 철학적 개념으로 정의된다. 창조적 진화는 베르그송이 노벨문학상을 받은 저서의 제목이기도 하다. 그가 상호 모순되는 두 개의 단어를 병치시킴으로써 의도한 것은 무엇일까? 인간 생명의 진화는 단순히 눈에 보이는 기계론적 인식으로는 이해될 수 없다. 생명의 진화는 지속과 생성의 관점에서 파악되어야 한다.

> 우리가 말하는 생명의 약동은 요컨대 창조의 요구로 이루어진다. 그 약동은 절대적인 방식으로 창조할 수는 없다. 왜냐하면 그것은 물질을, 즉 자신과 반대되는 운동을 목전에서 만났기 때문이다. 그러나 그것은 필연성 자체인 이러한 물질을 포획하고 거기에 가능한 한 가장 많은 양의 비결정성과 자유를 도입하는 경향이 있다.
>
> 『창조적 진화』, 베르그송 저, 황수영 역(2020), 아카넷, 375쪽.

베르그송에 따르면 참된 실재는 끊임없는 생성의 운동이며 지속이기 때문에 인식이나 이해 따위로 손에 쥘 수 있는 것이 아니라, 경탄과 함께 체험되는 신비로움의 영역에 해당한다. 생성의 운동으로 삶을 바라보면 삶은 단지 체험될 뿐, 이성에 의해서 파악될 수 있는 것이 아니다. 그러니, 삶을 체험할 수 없는 로봇이 삶을 가르친다는 것은 그야말로 모순이다. 결국 이 영역은 이론과 지성보다는 직관의 차원에서 이해될 수밖에 없기 때문에 직관을 통해서만 실재의 진상인 생명의 창조적 진화에 접근할 수 있다고 베르그송은 말한다. 이 말은 창조적 진화가 직관에 의해 가능하다고 풀이된다.

> 사실 우리가 속하는 인류에게 직관은 거의 완전히 지성에 희생되어 있다. (중략) 우리의 인격과 자유, 우리가 자연 전체 안에서 차지하는 위치, 우리의 기원 그리고 아마도 우리의 운명에 대해 직관은 깜박이는 약한 빛을 던질 뿐이지만 그래도 역시 그것은 지성이 우리를 그 속에 버려둔 밤의 어둠 속을 뚫고 들어간다.
>
> 「창조적 진화」, 베르그송 저, 황수영 역(2020), 아카넷, 397-398쪽.

인간 교사의 존재 이유

혹자는 미래에 없어질 직업을 꼽으며 교사를 상위권에 위치시킨다. 과연 그럴까? 로봇 선생님에 의해 학생들의 학습이 가능하지만, 직관의 차원까지 열어 두는 교육은 로봇이 접근할 수 없다. 로봇과 교육은 어울리지 않는다. 인간이 로봇을 교육시키거나 로봇이 인간을 교육시킨다는 표현은 사뭇 어색하다. 로봇은 학습할 뿐이며 인간에게 학습을 제공할 뿐이다. 한편에서는 반문할 수 있다. 그렇다면 인간은 직관의 차원에 대한 교육이 가능하냐고 말이다. 이편을 초월한, 저 너머를 인간도 도달할 수 없는 세계라고 여기는 입장에서는 충분히 반문할 수 있다고 본다. 하지만 인간이 저편을 바라보며 살아간다는 점은 부인할 수 없으며 적어도 인간에게 창조적 진화의 가능성이 있다는 점을 긍정한다면 인간 교사가 학생들을 창조와 직관의 세계로 입문시킬 가능성이 존재한다는 점은 긍정할 수 있지 않을까.

나는 이 부분을 교사가 갖추어야 할 역량으로 강조하고 싶다. 인간으로 살아가면서 자연과 주변 현상에 대한 감탄과 경외는 체계적으로 프로그래밍된 로봇이 체험할 수 있는 세계가 아니다. 경험해도 체험되지 않는다. 교사는 세계에 대한 경탄을 가르치기 위해 노력해야 한다. 인간만이 삶과 죽음에 대한 문제에 천착하듯 인간 교사만이 인간존재의 실존적 측면에서 신비와 놀람의 가능성을 교육에서 직접적으로 다룰 수 있다. 이를 해내지 못하는 인간 교사는 로봇 교사와 다를 게 없다는 말이 된다.

4차 산업혁명 담론과 함께 교육계는 인공지능을 수업의 교구로 활용한 교육, 인공지능 자체에 대한 교육, 인공지능을 활용하는 역량 교육 등 다양한 차원에 대해 논의하고 있다. 한 가지 아쉬운 것은 인공지능 교육의 범주가 과학기술 차원의 접근에 매몰되어 있다는 점이다. 학생들이 생명력을 갖고 지속으로서의 성장을 추구하도록 돕기 위해서라도 삶의 의미와 경탄의 차원에서 인공지능을 어떻게 마주할 것인지를 고민하는 교육이 반드시 병행, 선행되어야 한다. 이것이야말로 인간 교사만이 할 수 있는 교육이기 때문에 교사의 존재 이유다.

🎵 베르그송

생철학, 직관주의로 대변되는 관념론 철학사조의 중심에 있는 철학자인 베르그송(1859~1941)은 피아니스트였던 유대인 아버지와 영국인 어머니 사이에서 파리에서 태어났다. 파리 고등사범학교에서 수학에 두각을 나타냈으며 22세에 교수 자격시험에 합격하고 30세에 「의식에 직접 주어진 것들에 관한 시론」으로 1889년 철학박사 학위를 받았다. 1900년부터 콜레주 드 프랑스의 교수로 연구했으며 1907년에『창조적 진화』를 출간하여 창조와 진화라는 모순적 개념을 공존시키고 생명과 삶의 의미를 고찰하고 인간, 생명, 우주에 대해 사색했다. 그는 기계론적 세계 인식이나 자연과학을 신봉한 당시 사회 분위기를 비판하며 인간이 지성을 통해서는 생명 그 자체를 파악할 수 없으며 철학적 직관을 통해서 인간과 생명의 참된 의미를 파악할 수 있다고 주장하면서 모든 사물의 근원으로서 '순수지속'이 존재하는데 그중에서도 인간은 순수한 지속으로서의 직관을 통해 절대적이고 참된 생명에 도달할 수 있다고 보았다.

2

바람직한 가르침

하강하는 교사

키에르케고르, 『철학적 단편』

"정신은 내 안의 자아를 향한 내면적 지향이다.
자아는 관계 자체가 아니라 관계를 맺는 자기 자신에 대한 피드백이다."
S. Kierkegaard

초등교육은 쉽다는 오해

지도 대상을 선택할 기회가 생겼다고 생각해 보자. 실력이 뛰어난 학생과 학습부진이 있는 학생 가운데 어떤 학생을 선택하고 싶을까? 안타깝게도 학습부진 학생은 대부분의 교사에게 선택받지 못할 것이다. 물론 교사들은 학습이 부진한 학생이 있으면 너무나도 당연하게 그 학생을 학습부진으로부터 구제하고자 노력한다. 하지만 선택이라는 걸 할 수 있는 상황이라면 우수까지는 아니더라도 중간 이상의 학업성취도를 보이는 학생을 지도하기를 선호하는 건 충분히 예상되는 일이다.

무엇이 교사로 하여금 학습부진 학생 지도를 선호하지 않게 할까? 훗날 세상을 빛낼 인재를 내 손으로 길러내 보고 싶다는 기대감 때문이라고는 말하기 어려울 것이다. 어릴 적에 학습 능력이 그다지 좋지 않았던 사람이 나이를 먹어 가면서 혹은 사회에 진출하면서 세상 사람들로부터 훌륭한 사람으로 인정을 받는 사례가 적지 않으니 말이다. 학습부진 학생 지도가 교사에게 부담되는 일이라는 사실을 직시해 보자. 학습 부진의 늪에 빠진 학생을 구제하는 데에는 실제로 굉장한 공력이 필요하다.

교육 전문가는 다양하다. 대학의 교수나, 초중등학교의 교사 모두 학생을 가르치는 것을 본업으로 삼고 있다. 이들 가운데 가장 높은 전문성을 갖고 있는 건 누구인가? 대단히 어리석은 질문이다. 대학의 교수는 대학생 교육에 특화된 교육 전문가이고 초등학생을 지도하는 데 특화된 교육전문가는 초등학교 교사다.

상급학교에 근무할수록 전문성이 높고 어려운 교육을 한다는 세간의 착각이 있다. 이는 초등교육과 교육 전체에 대한 몰이해에 기인한다. 초등학교에서 배우는 지식의 난도가 낮으니 가르치는 일도 쉬울 거라 여기는 건 논리적으로 맞지 않다. 실제로 절대 그렇지 않다. 초등학교 1학년 아이들을 가르치는 데 능통한 건 대학의 교수가 아니라 초등학교 교사다.

나는 6학년 학생들을 다년간 지도하다가 1학년 담임을 맡았을 때

엄청난 문화 충격에 빠졌다. 아이들은 내 생각에 비해 말귀도 알아 듣지 못하고, 했던 말을 몇 번이고 또 하게 만들고, 고자질은 또 왜 그 렇게들 많이 하는지 미운 행동도 갖가지였다. '고학년이 편했구나!' 라는 생각이 하루에도 몇 번씩 들었고 아이들의 학교생활 적응을 도 와야 하는 내가 오히려 1학년 지도에 적응하는 데 애를 먹고 있었다. 6학년과 1학년 아이들의 인지발달 수준은 현격하게 차이가 난다. 언 어능력도 차이가 크다. 추상적 사고가 채 형성되지 않은 1학년 아이 들에게는 농담 한마디도 던지기가 어려웠다. 그간 6학년 아이들과 지내면서 사용했던 어휘 목록 중 상당수를 머릿속에서 지워야 했고 남은 어휘가 거의 없어 새로운 언어를 마련해야 했다.

하강하는 힘

대학생이던 시절, 교육철학 시간에 교수님이 해 주신 말씀을 기억하 고 있다. 초등학생을 가르치는 일은 중고등학생을 가르치는 일과 아 주 다르고, 어려운 일이며, 고도의 전문성을 요하는 일임을 강조하셨 다. 그리고 키에르케고르의 '하강'이라는 개념을 알려 주셨다.

'하강'은 키에르케고르가 『철학적 단편』에서 사용한 개념인데 이 책에서 그는 소크라테스의 산파법이 진리를 간접적으로 전달하는 위 대한 방법이라고 말하면서 진리에 대한 자신의 독특한 관점을 전개했다. 키에르케고르는 진리가 인간의 영혼에 이미 내재하고 있는 것이 아니라 자신을 낮춰서 진리가 자신에게 다가오게 하는 방식을 견지한다. 이는 외부에서 일종의 절대자가 우리에게 찾아옴으로써 계시되는 형태다.

사실 키에르케고르는 종교 철학자에 가깝다. 그는 인간의 삶을 3단계로 구분하여 설명했다. 세 단계는 차례로 미적 단계, 윤리적 단계, 종교적 단계다. 인간이 감각과 지각의 지배를 받다가 이성의 발달을 통해 객관적이고 합리적인 형식에 기초하여 윤리적 삶으로 나아가지만, 이마저도 어떤 지점에 도달하면 인간 실존의 도덕적 나약함과 무지로 인해 불안과 절망에 빠질 수밖에 없고, 결국 신앙을 선택하게 된다는 것이다.

키에르케고르가 자아발달의 최종 목표라고 할 수 있는 종교적 단계와 관련하여 제시한 교육 방법이 바로 '간접전달'이다. 사실 그는 당시 기독교인들의 신앙심을 어떻게 하면 고양시킬 수 있을지에 대해 심도 있게 고민한 철학자다. 신앙심이란 우리가 통념적으로 이해하고 있는 경험적 지식과는 성격이 다르다. 머리가 아닌 마음으로 받아들여야 하는 지식에 가깝다. 키에르케고르는 간접전달의 교육방법을 완벽하게 구사한 존재로 예수를 상정한다. 예수의 가르침 속에서 우리는 가르치는 일의 진정한 의미에 한발 더 다가설 수 있을 것이다.

인간이 신을 대면한다는 것은 무엇을 의미하는가? 신은 인간이 만나고 싶다고 해서 만날 수 있는 존재가 아니다. 신과 인간 사이에는 결코 만날 수 없는 절대적인 수직적 거리가 존재한다. 인간은 결코 신이 될 수 없다. 신에 대한 인간의 체험은 인간이 신에게 올라간 것인가? 아니면 어느 날 갑자기 신이 인간에게 내려간 것인가? 신은 인식이나 앎의 대상이 아니다. 그래서 인간이 신에게 다가간다는 것은 불가능하다. 다만 인간은 신을 영접할 뿐이다. '하강'의 전제가 되는 신의 사랑과 실제 하강하는 행위는 교육학에 분명 시사하는 바가 크다. 신이 인간에게 사랑을 가르치고자 인간의 모습으로 인간 속으로 하강했으니 말이다. 더구나 누더기 옷을 입은 채로 말이다.

> 5. 너희 안에 이 마음을 품으라 곧 그리스도 예수의 마음이니 6. 그는 근본 하나님의 본체시나 하나님과 동등됨을 취할 것으로 여기지 아니하시고 7. 오히려 자기를 비워 종의 형체를 가지사 사람들과 같이 되셨고 8. 사람의 모양으로 나타나사 자기를 낮추시고 죽기까지 복종하셨으니 곧 십자가에 죽으심이라.
>
> 빌립보서 2장 5~8절

신이 인간에게 내려올 때 선택한 형상은 가장 비천한 사람과 동등한 모습이었다. 만약 신이 신의 형상으로 인간에게 나타난다면 신이 의도한 사랑과 진리를 인간이 진정으로 깨우칠 수 없기 때문일 것이다. 신의 위용으로는 결코 인간을 사랑에 대한 앎에 도달시킬 수 없다는 의미다.

선생님, 유치해요

인간을 대하기 위해 위용을 감춘 신의 형상을, 학생을 대하는 교사의 형상에 대입해 보자. 교사가 자신의 지식을 감추고 학생과 동등한 수준으로 학생들에게 다가가면 어떤 일이 벌어질까? "선생님, 그것도 몰라요?" 하고 묻는 아이도 있고 선생님의 위장을 알아차리는 아이도 있을 것이다. 선생님이 지닌 교사라는 공식적 신분에 압도되어 일방적으로 선생님의 말을 정해진 지식으로 받아들이는 학생들에게서 일어나는 배움은 항상 일정 부분 부족하다. 학생이 교사의 말을 동등하게 받아들이며 생각하는 과정에서 배움이 일어난다면 그것이야말로 건강하게 살아 숨 쉬는 배움이라 볼 수 있을 것이다.

교사는 학생들과 뒤섞여 활동하다 보면 "누가 선생님인지 모르겠다."라는 말을 들을 수 있다. 그리고 학생들로부터 "선생님, 유치해요!"라는 말을 듣는 경우도 있다. 이런 말에 조금도 상처받을 필요가 없다. 이는 교사가 학생들에게 참된 가르침을 주고 싶은 열망에 가득 찼을 때 출현되는, 학생 수준으로의 하강이 일어났다는 증거이기 때문이다. 하강의 모습이란 쉽지도 흔하지도 않으므로 이를 마주하는 학생들은 기쁘지만 어색하다. 그래서 그런 표현이 나와 버리는 것이다. 키에르케고르의 가르침처럼, 자신도 모르게 학생의 수준으로까지 한없이 하강하여 그들과 동등한 모습으로 교육활동을 전개하는 스스로에 기뻐하자.

패러독스와 하강 지점

....

아이들의 수준으로 내려가는 일은 그리 쉬운 일이 아니다. 아이들의
수준을 정확히 파악하고 있어야 하며, 정말로 아이가 되어서도 안 된
다. 교사이면서 학생의 모습을 가져야 한다. 이 패러독스의 사태에
진입하는 능력이야말로 교사의 전문성이다. 학교급에 따라 교사들이
전문적으로 하강하는 연령대가 다르다. 대학교수는 초등학생 수준으
로 하강하기 어렵다. 8살 꼬마 아이들을 대상으로 한 자릿수 자연수
덧셈을 가르칠 줄 아는 게 초등교사다. 3+4가 7이라는 사실을 8살
아이들에게 40분 동안 설명할 줄 아는 건 초등교사뿐이다. 어린이들
의 마음속과 머릿속을 하강 지점으로 설정하고 있는 유일한 교육 전
문가. 이것이 초등교사의 키에르케고르적 정체성이다.

키에르케고르

실존주의 철학의 선구자로 일컬어지는 키에르케고르(1813~1855)는 덴마크의 기
독교 가정에서 태어났고 아버지의 강권으로 신학을 하며 불화하였으나 1840년
에 코펜하겐대학 신학과에서「아이러니의 개념에 대하여」로 석사학위를 받았고
1841년에는「소크라테스와의 지속적 관계를 통해 본 아이러니의 개념」으로 박사
학위를 받았다. 3년 뒤인 1844년에 소크라테스와 역설적 그리스도에 대한 생각을
담아 출간한 책이『철학적 단편』이다. 이 책에서 그는 스스로를 '하느님의 스파이'
라 일컬으며 실존하는 주체로서 절대자와의 관계에 몰두했고 각자가 하느님 앞
에서 단독자여야 함을 강조했다. 그의 사상은 생전에는 큰 반향을 일으키지 못하
였으나 20세기에 실존주의가 유행하면서 주목을 받았다.

물들여짐과 물들임

묵자, 『묵자』

"사회의 혼란은 모두 서로 사랑하지 않기 때문에 일어난다."

墨子

쟤랑 가까이 지내지 마

보통 학생들은 새 학기가 되면 새로운 친구관계에 대한 설렘을 품고 학교에 온다. 그리고 곧 새롭게 만들어진 친구관계나 친구를 사귀는 일 자체에 대해 긴장과 스트레스를 겪는다. 왕따가 될까 걱정하고, 과연 누구와 친해질 수 있을지, 나를 좋아해 주는 친구가 과연 있을 지 등을 걱정한다.

아이들이 교사에게 상담을 청하는 경우, 학업문제나 가정문제를 빼면 대부분이 친구관계 문제다. 학급 아이들 전체가 하나가 되어 일년을 오순도순 행복하게 지냈으면 하는데, 전체적으로는 큰 문제가 없어 보이는 중에도 친구관계로 상처를 받는 아이가 생기고야 만다. 게다가 아이들이 사전에 모의를 해서 계획적으로 왕따를 시키는 것도 아닌데, 아이들이 유독 피하는 아이가 생기는 그 현상을 한번 경험해 본 교사는 아이들 가운데 단 한 명의 낙오자도 발생하지 않도록 하는 데 학급운영의 촉각을 곤두세운다.

아이들이 한 아이를 피하는 이유는 여러 가지다. 예를 하나 꼽아 보자면 또래에 비해 상당한 학습부진을 겪고 있는 경우다. 아이들은 잘난 척하는 친구도 싫어하지만, 심각한 학습부진을 겪는 친구와 친하게 지내는 것도 선호하지 않는다. 공부를 잘하는 친구와 지내다 보면 자신도 더 열심히 공부하게 될 거라는 기대감의 연장선이기도 하다. 부모 역시 학교에서 공부 잘하고 성실한 친구와 사귀라고 당부한다. 소위 '노는 아이'라고 눈 밖에 난 친구와 친하게 지내다 보면, 어느 순간 내 자식도 똑같이 '노는 아이'가 될까 봐 걱정한다.

겸애 兼愛

....

학교에 모인 아이들은 서로 다른 부모 슬하에서 자란, 각기 다른 아이들이다. 입학 이전에 받은 가정교육도 다르고, 타고난 유전적 특질도 제각각이다. 언뜻 보면 비슷할지라도 저마다 뚜렷한 개성을 가지고 있다. 우리 사회가 능력으로 여기는 소양들에 있어서도 개인차는 존재한다. 서로 다른 환경에서 살아가고 있는 서로 다른 아이들이 모여서 자신과 다른 사람을 만나 차이를 이해하고 관용을 배우는 곳이 바로 학교다. 이 귀한 교육의 기회를 북돋우진 못할망정 어른이 나서서 차단해 버리는 경우가 있다. "학교에서 가급적 공부 잘하는 친구와 지내. 욕하는 친구들과 어울리면 안 돼. 잘못하면 너도 물들 수 있어." 이런 차별적 사랑에 묵자는 반대했다.

> 묵자께서 말씀하셨다. "남의 나라 보기를 자신의 나라 보는 것처럼 하고, 남의 봉읍 보기를 자신의 봉읍 보는 것처럼 하며, 남의 몸 보기를 자신의 몸 보는 것처럼 하는 것이다. 그래서 제후들이 서로 사랑하게 되면 들판에서 전쟁을 하지 않게 되고, 봉읍의 경대부들이 서로 사랑하게 되면 서로 찬탈하지 않게 되며, 사람과 사람이 서로 사랑하게 되면 서로 해치지 않게 되고 (생략)"
> 『묵자』, 묵자 저, 최환 역(2019), 을유문화사, 237쪽.

묵자는 공자와 비슷한 시기를 살았다. 『묵자』는 묵자와 그의 제자들이 말한 내용이 적혀 있는 책이다. 묵자는 당시의 유교적 질서와 빈번했던 전쟁에 반대하며 절약과 노동의 가치를 중히 여겼다. 지극히 실용주의적인 관점에서 백성에게 이익이 되기 위해 필요한 것과 경계해야 할 일들에 관한 내용이 『묵자』에 담겨 있다.

묵자는 전국시대 도탄에 빠진 백성을 위해 사회적 위기에서 벗어나는 데 힘썼고 그 방법으로 겸애라는 보편적 박애주의를 주장했다. 자신과 타인을 구별하지 않고 모든 사람을 자신을 대하듯이 똑같이 사랑하자는 것이다. 사람을 서로 비교하고, 자신과 상대방의 격차에 대한 인식에서 출발하여 자신보다 부족한 사람을 배제하거나 업신여기고, 자신에게 이득이 될 것 같은 사람만 포용하는 방식의 친구사랑은 묵자에게 있어서 진정한 사랑이 아니다. 그저 단순히 개인의 취향에 기인해 친구를 골라 사귀는 건 문제될 것 없지만 상대방의 결점이나 부족함 때문에 거리를 두는 것은 묵자에게 있어서는 차별이다.

짙은 물감

부모가 자식에게 친구를 골라 사귀라는 말을 하는 건 사실 일상적인 일이다. 내 아이를 보호한다는 취지하에 말이다. 실은 교사도 예외가 아니다. 교사가 자녀를 대하는 방식까지는 이야기하지 않더라도, 학교에서 자신의 학급 학생들이 좋지 않게 소문난 옆 반 학생과 친하게 지내는 것을 원하지 않는다. 괜히 그 아이와 어울리면서 내 반의 아이가 똑같이 문제아가 될 수도 있다는 걱정 때문이다. 『묵자』에 나오는 구절을 하나 살펴보자.

묵자께서 실에 물을 들이는 것을 보고 탄식하며 말씀하셨다.

"푸른 물감으로 물들이면 푸른색으로 되고 노란 물감으로 물들이면 노란색이 되니, 넣는 물감이 바뀌면 그 색깔 또한 변한다. 다섯 개의 서로 다른 물감 통에 넣은 후에는 다섯 가지 서로 다른 색깔이 된다. 그러므로 물들이는 것은 신중하게 하지 않을 수 없다. 실에 물을 들이는 것만이 아니라 나라의 임금 또한 신하의 영향을 받는다."

『묵자』, 묵자 저, 최환 역(2019), 을유문화사, 34-35쪽.

묵자는 인간이란 후천적으로 환경의 영향을 받아 물이 드는 존재라고 본다. 한 사람의 진한 향기는 주변 사람들에게 배기 마련이다. 우리는 모두 주변 사람들에 물드는 삶을 살아간다. 한편으로는 지금 어떻게 물들어 있는지가 그 사람의 인격이다. 태어난 뒤에는 부모에 한껏 물들고, 학교에 다니기 시작하면 친구들과 선생님의 모습으로 물든다. 두 명의 친구가 있다면 이 둘은 상호작용한다. 한 아이에게 다른 아이는 일종의 환경이다. 서로가 서로에게 환경인 셈이다. 친구와 친구 사이에서는 누가 누구를 물들일까? 실과 물감이라면 방향이 정해져 있다. 물이 드는 쪽은 언제나 실이다. 그렇다면 사람과 사람 사이에서는 어떨까? 소위 '문제아'와 모범생이 만났을 때 누가 누구를 물들일까? 이것은 방향이 한쪽으로 꼭 정해져 있는 것이 아니다. 물감으로 비유하자면 두 가지 색의 물감을 섞었을 때 양쪽 모두 색상이 바뀌지만 옅은 색이 짙은 색에 묻힌다. 친구 관계도 그렇다. 모범생이 농도가 짙다면 '문제아'가 모범생에게 물들 수 있다.

교실 너머 학교라는 하나의 공간

물들 수 있다는 이유로 경계할 대상의 근처에도 가지 못하게 하는 건 어리석다. 나쁜 환경에 아이를 노출시키자는 이야기가 아니다. 아이들은 옳고 그름을 안다. 어른들이 우려하는 것처럼 아이들은 탁한 색으로 서로를 물들였다가도 이내 각자 품고 있는 짙은 아름다움으로 서로를 물들여 나간다. 이 과정에서 아이들은 인간의 일을 배운다. 그러니 우리 반 아이가 다른 반의 '문제아'에게 일단 물들지 않게 해 주어야겠다는 생각은 소인배의 사고방식이다. 우리 반 아이에게는 아름다운 색만 있다는 믿음으로 하는 생각이겠지만 현실은 그렇지 않다. 아이 마음속에 남모르게 자리 잡고 있는 탁한 한두 방울이 다른 아이들과 공명하는 과정에서 타인의 짙은 아름다움에 물들 기회를 뺏지 말아야 한다. 한편 그런 소극적인 회피 방식은 '부족한 아이, 문제가 있는 아이'로 현재 낙인 찍혀 있는 아이가 좋은 환경에 물들어 갈 기회를 박탈하는 셈이다. 이런 분위기가 팽배한 학교는 차이를 이해하게 하고 관용을 가르치는 학교와는 거리가 멀다.

한 교실에서, 한 학교에서 만나는 선생님과 학생들은 가족이나 다름없다. 서로가 부족한 부분은 채워 주고, 어떤 과제를 수행할 때 더 잘하는 학생이 다른 친구를 도와주면서 함께 성장하는 곳이 학교다. 하얀 도화지의 채색은 우리들의 선택과 의지에 달려 있다. 아름다운 세상이 펼쳐질 수도 있고, 어둡고 차가운 세계가 그려질 수도 있다.

학습에 흥미를 느끼지 못하는 친구는 공부를 좋아하는 친구에게 물들고, 자기밖에 모르는 이기적인 학생이나 욕을 빈번하게 사용하는 학생은 배려심 많고 고운 말을 사용하는 학생에게 물들도록 교사들은 학생 간에 일어나는 크고 작은 역동을 신경 써야 한다. 사람들이 서로 차츰 물들고 교실이, 학교가, 사회가 아름답게 물들어 가는 것. 이것이 바로 묵자가 그린 사회상이다.

묵자

전국시대에 빈번했던 전쟁을 비판하며 겸애교리兼愛交利를 주장한 묵자(B.C.479경~B.C.381경)는 당시의 유교적 가치관과 다른 관점에서 인간과 사회를 논했다. 유교가 친족과 혈연 중심의 차별적 사랑을 이야기한 반면 묵자는 인간의 구별지음과 차별에서 온갖 갈등의 씨앗이 잉태된다고 하면서 전쟁의 근본 원인을 사람들이 서로 사랑하지 않는 현실에서 찾았고 이를 극복하기 위해서는 서로 차별 없이 사랑하며 생산에 힘쓰되 이익을 나누어야 한다고 했다. 공동체 안에서 서로 사랑하며 산다는 것은 지극히 상식적인 말이지만, 묵자가 살던 시대나 지금이나 인간이 실현해야 할 이상에 가까워 보인다. 묵자의 사상서인 『묵자』는 묵자를 포함한 묵가들의 사유와 논쟁을 기록해 엮은 책으로 10개의 가치가 각 편을 이루고 있는데 그중 세 번째 편명이 '겸애'다.

이카로스의 선생님

니체, 『반시대적 고찰』

"그대의 진정한 본질은
그대가 생각하는 것보다 훨씬 더 높이 있다."
F. Nietzsche

이카로스는 어리석은가

그리스 로마 신화에는 미궁에서 탈출하는 다이달로스와 그이 아들
이카로스의 이야기가 나온다. 다이달로스는 새의 깃털과 밀랍으로
날개를 만들어 아들과 미궁으로부터의 탈출을 시도하는데, 비행을
하다가 아들이 자칫 위험에 빠질까 하여 조심할 것을 미리 일러두었
다. 높이 날면 태양의 열기에 깃털을 이어 붙인 밀랍이 녹으면서 추
락할 수 있고, 낮게 날면 바닷물에 깃털이 젖게 되면서 몸이 무거워
져 바다에 빠질 수 있으니 적당한 높이로 날아야 한다고 당부했다.

그러나 호기심 강한 이카로스는 아버지의 말을 무시한 채 태양 가까이 날아올랐고 밀랍이 녹아내려 결국 바다로 떨어져 죽고 만다.

세상에는 무모하다 싶을 정도의 도전을 하는 사람들이 있다. 그러나 무모한 호기심의 결과가 이카로스처럼 반드시 비극적인 것은 아니다. 방송에서도, 책에서도, 온라인에서도 온갖 역경과 시련을 견디고 노력해서 결국에는 성공을 거둔 사람의 경험담은 이야기가 되어 널리 회자되고 활자화되어 또 널리 읽힌다. 이런 사람들의 이야기와 이카로스의 이야기에서 일맥상통하는 건 인간의 도전 정신이란 자연 법칙의 굴레 너머에 존재한다는 사실이다.

창조의 힘

인간은 역사 내내 불가능을 가능의 영역으로 편입시켜 왔다. 그 중심에는 인간의 창조성이 있다. 기존 경험 안에서만 사고하다 보면 현재를 뛰어넘는 혁신적 아이디어를 생각하기 어렵다. 그런데도 세상은 사람들에게 기존의 방식에 익숙해지라고 말한다. 오래된 관행에 수반되는 문제점을 인식한 누군가가 자신의 생각을 말하면 비난이나 시큰둥한 반응을 마주하기 일쑤다. 그러면 용기를 내려 했던 그 사람은 다시 관행과 발맞추기를 선택하고야 만다. 구시대적 사회는 그런 방식으로 오늘도 이어져 나간다.

사람들은 아무튼 진짜 문화를 가지고 있다는 신념 속에서 살고 있다. 오직 극소수의 특출한 사람들만이 만족스러워하고 승리를 축하하는 신념과 공공연한 결함의 기괴한 대조를 알아차릴 수 있는 것처럼 보인다. 여론에 따라 생각하는 사람들은 모두 스스로 눈을 가리고 귀를 막고 있다.

『비극의 탄생·반시대적 고찰』, 니체 저, 이진우 역(2013), 책세상, 189쪽.

사회를 변혁시켜 보고자 하는 개인의 의지가 더 강했다면 어땠을까? 그러면 공동체에 의해 개인의 의지가 가로막히는 일은 안 벌어지지 않았을까?

니체는 자신의 삶의 의미와 가치를 스스로 창조할 수 있는 존재로 인간을 이해했다. 인간에게는 개인이 맞닥뜨리고 있는 사회적 여건이나 환경에 적응하는 차원을 넘어 그것을 의도대로 변화시킬 수 있는 힘이 있다고 말했다. 그래서 자기 긍정과 창조적 힘에 대한 의지를 가진 이들은 결코 상황을 운명으로 받아들이지 않고 극복하려고 한다는 것이다. 니체는 사회 안에서 모든 것을 이미 결정된 것이라고 보거나, 운명으로 보는 자들을 경멸했다.

니체는 『반시대적 고찰』에서 그가 살던 당시의 독일의 학문과 사유에 대해 비판했다. 특히 역사적 지식은 필요하지만 과잉되면 삶이 경직될 수 있음을 지적하며 망각을 배우지 못하고 과거에 매달려 있는 인간의 모습을 소와 비교하며 조롱했다.

니체에 따르면 힘에의 의지가 있는 사람만이 진정으로 자유로운 사람이다. 인간은 태어나면서 자연법칙과 일정한 인과율 속에서 살아간다. 그리고 성숙이라는 이름하에 사회가 축적해 온 지배적 가치를 내면화해 간다. 그러나 이러한 태도로 일관하며 살아가는 사람들은 니체에게 있어서 골동품적인 역사를 따르는 사람에 불과하다. 골동품적인 역사는 삶을 보전할 뿐 생산할 줄 모른다. 이러한 삶의 자세로는 새로운 가치를 창조할 수 없다.

　니체는 천국이란 없으며 자신의 삶에 충실할 것을 강조했다. 무언가에 기대는 것은 약자의 외침이며 노예적인 삶에 가깝다는 점을 역설했다. 니체는 인간이 노예적 삶에서 벗어나 힘에의 의지를 통해서 자기를 극복하며 스스로 삶의 주인이 되어야 한다고 했다. 흔히 미덕으로 여기는 사랑이나 동정과 같은 것을 니체는 약자들이 의지하는 노예도덕이라 보았다. 인간이 추구해야 할 가치는 강해지고자 하는 힘에의 의지에 대한 성실과, 고귀한 것을 열망하는 주인도덕이다. 긍정적인 에너지와 도전정신으로 운명을 개척하며 자기를 뛰어넘는 이상적 인간상으로 니체는 초인(위버멘쉬)을 제안했다.

> 인간은 살기 위해 과거를 파괴하거나 해체할 힘을 가져야만 하고 때에 따라 실제로 그렇게 해야 한다. 그렇게 하기 위해 그는 과거를 법정에 세우고 고통스럽게 심문하고 마침내 유죄를 선고해야 한다.
>
> 『비극의 탄생 · 반시대적 고찰』, 니체 저, 이진우 역(2013), 책세상, 314쪽.

니체는 인간의 고귀함을 자기긍정과 자기 확신감에서 찾았다. 기존의 관습에 얽매인 골동품적 사고로는 새로운 가치를 생성할 수 없으며, 이러한 삶의 자세로는 자기 긍정으로 나아갈 수 없다. 인간은 이러한 법칙의 지배에 예속되는 것이 아니라 초월할 수 있는 힘을 갖고 있다. 힘에의 의지가 끊임없이 운동함으로써 세상은 진보한다.

순수한 갈망

이카로스가 하늘을 날고자 했던 꿈을 헛된 욕망으로 치부할 것이 아니라 하늘을 날고 싶어 했던 한 인간의 강한 호기심과 열망으로 바라보도록 하자. 비록 그가 시도한 것은 자연법칙을 벗어나려는 노력이었고 결과적으로는 그에게 죽음을 안긴 위험한 행동이었지만, 이것을 어리석음이라는 시각에서만 볼 게 아니라 미지의 세계에 대한 한 인간의 순수한 갈망으로 이해할 수 있지 않을까?

우리가 살고 있는 현실에서 만나는 공동체 내의 완강한 가치규범들은 마치 법칙처럼 작동되는 면이 없지 않다. 인류가 추구해 마땅한 보편적 가치들이라면 문제없겠지만, 그렇지 않은 경우도 존재한다. 잘못된 관행이나 제도, 불편한 진실은 묵인될 게 아니라 파괴되어야 옳다. 그 위에 새로운 가치가 정립되는 게 역사의 방향이다. 그런데 이를 추구하는 삶의 태도는 나이가 들수록 옅어지는 것 같다. 어릴 때는 가정에서, 일정 나이가 되면 학교에서 우리 사회가 요구하는 가치들을 내면화하도록 교육받기 때문이다. 어린 시절의 자유분방함은 갈수록 퇴화되어 간다.

나의 교실에 이카로스가 있다면

내가 아이들을 퇴화시키고 있는 건 아닌지 늘 스스로 살펴보는 게 좋다. 교사로서 학교에서 아이들과 지낸 시간이 길면 학생들에 대한 이해와 노하우가 시간만큼 축적된다. 아이들의 행동에 대한 보상과 벌, 아이들을 사로잡는 유머감각, 때에 따라 확실한 지도력을 발휘하는 카리스마까지 다양한 노하우를 갖추게 된다. 이런 기술들은 교사에게 자신감을 준다. 그런데 사실 이런 학급운영 기술에는 학급규칙이 수반된다. 학급운영 기술을 많이 적용할수록 학생들이 지켜야 할 규칙의 양이 많을 수 있다. 교사는 학생들에게 제시하는 학급규칙들이 좋은 습관을 기르고 안전한 생활을 유지하는 데 필요한 것이라 진심으로 생각하지만, 애석하게도 동시에 학생들의 자유정신과 창조성을 대가로 지불하고 있을 수도 있다는 점을 늘 잊지 말아야 한다.

가치에 얽매여 속박되는 삶은 바람직하지 않다. 아무리 좋은 가치라도 그것에 대해 비판적 의식을 거두고 수동적으로 속박되는 순간, 인간은 노예와 다름없어진다. 때로 학생들의 생각이 비논리적으로

홀러가더라도, 학생들이 일시적으로 잘못된 생각을 고집스럽게 표현하더라도 그 안에 비판적 의식이 녹아 있다면, 그것만큼은 억누르지 말아야 한다. 설사 학생들이 기존의 질서에 대한 비판의 토대 위에 새로운 가치를 세우고자 분투한 결과, 기존 질서와 동일한 것이 만들어졌다 하더라도 그 둘은 동일한 게 아니다. 새로운 창조가 일어난 것이다. 아이들에게 아이다움, 천진난만함을 돌려주자. 이를 위해 고뇌와 인고의 길을 걷게 될 교사의 마음속에 어떤 것을 들여놓으면 좋을까? 무언가를 함께 창조해 나가는 예술적 감성이다. 숙련된 교육 기술은 덜어 내고 예술적 감성으로 마음속 자리를 채워 보자. 하늘 높이 날아오르려는 이카로스 같은 학생이 옆에 있다면 경고의 메시지를 던지기보다는 그의 용기를 북돋고 난관과 위험을 함께 예방하고 극복해 나가는 교사가 되어 보자.

🎵 니체

"신은 죽었다."라는 말과 『차라투스트라는 이렇게 말했다』로 잘 알려져 있는 니체(1844~1900)는 신을 부정한 철학자다. 니체는 대학에서 고전문헌학을 공부하여 1869년 교수가 되었고 1870년에 프로이센·프랑스 전쟁에 지원하여 위생병으로 있었다. 『반시대적 고찰』은 그가 1872년에 첫 책 『비극의 탄생』을 내고 1년 뒤인 1873년부터 3년에 걸쳐 동명으로 세간에 선보인 4편의 글이다. 이 글에서 니체는 프로이센·프랑스 전쟁의 승리에 빠진 독일을 비판하고 유럽 문화 전체에 대한 회의를 드러내면서 이상적 인간상에 대해 이야기했다.

진정한 독서 지도법

박지원, 『그렇다면 도로 눈을 감고 가시오』

"너무 많이 읽으려고 욕심내지 말고 빨리 읽으려고 하지도 마라."

朴趾源

빨리빨리 문화

우리나라는 세계 어느 나라에서도 보기 드문 특별한 경제성장을 이룬 나라다. '단기간 고속성장'이라는 표현은 마치 하나의 고유명사처럼 우리에게 특별하다. 일제 강점기와 한국 전쟁 같은 고된 역사적 굴곡으로 회생 불가능한 수준의 빈곤에 떨어졌지만 결국 이겨 냈고, 외국으로부터 도움을 받던 나라에서 이제는 도움을 주는 나라로 위상을 변화시켰다. 2021년 7월에는 유엔무역개발회의가 공식적으로 대한민국의 지위를 개발도상국에서 선진국으로 인증했다. 이런 성장을 가능하게 한 요인을 거시적으로는 정치·경제 체제에서 찾을 수 있지만 무엇보다 대단했던 건 밤낮없이 성실하게 일했던 할아버지, 할머니 세대의 노력이었다. 좀 더 일찍 일어나고 조금 더 늦게 자야 성공할 수 있다는 신념으로 시간을 다투며 일했다.

이 과정에서 한국인에게는 '빨리빨리'라는 독특한 생활문화가 자리 잡았다. 이 문화는 '한강의 기적'을 가져왔지만 갖가지 부정적 현상을 수반했다. 사람 간에 속도전이 벌어지기 일쑤고 내실보다도 빠른 결과 도출에 몰두했다. 그리고 그 결과들이 가져오는 부작용을 관리하고 대비하는 데에는 충분한 시간을 들이지 못했다. '빨리빨리' 문화의 병리는 우리 사회 전반에서 확인된다. 교육도 예외는 아니다.

들어간 시간 대비 얼마큼의 결과물이 나왔는지를 가늠하는 개념인 효율성은 교육에 있어서도 학생의 실력을 평가하는 잣대 중 하나로 간주된다. 대부분의 시험은 제시된 문항들을 제한 시간 내에 해결하게 한다. 정해진 시간에 문제를 다 풀지 못해서 울상인 아이, 문제를 다 풀고도 시간이 많이 남아서 책상에 엎드린 채 종이 울리기를 기다리는 아이가 한 교실에 있다. 시간 내 문제를 해결하는 능력으로 성적이 매겨지고 상급학교 진학이 좌우된다. 문제를 푸는 속도가 늦은 아이는 빨리 푼 아이보다 실력이 낮은 것으로 여겨지는 것이다. 이 오래된 관행은 과연 눈감아도 되는 것일까.

생각 없는 독서

....

효율성을 고집하는 관행은 독서 문화에도 있다. "너 오늘 몇 장 읽었어? 몇 권 읽었어?"와 같은 질문이 그다지 이상하지 않다. 학교에서도 부추긴다. 대표적인 것을 하나 꼽자면 교실 뒤 게시판에 붙어 있는 일명 '독서오름판'이다. 100권을 목표로 완독한 책의 수가 10권, 20권 누적되어 나가면 학생들은 자신의 이름표를 그에 맞춰 높게 옮겨 붙인다. 자신이 읽은 책의 권수를 확인하며 독서에 대한 성취감을 맛보게 하자는 취지일 것이다. 책을 많이 읽으면 무엇이 좋은 것일까?

같은 시간 동안 책 1권을 읽는 학생과 2권을 읽는 학생을 비교해 보자. 물론 책의 분량과 수준이 모두 유사하다는 걸 전제한다. 산술적인 측면을 보자면 2권을 읽은 학생이 효율적인 독서를 한 것이다. 하지만 독서량과 성장이 비례하나? 독서량과 독서경험이 비례하나? 그렇지 않다. 1권 읽은 학생이 2권 읽은 학생보다 독서능력이 떨어지는 것으로 판단하는 건 오판이다.

책 속 텍스트는 단순 독해의 대상에 머물러서는 안 된다. 책 속의 지식은 삶의 지식으로 연결되어야 한다. 문장의 의미와 글 전체 내용을 섭렵했다고 하더라도 그것이 삶과 연계되지 않는다면, 우리는 단지 텍스트에 담긴 정보만을 습득했을 뿐이다. 이것을 독서가 아니라고 말할 수는 없지만 좋은 독서라고 보기는 어렵다. 이런 독서에 높은 독서능력을 지녔다는 평가를 매기는 건 오류다.

헛똑똑이는 가라

『그렇다면 도로 눈을 감고 가시오』라는 책이 있다. 이 책은 조선 후기의 실학자 연암 박지원이 지은 산문들 중 일부를 한문학자 김혈조 선생님이 옮겨 놓은 책인데, 조선 사회 현실에 대한 연암의 사색과 비판이 담긴 단편을 여럿 만나 볼 수 있다. 연암이 독서의 자세에 대해 이야기하는 글도 몇 편 있다. 그중 한 편의 글에서 연암은 특별히 독서를 많이 하면서 쌓은 어설픈 지식을 갖고 잘난 척하며 우쭐대는 사람을 신랄하게 비판한다.

> 후세에 독서를 잘한다고 하는 사람은 거친 마음과 얕은 식견으로 말라빠진 먹과 문드러진 종이 사이에서 눈을 지치게 하고, 책장에 붙은 좀벌레의 오줌과 쥐똥을 찾아 주워 모으고 있으니 이야말로 술지게미를 먹고 취해 죽겠다고 하는 격이니 어찌 불쌍치 않은가?
> 『그렇다면 도로 눈을 감고 가시오』, 박지원 저, 김혈조 역(2002), 학고재, 68쪽.

독서의 궁극적인 이유는 내용 이해가 아니다. 연암은 도를 논의하는 것을 독서의 일로 여겼다. 독서를 하되 삶의 실천으로 응용하지 못한다면 그것은 참된 독서가 아니다.

학교에도 유독 책을 많이 읽는 아이들이 있다. 책과 친구가 되는 것은 매우 좋은 일인데 책을 많이 읽는 만큼 친구들과 어울리는 시간이 유독 적은 아이들이 있다. 이 경우에 선후 관계는 분명하지 않다. 친구가 없어서 책을 읽는 경우도 있고, 책만 보다가 친구를 잃는 경우도 있다. 어떤 경우든 둘 다 학생에게 위기 상황이지만 독서만 놓고 보자면 더 위험한 쪽은 후자다.

책을 통해서 학생들은 친구를 사귀는 법을 배우는 셈이다. 글 속에 나오는 사람들의 이야기를 통해 다른 사람의 삶을 간접경험하면서 그들의 삶을 이해하는 마음을 고양하게 되니 말이다. 학생들을 가르치다 보면 의외로 다독하여 단편적인 지식들은 많이 알고 있으나, 그에 비하여 친구 관계에는 실패한 학생들을 종종 만나게 된다. 친구관계는 엉터리고, 사회성은 부족한 학생들도 있다. 지식의 파편들이 쌓여 주머니만 비대해지고 그것을 나누고 교환할 마음은 아직 채 수양하지 못해 교착 상태에 머물러 있는 것이다. 똑똑해졌지만 똑똑하지 못한 상태. 흔히 '헛똑똑이'라고 불리는 상태. 책을 읽음은 곧 다른 사람의 마음을 읽음이 되어야 한다는 걸 아이들이 깨닫고 한발 더 나갈 수 있게 도와주어야 한다.

아이들이 '헛똑똑이' 상태에 머무는 건 한편으로는 자연스러운 일이다. 이 상황에 영영 머무는 게 문제다. 이 문제는 이 상황을 방치하고 독려하는 어른들 때문에 생긴다. 아이의 얕은 식견 축적에 놀라워하며 인간의 마음을 읽는 독서보다는 다독에 치중하는 어른들이 가정과 학교에 있다. 연암이 보기에 이러한 독서는 아이의 마음을 더 거칠게 만들 뿐이다. 연암이 제안하는 독서법은 실제적인 삶과 유리된 채 책만 읽는 사람들에게 경종을 울린다.

> 저 허공을 날며 우는 새의 소리야말로 얼마나 생기 넘치는가.
> 그런데 적막하게도 새 조(鳥) 한 글자로 새들의 빛나는 빛깔을
> 말살하고 몰각시키며 그 모습과 소리를 놓치고 없애 버리니, 이
> 는 마실 가는 촌노인의 지팡이 꼭대기에 새겨진 새 모양과 무엇
> 이 다르랴.
>
> 『그렇다면 도로 눈을 감고 가시오』, 박지원 저, 김혈조 역(2002), 학고재, 68쪽.

연암은 얕은 식견을 쌓거나 지식을 담는 것 자체에 목적을 둔 독서
라면 차라리 밖에 나가서 하늘 위를 날고 있는 새를 보는 것이 더 좋
다고 말한다. 책은 살아 있는 지식으로 나아가는 통로가 되어야 한다.

슬로 리딩

한때 하시모토 다케시라는 일본의 국어교사에 의해 소개된 슬로 리
딩이 주목을 받았다. 그는 주인공의 견문이나 감정 등에 대한 체험은
속독으로는 불가능하다고 보고, 학생들에게 사물을 바라보는 방법이
나 감수성을 전달하고자 천천히 깊게 읽는 책읽기를 지도한다.

국내에서도 천천히 읽기가 유행하고 있다. 많은 학교에서 1년을 염
두에 두고 학생들과 '온 책 읽기'를 실천하고 있는 것은 참 반가운 일

이다. 이 활동이 특히 반가운 이유는 하나의 주제에 대해서 학생들이 공동으로 깊이 있게 생각하고, 생각을 공유하는 과정을 거친다는 점에 있다. 학생들에게 여유 있게 책을 읽는 기회를 제공하고 생각의 틈을 주게 되니, 학생들은 책 속의 내용을 마음으로 받아들이는 차원으로 함께 나아간다. 이 독서 과정 전체에서 아이들은 내내 친구를 새롭게 사귀어 간다. 결국 이 독서경험은 학생들로 하여금 함께 사는 법을 익히게 하는 셈이다. 책의 내용을 실제 생활에 적용하고, 독서 자체로 공동체 생활을 해 나간다. 이로써 길러지는 능력이야말로 독서능력이요, 삶의 지혜다.

⛬ 박지원

이용후생을 강조한 조선 후기의 실학자 연암 박지원(1737~1805)은 토지 소유의 불균형을 해소하려고 노력하였고, 청나라의 선진 문물을 적극적으로 받아들여 조선의 경제를 살릴 것을 주장한 북학 운동의 선두 주자였다. 문필가로서 청나라를 다녀와서 쓴 『열하일기』, 다수의 수필을 엮어 놓은 『연암집』이 있으며 소설로는 「허생전」, 「양반전」 등 주옥 같은 저작을 다수 남겼다. 연암은 인간과 사회에 대한 분석과 비평을 다방면으로 내놓은 문장가로서 조선 시대를 대표하는 문필가 중 한 사람이다.

교실이
정의로운 공간이어야 하는 이유

흄, 『인간 본성에 관한 논고』

"도덕성은 판단된다기보다는 느껴진다."
D. Hume

담뱃갑의 그림들

담뱃갑에 붙어 있는 혐오스러운 이미지를 보고 흠칫 놀란 경험이 있을 것 같다. 흡연자의 망가진 입속 사진, 손상된 폐 사진 등 영화라면 분명 19금 등급을 받을 것 같은 무서운 이미지들이 담뱃갑의 겉면에 보란 듯이 노출되어 있다.

담배 회사가 자발적으로 이런 이미지를 넣을 리는 없다. 이전에 담뱃갑들은 세련되고 화려한 디자인에 간단한 경고성 글귀를 얹은 채로 출시되어 왔다. 흡연의 위험성을 경고하면서 담배를 판매하는 일

자체가 아이러니이긴 한데 담뱃갑에 과격한 경고 이미지를 크게 넣어 흡연의 위험을 경고하는 이 조치는 세계 여러 나라에서 시행되고 있다. 우리나라는 2016년 말부터다.

이는 이미지의 자극성만큼이나 목적이 분명한 조치다. 흡연자를 줄이기 위함이다.

처벌이나 사회적 소외 같은 적극적인 외부 간섭으로 금연이라는 개인의 행동을 유도할 수 있지만 이는 자발성을 존중하는 방식이 아니다. 사람들은 외부의 힘에 구속되기를 원하지 않는다. 인간의 경향성을 짓누르는 강제적 방식은 흡연자들에게 선호받을 수 없다. 담뱃갑에 경고 그림을 크게 넣었을 뿐, 판매나 구매에 별다른 제재를 가하지 않는 것은 기존 구매자들이 담배라는 상품을 더 이상 구매하지 않는 행동에 도달하는 시점과 방법을 스스로 선택하도록 함으로써 그들의 선택의 자유를 보장하는 조치다.

실제로 브라질이나 캐나다는 단순 문구보다는 경고 그림을 넣은 뒤 흡연율 감소에 효과를 보았다고 한다. 니코틴, 타르 등 유해물질이 많이 포함되어 있다는 사실 정보를 텍스트로 전달하는 것보다 지나친 흡연으로 폐암에 걸린 환자의 고통스러운 모습을 보여 준 것이 금연 행동 유도에 효과적이었다는 것이다. 글을 읽는 것보다 그림을 보면서 사람들은 나의 흡연이 나의 폐를 망가뜨리는 원인이 될 수 있다는 것을, 즉 흡연과 질병 사이의 인과성을 피부로 더욱 체감한 것이다.

인상과 관념

경험주의 철학자인 데이비드 흄은 『인간 본성에 관한 논고』에서 경험주의 원리에 입각한 자신의 철학 전반을 소개했다. 이 책은 오성 편, 감정 편, 도덕 편의 총 3권으로 구성되어 있는데, 첫 번째 오성 편에서는 인상과 관념의 개념을 토대로 연역 논증이 아닌 귀납 논증의 필요성을 논리적으로 설명했다. 흄은 우리가 무언가를 눈으로 보고, 맛보고, 만지는 등의 경험으로 감각기관에 느껴지는 여러 감각이 곧 인상이라고 했다. 다시 말해서 인상은 경험함으로써 발생한다.

교사는 학교에서 하루를 보내며 다양한 경험을 한다. 수업을 이끌어 가면서 칠판에 판서를 하고 초롱초롱한 눈망울을 한 아이들과 눈빛을 교환한다. 수업 외의 시간에는 학생들 사이에서 벌어진 다툼을 중재하기도 하고 체육 시간에 아이가 넘어져 무릎이 까지면 보건실에 데려가기도 한다. 흄에 따르면 이러한 하나하나의 구체적인 실제 경험들은 인상이다. 학교에서 일과를 끝내고 집에 돌아와서 학교에서 있던 일들을 떠올려 보면, 사안에 따라 더 생생하게 기억이 되는 것이 있고, 그렇지 않은 일이 있다. 상대적으로 특별히 또렷하게 떠오르는 일을 우리는 인상 깊다고 표현한다.

흄은 인상과 구분하여 관념이라는 개념을 언급했다. 관념은 머릿속에 생생하게 남아 있는 기억이다. 우리가 무언가를 실제로 지각하는 것과 그것에 대하여 생각하는 것은 분명히 구별된다. 관념은 우리의 생각을 구성하는 단위다. 그런데 어떤 관념을 머릿속에 갖는 일이 가능하려면 그보다 시간적으로 앞선 때에 경험이 있어야만 한다. 뱀을 경험하지 못한 학생이 처음 뱀을 만났을 때는 뱀이 등장하지 않았던 다른 경험들에 의해 생겨난 관념에 따라 반응을 보일 것이다. 관념은 생생한 인상의 희미한 복사물이다.

상상력과 경험의 연합

흄은 사람들이 인상 깊게 경험한 일들이 마음속에 생생하게 기억으로 남을수록 행동에 영향을 미친다고 말했다. 우리는 직접 경험하지 않은 일에 대해서도 그간의 다른 경험을 통해 내재된 여러 가지 인상에 의해 다양한 것을 떠올리며 그것에 영향을 받는다. 자라 보고 놀란 생생한 인상이 우리로 하여금 솥뚜껑을 보고서도 놀라게 만드는 것이다. 기존에 솥뚜껑을 본 적이 없다면 더더욱, 자라를 보고 놀란 선경험이 만들어 낸 관념으로 인하여 솥뚜껑을 처음 접한 순간에 마치 자라를 보았을 때처럼 놀라게 될 것이다.

어떤 인상이든지 그것이 우리에게 현존해 있을 때 그것은 우리의 정신을 그것에 관한 관념들로 이동시킨다. 모든 관념은 그에 앞선 인상으로부터 나온다. 흄은 인간의 정신이 어떤 대상의 관념이나 인상에서 다른 대상의 관념이나 신념으로 옮겨 가기 위해서는 상상력이 필요하다고 보았다. 물론 상상력에 더해 인상의 항상성과 정합성이 상상력과 상호작용하면서 지속 판명한 존재로서의 새로운 관념이 발생할 수 있다.

> 정신이 어떤 대상의 관념이나 인상에서 다른 대상의 관념이나 신념으로 옮겨 갈 때, 그렇게 옮겨 가는 것은 이성에 의해 결정되는 것이 아니라 상상력 안에서 이 대상들의 관념들을 함께 연합하고 합일하는 원리들에 의해서 결정된다.
> 『인간 본성에 관한 논고 1』, 흄 저, 이준호 역(2004), 서광사, 111쪽.

상상력은 우리 마음의 자연적인 경향성에 가깝다. 인간의 상상력이 빚어내는 정신적 산물들은 하나의 인과적 운동으로 여겨지면서 하나의 지식, 신념처럼 받아들여진다.

조금 더 쉽게 표현하자면, 우리가 경험하는 일련의 사건들은 서로 분리되어 있는 개별적이며 우연적인 경험들임에도 불구하고 인간은 특유의 경향성으로 말미암아 두 개의 사건을 연합하여 인과관계로 파악하게 되고, 그 파악한 바를 하나의 물리적 법칙처럼 내면에 경험 지식으로 둔다는 말이다. 예를 들어 까마귀 날 때 배가 떨어지는 장면을 반복해서 목격한 사람은 그것을 우연이 아닌 필연으로 여기게 된다.

학급은 왜 꼭 정의로워야 할까

....

일찍이 뉴턴은 자연의 현상과 변화를 세 가지 운동법칙으로 설명했는데 흄은 이에 비견하여 인간의 지각 중 연상의 세 가지 법칙으로 유사성, 인접성, 인과성을 들고 이를 토대로 하나의 사고가 다른 사고로 전이되는 그 과정을 설명했다.

> 이러한 연합을 일으키고, 또 정신이 이러한 방식으로 하나의 관념에서 다른 관념으로 나아가게 하는 성질들은 유사, 시간이나 장소의 인접, 그리고 원인과 결과 등 세 가지이다.
> 『인간 본성에 관한 논고 1』, 흄 저, 이준호 역(2004), 서광사, 33쪽.

특히, 흄의 말대로 인간이 자신이 경험한 두 가지 사건을 원인과 결과의 관계로 묶는 경향성을 본성으로 갖고 있다면 교사가 학생에게 어떤 경험을 제공해야 하는지는 아주 중요한 문제가 된다. 학생들이 겪을 경험이 학생의 가치관이나 삶의 지향점을 정립하는 데 영향을 미치기 때문이다. 학교는 학생들에게 좋은 경험을 마땅히 제공해야 한다. 여기서 좋은 경험이란, 단순히 학생들에게 당장의 가시적인 즐거움이나 희열을 주는 경험을 의미하는 게 아니다. 학생들이 자신의 행동에 알맞은 결과를 경험할 수 있게 인도해 주어야 한다. 바람직한 일을 했을 때는 그에 걸맞은 결과가 뒤따르게 해 주고, 바람직하지 않은 행동을 했을 때는 원하지 않았던 결과가 따라오는 경험을 가질 수 있도록 해 주어야 한다.

　곤경에 처한 친구를 도우려고 했던 학생은 그 결과도 좋아야 한다. 학급에서 선한 일을 실천한 학생이 피해를 보거나, 그러한 인과관계를 자주 목격한다면, 이를 경험하면서 자라는 학생은 선한 행동에 이어지는 피해라는 결과를 우연이 아니라 마치 인과적 법칙처럼 받아들이게 된다. 따돌림당하는 친구를 도와주다가 자신이 따돌려지는 경험을 한 학생은 이런 상황이 생길 때 다시는 나서서 선한 행동을 하지 않겠다고 다짐하는 것과 같은 이치다. 교실을 정의로운 학급으로 만들고자 하는 교사의 노력이 절대적으로 필요한 이유다. 옳고 정의로운 행동을 하는 학생이 비난이 아닌 칭찬과 좋은 상황에 귀결되는 정의로운 학급 공동체를 만들어야 한다.

🔖 흄

영국의 가장 위대한 철학자 중 한 명으로 손꼽히며 근대 경험론을 완성한 인물로 일컬어지는 흄(1711~1776)은 에든버러에서 법률가의 막내아들로 태어났다. 대학에서 논리학, 형이상학, 윤리학 등을 수학하면서 철학적 탐구에 매진하기 시작했다. 법률가가 되고자 하였으나 방향을 돌려 1729년에 철학에 전념하기로 결심했고 브리스톨과 프랑스 파리 등을 거쳐 프레헤 지역에 머물며 저술한 첫 책이 '인성론'으로 불리는 『인간 본성에 관한 논고』 1과 2다. 이 책들은 당시 학계로부터 비난에 가까운 비판과 주목을 받았다. 유럽 사회에 계몽주의가 태동했던 시기를 살면서 뉴턴의 자연과학적 연구 방법의 영향을 받았고 참된 지식을 연역적 논증이 아니라 관찰과 경험에서 찾았던 그의 경험주의적 태도는 신 중심의 사고가 아직은 주류였던 근대 초기의 분위기 속에서 꽤 용기 있는 지식인의 모습이었다.

학생에게
선입관을 가진다는 것

베이컨, 『신기관』

"최고의 증거는 단연 경험이다."
F. Bacon

말이 돈다

교사는 지역마다 약간의 차이는 있지만 일정 주기마다 학교를 옮기게 되어 있다. 희망하는 학교를 우선 고려하되, 경합지인 경우에는 전보 규정에 따라 우선 대상자를 선별한다. 전보 내신서를 제출하고 나면, 옮기게 될 학교에 근무하고 있는 교사들에 대한 이야기가 들려온다. 인사 발표가 난 뒤에는 이제 교사가 옮겨 갈 학교에서 궁금증을 품고 인사공문을 확인들 한다. 자신과 함께 짧게는 1년, 길게는 5년까지 함께 근무할 동료가 누구인지 궁금해하는 것은 당연하다. 그런데 학교를 옮기면 사람만 가는 것이 아니라 이름이 함께 딸려 간다. 사실 몸보다 이름이 먼저 간다. 특출한 재능이 있어서 교사들 사이에서 준연예인으로 알려진 교사나 좋지 않은 일로 구설수에 올랐던 교사라면 더욱 그렇다. 교사 임용이 시도 단위 안에서 이루어지기 때문에 특정 교사에 대한 소문은 쉽게 사라지지 않는다.

교직 사회에서는 특히나 좋지 않은 소문이 돌기 시작하면 일파만파 퍼진다. 소문은 교사 개인의 성격에서부터 학급 경영에서의 특이함, 개인사 등 소재도 다양하다. 사람들은 가십에 오른 교사와 같은 학교에 근무하는 것을 달가워하지 않는다. 자신이 근무하는 학교가 다른 학교 교사들의 입에 오르내리는 것도 싫지만 같은 교무실, 혹은 옆 교실에서 근무하게 되면 적지 않은 스트레스를 받을 수 있다는 걱정이 들기 때문이다. 특히 나쁜 소문이 그의 인격적인 면에 관한 것이라면 더욱 그렇다. 해당 교사와 동학년에 배정되는 것을 기피하게 된다.

관련하여 언젠가 나는 이런 말을 들은 적이 있다. "너희 학교로 발령 난 아무개 선생님 있지? 그 사람 문제 많은 선생님이야. 조금이라도 자기 마음에 들지 않으면 미친 것처럼 화내." 그 선생님과 같은 학교에 근무하고 있던 친구가 나를 걱정하며 솔직한 조언을 주고자 전화를 해서 말했다. 나를 걱정해 준 것은 고마웠지만 사실 그 친구가 해 준 이야기는 인사발표가 나자마자 이미 우리 학교 안을 한 번 휘돌아 나간 그 소문과 같은 내용이었다. 교직 사회만큼 좁고 소문이

빠른 세계도 없는 것 같다. 워낙 말이 많으니 나로서도 그 '소문난' 선생님과 동학년이 되는 것을 피하고 싶었지만 운이 따라 주지 않았다. 하필 내 옆 반에 그 선생님이 배정된 게 아닌가? 그렇게 새 학기는 시작됐다. 나는 조심스럽게 1년을 보내야 한다는 생각에 영 불편했다.

소문이 세우는 우상

'소문난' 선생님은 자신에 대한 주변인들의 시선을 알고 있는 듯했다. 동학년 선생님들을 조심스러워하는 눈치였다. 시간이 지날수록 학년 협의회에서 대화를 나누는 일이 많아지고 옆 반에 있다 보니 그 선생님과 접촉할 일도 많았다. 시간이 흐를수록 소문은 옅어져 갔다. 그 선생님은 특별하지 않았다. 동료 교사들과 어울리는 데도 큰 어려움이 없었다. 아이들 지도에 있어서 배울 점이 많다고 생각될 정도는 아니었지만 그렇다고 해서 학급 운영을 엉망으로 하는 교사도 아니었다. 그냥 평범한 교사였다. 이건 내가 결과적으로 알게 된 바다. 내가 직접 경험해서 이 결론에 이르기까지 그는 나의 선입관에 갇혀 괴로웠을 것이다. 내가 선입관으로 그를 괴롭혔다.

  정도의 차이는 있겠지만 우리는 다른 사람들의 말이나 책 속의 이야기에서 얻은 정보에 사로잡혀 인식의 오류를 범하곤 한다. 처음 들어온 정보에 의해 형성된 그릇된 관념이 이후의 인식에 악영향을 끼친다. 피아제는 인지 갈등 상황에서 자신이 갖고 있는 기존의 인지구조와 자신이 접한 정보 사이의 갈등을 경험하게 될 때 조절과 동화를 통해 인지구조의 평형 상태에 도달한다고 했다. 그런데 인간은 조절보다는 동화를 선택하여, 새롭게 맞닥뜨린 상황을 기존의 인지구조에 비추어 해석하려는 습성이 있다. 그렇게 되면 문제는 더욱 심각해진다. 인식의 오류가 오류를 낳는 상황이 전개되니 말이다. 경험주의 철학자 베이컨은 우상Idola을 타파해야 한다고 주장했다.

> 인간의 지성은 (널리 승인되고 있거나 많은 사람들이 그렇게 믿고 있기 때문이든 아니면 자기 마음에 들어서이든) 한번 '이것이다' 하고 생각하고 나면, 다른 모든 것을 그것을 뒷받침하거나 그에 합치도록 만든다.
> 『신기관』, 베이컨 저, 진석용 역(2018), 한길사, 58쪽.

베이컨은 『신기관(노붐 오르가눔; Novum Organum, The New Organon)』에서 인간의 정신을 사로잡고 있는 우상을 크게 네 가지로 구분하고, 각각의 우상에 대해 논박했다. 그는 우리가 일체의 편견으로부터 벗어나기 위해서는 관찰과 경험을 바탕으로 올바른 지식을 만들어 내는 귀납법에 의존해야 하며, 이 방법을 통해서 인간은 자연을 지배할 수 있다고 믿었다.

구체적으로 네 가지 우상은 인간이라는 종족 그 자체의 특성에 근원을 둔 종족의 우상, 각 개인이 개별적으로 지니고 있는 동굴의 우상, 인간 상호 간의 교류와 접촉 과정에서 발생하는 시장의 우상, 기존의 전통이나 학설을 맹신하는 데서 오는 편견에 해당하는 극장의 우상이다. 그는 인간의 정신이 제대로 보호되려면 이러한 우상으로부터 자유로워야 한다고 말했다.

앞의 '소문난' 교사에 대한 인식의 오류는 시장의 우상과 연관 지어 생각해 볼 수 있다. 시장의 우상은 우리가 직접적인 관찰이나 경험이 없는 상태에서 다른 사람들의 말만 듣고 그것을 사실이라고 믿는 데서 발생하는 오류이며 편견이다. 시장에 빗댄 것도, 시장의 속성이 많은 이가 오가면서 사물과 사태에 대한 소문이 실어 날라지고 과장과 왜곡이 일어나기 때문인 듯 보인다.

우상의 타파

시장의 우상을 타파하는 방법으로 베이컨은 언어 대신 실험이나 직접 관찰 같은 경험을 택했다. 물론 베이컨은 경험도 어디까지나 실제로 진행된 실험의 범위 안에서 논증되어야 오류가 발생하지 않는다고 했다. 그에게는 '아는 게 힘'인데 여기서 앎이란 경험과 관찰을 통해 획득되는 지식이다. 참된 지식에 도달하기 위해서는 고정관념이나 편견 일체를 벗어던지고 성급한 일반화의 유혹에서 벗어나야 한다.

현재 사람들이 사용하고 있는 경험의 방법은 맹목적이고 어리
석은 것이다. 방향을 제대로 잡지 못한 채 이리저리 헤매다가
우연히 뭐라도 하나 찾아내면 온갖 이야기를 늘어놓는 사람들
이 도대체 무슨 〔학문의〕 진보를 이룩할 수 있겠는가?

『신기관』, 베이컨 저, 진석용 역(2018), 한길사, 85쪽.

만나서 이야기를 나누고 시간을 보내며 사람을 직접 겪어 보아도 상
대를 제대로 알 리가 없는데, 하물며 성급하게 일반화된 소문 속의 명
제가 시장의 우상임을 미리 알지 못하고 섬긴 나 자신이 부끄럽다. 건
너서 들은 말에 우선 잔뜩 움츠리고서 옆 반 선생님을 경계하고 지냈
지만 그 선생님에게 무장해제가 되는 데는 한 달도 채 걸리지 않았다.

나중에는 '소문난' 선생님이 자신에 대해서 들은 게 없냐며 나에
게 물어 온 적이 있었다. 왜인지 모르겠지만 나로서는 거짓말을 할
수 밖에 없었다. 이 글을 통해서 고백한다. 사실 소문을 알고 있었으
며 어리석게 행동한 내 스스로에게 너무 부끄러워서 사실대로 말하
기 어려웠다고 말이다. 그리고 지금 나는 '소문난' 선생님을 직접 경
험함으로써 선입관을 버리고 그에 대해 진리에 가까운 앎을 갖게 되
었다고 말이다.

꼬리표 떼어 주기

학년 초가 되어 담임교사를 맡게 되면 학생들에 대한 정보가 여기저기서 들려온다. 이전 해에 담임을 맡았던 선생님이나 교과 선생님으로부터 "아무개는 싹수가 없다.", "아무개는 수업 흐름을 매번 망가뜨리는 학생이다." 등 많은 이야기가 들려온다. 가장 많이 들려오는 건 소위 문제아들에 대한 정보다. "말하지 마십시오. 듣지 않겠습니다."라는 말을 꺼내는 건 우리 학교 풍토에서 여간해서는 쉽지 않다. 게다가 학생의 부족한 부분을 사전에 알고서 학생을 지도하면 교육적 성장을 이뤄 내기 훨씬 유리할 수 있다는 교육적 기대도 한몫한다. 학급을 편성할 때 공식적으로 개별 학생의 특이사항을 기재하기도 한다.

스스로에게 한번 냉정하게 물어보자. 이런 정보들이 정말 학생을 잘 지도하도록 도움을 주는 정보인지 말이다. 게다가 부끄럽지만 때로는 학생의 부족함이나 지도 경험을 공유하는 자리인지, 학생에 대한 험담을 늘어놓는 자리인지 분간이 되지 않는 그런 자리도 있다.

교사가 우상을 섬기면 학생 등 뒤에 붙은 꼬리표는 떨어지지 않는다. 교사가 그 꼬리표를 아이의 등에 한 번 더 붙여 주는 셈이다. 다른 교사의 말은 고스란히 나의 선입관으로 자리 잡아 내가 판단을 내려야 할 때 걸림돌처럼 덜그럭거린다. 물론 교사 개인의 선택에 따라 어느 정도는 정보를 구하고, 선별해 취하고, 그것을 토대로 좋은 교육을 펼쳐 나가는 게 필요하다. 이때 절대 잊지 말아야 할 것은 학생의 성장 가능성이다. 변화에 초점을 두는 교육 의지는 포기하지 말아야 한다. 학생이 달고 다니는 꼬리표는 기본적으로 떼어 주어야 한다. 그 학생은 이미 부족한 아이가 아니라 우리가 채워 주지 못하고 있는 아이다. 어떤 학생을 만났을 때 과거에 자신을 힘들게 했던 학생이 떠오르더라도 그 생각에서 벗어나자. 선입관이다. 현재 내가 마주하고 있는 학생은 아직 단 한 번도 내가 경험하지 못한 학생이라는 것을 명심해야 한다.

🎜 베이컨

근대 경험론의 선구자로 중세기의 스콜라 철학과 그것에 근거한 학문을 비판하고 4대 우상론을 편 베이컨(1561~1626)은 법학을 공부하며 높은 능력을 인정받았으며 아버지와 마찬가지로 1617년에 국왕의 인장을 관리하고 왕의 명령을 공식화하는 자리인 옥새상서에 올랐다. 1년 뒤에는 대법관의 자리에 올라 드높은 명성을 떨쳤다. 『신기관(노붐 오르가눔; Novum Organum, The New Organon)』은 1620년에 출간된 책으로 베이컨이 권력의 정점에 있을 때 펼친 철학이 담겨 있다. 'Organon'은 아리스토텔레스의 저서와 사상을 통칭하는 표현이고 라틴어 'organum'은 기관, 논리, 규준을 뜻하는 단어로, 이 책에서 베이컨은 아리스토텔레스의 논리학에 대항하는 새로운 논리학, 새로운 학문 방법을 제시했다. 관찰과 실험을 중요하게 여기는 과학적 탐구 방법으로서 그가 제시한 귀납법은 학문에 대한 실용주의적 입장을 기반으로 하며 인간으로 하여금 학문을 통해 자연을 이해하고 지배할 수 있다는 관점으로 나아가기를 촉구했다.

교사가
결코 하지 말아야 하는 행동들

호네트, 『인정투쟁』

"모든 사회적 투쟁과 갈등은 인정을 둘러싼 투쟁의 유형이다."
A. Honneth

우쭐대는 행동을 고쳐 주어야 하는 이유

뛰어난 기량을 보유하고 있는 아이가 그것을 친구들에게 뽐내고 우쭐댄다면 그 행동은 교정하도록 지도하는 게 맞다. 단순히 다른 사람들에게 미움을 사고 외톨이가 되니 손해 보지 않기 위해서 겸손을 가르치라는 뜻은 아니다. 어느 집단에서나 잘난 척하는 사람은 환영받지 못한다. 잘난 척이 타인에게 미치는 영향에 대해 생각해 보자. 잘난 척하는 사람이 재수 없게 느껴지는 이유는 뭘까? 시기나 질투심

만으로는 충분히 설명되지 않는다.

잘난 척은 타인에게 상처를 입힐 수 있다. 모욕감을 줄 수도 있다. 중학교 1학년 교실에서 모두가 교과서를 보며 1차 방정식을 공부하고 있는데 한 아이가 고등학교 과정의 책을 펴고 고차 방정식을 풀고 있다면, 그 아이는 그 행동만으로 그 반의 다른 아이들에게 모욕감을 줄 수 있다. 안타깝게도 아이들은 사고가 여기까지 미치지 못하는 경우가 많다. 선행학습을 한 아이의 입에서 "너 아직도 다 못 풀었어?"라는 말이 나온다면 상대의 감정은 더욱 고조된다.

누구나 타인으로부터 존중받고 싶어 한다. 무시나 모욕을 느끼면 자존심이 무너질 수 있다. 구체적으로 자신에 대한 믿음, 존중, 자기에 대한 가치 부여 의지가 훼손될 수 있다.

악셀 호네트는 인간의 존엄성이 사람 사이의 사랑이나 우정, 권리에 대한 인정, 공동체 내에서의 연대의 경험에 의존한다고 말했다. 사람들은 정서적 배려, 인지적 존중, 사회적 가치 부여를 경험하면서 타인에게 인정받고 있다는 느낌을 갖게 되고, 자기 자신을 존중하게 된다는 것이다.

『인정투쟁』은 호네트가 인정과 무시, 인정투쟁 개념 등을 중심으로 인정 경험과 긍정적 자기의식과의 관계를 설명한 역작이다. 호네트는 이 책에서 인정의 유형을 사랑, 권리 부여, 사회적 연대로 구분하고 그에 상응하는 긍정적 자기의식을 차례로 자신감, 자존심, 자부심으로 유형화하여 설명했다.

·

모든 인간의 공동생활은 주체들 사이의 일종의 기초적인 상호 긍정을 전제하고 있다. 왜냐하면 그렇지 않을 때는 어떠한 식의 '함께 존재함'도 성립할 수 없기 때문이다.

『인정투쟁』, 호네트 저, 문성훈·이현재 역(2017), 사월의책, 98쪽.

인간은 신체적 학대, 일정 권리 추구로부터의 배제, 존엄성에 대한 부정과 같은 인격적 무시를 경험하게 되면 자기 자신을 상실할 수 있다. 호네트는 이러한 세 가지 무시의 형태가 인간의 신체적·사회적 불가침성과 존엄성을 심각하게 위협한다고 주장했다. 교사가 학생을 무시하는 태도를 철저히 삼가야 하는 이유다. 그리고, 어떤 경우에도 학생을 존중해야 하는 이유다.

학생의 마음속에 자신이 고유한 인격체로서 존중받지 못한다는 느낌이 들어서면, 절대적으로 그 느낌은 학생의 성장에 부정적인 영향력을 행사한다. 호네트의 사회적 인정관계의 구조를 생각하다 보면 교사가 학생의 자아 개념을 훼손하지 않기 위해 절대 하지 말아야 할 행동들이 있다.

이런 유형의 부정적 개념들이 묘사하는 행위는 그것이 각 주체의 행위 자유를 저해하거나 해를 입히기 때문에 정의롭지 못한 것이 아니라, 오히려 각 개인이 상호주관적 과정에서 획득한 적극적 자기이해를 훼손한다는 측면에서 해로운 것이다.

『인정투쟁』, 호네트 저, 문성훈·이현재 역(2017), 사월의책, 250쪽.

체벌

호네트에 따르면 신체적 학대를 당하는 것은 가장 기본적인 인격적 굴욕의 형태다. 체벌이 교육적 효과가 있을까? 체벌을 통해서 학생은 자신의 문제 행동을 자제하려고 노력하게 될 수 있지만, 신체적 고통에 대한 무서움 때문에 문제 행동을 잠시 중단한 것뿐이므로 교육적 효과로는 보기 어렵다.

체벌이 학생에게 남기는 상처는 신체적인 것을 넘어 한 인격체로서의 신체적 불가침성이 침해되었다는 점에 따른 모욕감이다. 그렇기 때문에 신체적 폭력의 결과로 학생은 사회적 굴욕감과 함께 자신에 대한 믿음을 상실하게 된다. 그간 부모의 사랑과 배려 속에서 각자 싹틔워 온 자기 신체에 대한 존중감이 체벌에 의한 신체적 고통과 함께 일순간에 무너진다. 그렇기 때문에 체벌은 신체적 고통 이상의 사건이다.

체벌뿐만이 아니라 아동 학대, 학교폭력 등 학생들에게 가해지는 일체의 신체적 학대 행위는 학생 당사자로 하여금 자신의 신체가 타인의 의지에 좌지우지 될 수 있는 거라는 느낌을 갖게 한다. 이런 폭력을 반복적으로 경험하면 자기 자신에 대한 믿음도 파괴된다. 그러므로 '가볍게 한 대', '토닥이듯이 살짝 탁', '가벼운 손찌검'이라는 표현은 모순이다.

Time out

신체적 폭력 다음으로 인격을 무시하는 형태가 바로 개인의 권리에 대한 부정이다. 호네트에 따르면 한 공동체 내에서 특정한 권리의 소유에 있어서 배제를 경험한 사람들은 자기 자신의 사회적 불가침성이 훼손되었음을 느끼게 된다. 공동체의 구성원으로서 마땅히 누려야 할 권리라고 여겨온 것을 유보당하는 경험은 공동체로부터 구성원으로서 온전히 인정받고 있지 못하다는 느낌을 준다. 이런 경험을 한 사람은 자신이 다른 사회 구성원과 동등한 도덕적 판단능력을 인정받고 있지 못하다고 상황을 이해하게 되며 결국 자신에 대한 존중감을 잃어버린다.

수업의 흐름을 방해하거나 친구들에게 피해를 주는 학생이 눈에 띄는 경우에 복도로 나가 있으라는 벌을 주는 경우가 있다. 물론 이것은 학생이 잠시 감정이 격앙되어서 마음의 안정이 필요할 때 별도의 공간에서 잠시 휴식하도록 하는 것을 말하는 게 아니다. 타임아웃 기법이라고 불리는 이것은 학생을 강제로 일정 시간 동안 수업에 참여시키지 않음으로써 학생의 수업권을 박탈하는 행위라는 비판과 함께 거의 사라졌다. 하지만 수업 방해 학생을 교실 뒤편으로 내보내는 일은 여전히 존재한다.

이 지시는 학생에게 모욕감을 주기에 충분하다. 홀로 배제되어 교실 뒤에 나가 서 있게 되면 교실 안에서 진행되는 전체적인 상황에 자신이 타인과 동등한 방식으로 참여하고 있지 못하다는 느낌을 받기 때문이다. 자신이 친구들과 동등한 권리를 갖고 있다고 생각하고 있었더라도 이런 굴욕감을 반복적으로 경험하면 자신과의 관계에 영향을 미쳐 자기 존중을 상실하게 된다.

문화 부정, 그리고 방관

호네트가 이야기했던 무시의 세 가지 형태 중 마지막은 바로 존엄성에 대한 부정이었다. 호네트는 우리 개인이나 우리가 속한 집단이 추구하는 사회적 가치를 타인에게 부정당하게 되면 모욕을 느끼게 된다고 말했다. '사회 통합 필요', '다문화 정책' 같은 키워드를 뉴스에 노출시키는 외국인 범죄와 같은 사건의 저변에는 한편으로 모욕감이 자리 잡고 있을 것이다.

누군가가 살아온 배경이나 문화를 부정하는 방식의 모욕은 학교 공간에서도 일어난다. '다문화 학생'이라고 불리는 아이들에게는 두 개의 문화가 공존한다. 엄마가 베트남인이라면 아이에게는 베트남의 문화적 배경과 가치가 자연스럽게 자리 잡는다. 학교 이전에 가정 안에서 주로 생활했다면 아이에게는 그 문화와 가치가 전부일 수도 있다. 아이가 학교에 들어가면 친구들과 다름을 인식하고 정체성 혼란을 피하지 못하는데 이런 아이의 주변에서 베트남 문화를 일부러 혹은 은연중에 비하하거나 동정하는 태도를 보이는 것은 아이에게 심각한 상처를 남긴다.

아이에게 이는 아이 자신에 대한 무시를 넘어 어머니에 대한 무시이며 내 어머니의 나라에 대한 모독으로 인식된다. 이 아이는 자신에게 사회적 가치를 부여하기가 어렵다. 사회적 연대감이 싹틀 리 없다. 조용히 갈등의 씨앗이 싹틀 뿐이다. 가정에 주로 있던 때는 모욕을 경험할 일이 없던 아이가 교실 공간에서 이런 경험에 노출되고 회복에 이르지 못한다면 이 아이에게 교실은 더 이상 교실이 아니다. 가르침이 없고 배울 게 없는 부정적 환경이다.

> 사회적 모욕과 굴욕의 경험을 통해 인간은 자신의 정체성을 훼손당한다.
> 『인정투쟁』, 호네트 저, 문성훈·이현재 역(2017), 사월의책, 257쪽.

다문화가정의 부모들은 내 아이가 학교에서 친구들로부터 왕따를 당하거나 학교에서 차별을 받을까 봐 걱정한다. 이 때문에 일부 부모들은 한국의 고유문화에 자녀가 동화되도록, 철저하게 한국인이 되도록 가르친다. 사회적 약자인 다문화가정의 부모의 입장에서 이는 자식을 위해 자기를 부정하는 비참한 일일 것이다. 안타깝다.

교사는 이런 부모의 마음을 헤아려 아이의 한국적 동화를 위한 촉진제가 되어 주어야 할까? 교사가 개인의 존엄성을 부정하는 선택을 할 순 없는 일이다. 학생 모두가 세계의 다양한 문화를 경험하도록 돕고 낯선 문화를 환대할 수 있도록 가르쳐야 할 것이다. 학급 구성원 모두가 서로를 있는 그대로 받아들이고 함께 어울릴 때 사회 통합을 기대해 볼 수 있다.

호네트

현대 인정이론의 대표적인 인물인 호네트(1949~)는 아도르노, 하버마스의 뒤를 이은 3세대 프랑크푸르트학파 철학자라 일컬어지며 비판철학을 계승하고 있다. 『인정투쟁』은 호네트가 1990년에 푸랑크푸르트 괴테 대학 철학과에서 발표한 교수 자격 취득 논문을 동명의 단행본으로 출간한 것이다. 호네트는 1996년에 하버마스로부터 푸랑크푸르트 괴테 대학 철학교수직을 물려받았으며 2001년부터는 푸랑크푸르트학파의 산실이라 불리는 사회연구소의 소장을 겸하고 있다. 『인정투쟁』의 부제는 '사회적 갈등의 도덕적 형식론'인데, 이 책에서 호네트는 사회적 인정이란 개인의 긍정적인 자아의식의 형성, 성공적인 자아실현을 위한 조건인바 사회에서 사랑, 권리 부여, 사회적 연대로부터의 배제를 느낀다면 개인은 이 무시의 경험에 근거하여 인정투쟁을 해야 한다고 했다. 이 투쟁은 기존의 사회의 규범들에 대한 투쟁이며, 도덕적이고 규범적인 투쟁이라고 보았다.

교사의 페르소나는 무죄

융, 『심리학과 종교』

"외부를 바라보는 사람은 꿈을 꾸지만
자신의 내면을 바라보는 사람은 깨어난다."
C. G. Jung

인생은 연극

처음으로 만나는 소개팅 자리에서의 '나'와 10년 지기 친구와의 일상적인 만남에서의 '나'는 다를 수밖에 없다. 아무래도 낯선 사람과 만날 때 좀 더 긴장한다. 이미 알고 있는 스스로의 단점이 은연중에 드러날까 염려되어 말을 조심스럽게 하고, 상대방에 대한 '좋다, 싫다' 같은 느낌이 얼굴에 그대로 노출되지 않도록 신경 쓴다. 상대방이 비호감인 경우에는 더욱 신경이 쓰인다.

감정 표현에 솔직한 것이 항상 바람직한 건 아니다. 호불호의 감정을 있는 그대로 표현해서 상대의 기분이 상했다면 무례함이 솔직함의 가치를 무색하게 만들 수 있다. 사람마다 정도의 차이는 있지만 자신의 모습 전부를 타인에게 순수하게 드러내는 사람은 드물다. 직장 동료, 친한 친구, 심지어 가족에게도 마찬가지다.

내 머릿속 생각과 마음속 감정은 표현되기 전까지 상대방이 알 수 없다. 상황에 따라 그것을 그대로 노출하기도 하고, 노출하고 싶지 않았지만 의도치 않게 노출되어 버리기도 한다. 일부러 속마음과는 다르게 표현할 때도 있다. 이별에 아쉬워도 애써 웃음 짓기도 하고, 절망하고 있지만 부모님 앞에서는 태연한 모습을 보이기도 한다. 말을 잘 절제하고 있는 중에도 자신의 생각과 느낌이 혹시 얼굴에 드러나 있지는 않을지를 걱정하며 포커페이스를 유지하느라 애쓸 때도 있다.

페르소나와 그림자

심정이 겉으로 드러나지 않도록 신경을 쓴다는 것은 무표정한 가면을 쓴 것과 같다. 얼굴을 숨기는 일이니 말이다. 자신에게 감춰진 모습을 그림자에 빗대고, 타자에게 드러나는 모습을 페르소나에 비유한 심리학자가 칼 구스타프 융이다.

본래 페르소나는 고대 그리스에서 연극에 사용하던 가면을 일컫던 말이다. 특정 집단의 구성원이 되면 집단이 개인에게 요구하는 역할이 있기 마련이고 이때 개인은 자신의 진짜 속내가 있더라도 이를 억압하고 집단의 요구에 맞는 페르소나를 쓴다. 일터에서는 사원으로서 집에서는 한 가정의 구성원으로서 요구되는 페르소나 말이다.

한편 우리의 인격은 타인에게 드러나는 언행에 의해 평가되곤 한다. 그래서 더더욱 상황에 맞는 페르소나를 써야 한다. 역할이 다양하면 그만큼 써야 하는 페르소나의 개수도 많다. 일찍이 이 점을 간파한 에픽테토스는 인생을 연극에 비유했다.

우리가 속해 있는 집단 각각에서 기대하는 역할행동과 규율로 인해서 우리는 자신의 진짜 모습을 드러내며 살아가기가 어렵다. 타인의 시선 일체를 무시하며 살아가는 사람이 있다면 성인군자가 아닌이상 아마도 집단생활을 무난하게 영위하지 못할 것이다. '자유로운 영혼'이라는 미화된 표현이 있긴 하지만 갈등을 피하기 위한 타인들의 사회적 표현일 뿐, 이런 사람을 다른 사람들이 좋아할 리 없다.

하지만 진짜 자신의 모습은 숨긴 채 평생 가짜 인생을 살아서도 안된다. 우리는 틈틈이 자기만이 알고 있는 자신의 그림자와 마주해야한다.

융은 그의 책 『심리학과 종교』에서 종교를 인간의 심리에 자리 잡은 원형적 집단 무의식의 자율적 발현에 따른 결과물로 보았다. 그리고 자연적 상징의 역사와 심리 분석을 토대로 종교적 상징은 역사적 유래를 갖고 있는 집단무의식의 반영으로 이해했다. 융에 따르면 우리는 의식적인 인격과 그것의 그림자를 함께 지닌 채 살아간다.

> 모든 사람은 각자 다 하나의 그림자를 가지고 있고, 그 그림자
> 가 그 인간의 의식적인 생활 속에서 구체화되는 것이 적으면 적
> 을수록 더욱 어둡고 농도 짙은 것이 됩니다. 열등부분도 그것이
> 의식화되면 항상 교정될 수 있습니다. 또 다른 여러 경향과도
> 항상 접촉하고 있으므로 끊임없이 수정될 수가 있습니다.
>
> 『심리학과 종교』, 융 저, 이은봉 역(2010), 창, 154쪽.

의식적 존재인 인간이 그림자에 대면할 때, 그 그림자가 이기심이
나 탐욕, 비겁, 나태와 같은 부류라면 부끄러움을 느끼게 된다. 이것
을 의식하는 순간에 우리에게는 두 가지의 선택지가 주어진다. 하나
는 그것을 남들 모르게, 때로는 자기조차 의식하지 못하도록 더욱 깊
은 내면에 숨기는 것이고, 다른 하나는 그것을 교정하기 위해서 노력
하는 것이다. 인격은 두 가지 모두에 의해서 형성된다. 사실 바람직
한 사회적 삶을 위해서는 우리가 어떤 그림자를 갖고 있는지를 아는
것도 중요하지만, 그런 자기 자신을 잃어버리지 않으면서 상황에 따
라 적절한 페르소나를 쓰는 일도 꽤 중요하다.

교사의 페르소나

그림자를 알고 페르소나를 제대로 쓰는 일에 있어서 교사는 특히 자유롭지 못하다. 교사 역시 한 인간으로서 여러 페르소나를 쓰며 살아간다. 교사라는 가면조차 동료교사를 대할 때, 학부모를 대할 때, 학생들을 대할 때 조금씩 다른 색을 띤다.

교사가 학교 안에서 가장 긴 시간을 함께하는 대상이 학생인 만큼 교실이라는 무대에서 쓰는 페르소나의 비중이 상대적으로 크다. 꼭 시간의 길이 때문이 아니더라도 교사가 존재하는 목적이 학생이라고 볼 때 교사가 교실에서 쓰는 페르소나는 매우 중요하다. 사실 학생이 없다면 교실이라는 무대는 무의미하며 그 무대 위에 설 배우도 필요가 없어진다.

우리 사회는 어떤 교사를 요구하고 있는가? 시대마다 요구하는 인간상이 다르듯이 사회변화에 따라 교사에게 필요한 역량도 달라지기 마련이다. 그 교사상이 무엇이든 교사로서 살아가는 사람들은 대부분 그러한 교사상의 모습을 보이기 위해 노력한다. 시대가 요구하는 교사의 페르소나를 만들어 쓰기 위해 애를 쓴다. 물론 교사의 맨얼굴이 시대의 부름과 일치한다면 고민할 필요 없겠지만 안타깝게도 불완전으로부터 자유로운 사람은 없다. 결론이 이렇다면, 어쩌면 시의적절한 페르소나를 얼마나 잘 착용하느냐가 곧 교사의 역량일지 모른다. 그 페르소나는 두꺼울수록 좋을 것이다.

그림자가 지니고 있는 경향 가운데서 억제된 것이 다만 악한 것이라고 한다면 아무 문제가 되지 않을 것입니다. 그러나 이 그림자는 보통의 경우 절대적인 악은 아니고, 거북스런 악에 지나지 않습니다. 또 이 그림자는 인간존재를 어떤 의미에서는 미화하고 활기있게 하는, 열등하고 유치한 혹은 원시적인 성질을 지니고 있습니다.

『심리학과 종교』, 융 저, 이은봉 역(2010), 창, 156-157쪽.

"우리 선생님은 정말 사려 깊고 멋진 분이야.", "너희 담임 선생님은 참 친절하셔서 엄마도 마음에 든다." 귓가에 반 아이들이나 학부모의 칭찬이 들려올 때 교사는 '그건 내 진짜 모습이 아니야!'라는 생각이 들더라도 쓰고 있던 페르소나를 학생들 앞에서 벗을 수는 없다. 벗어 버리는 순간 학생들이 마주하는 것은 교사가 아닌 사람일 뿐이다. 이 사람은 맨 얼굴을 보이는 솔직한 사람일 뿐 교육적인 말과 행동을 하는 사람일지 스스로 확신할 수가 없다. 어쩌면 이 맨 얼굴도 멀리서 보면 교실에서 연출한 또 한 겹의 페르소나일 수 있다.

교사의 숙명

무엇을 위해 교사는 페르소나를 써야 하는가? 가면의 명분은 가르침에 있다. 교사의 역할은 학생들을 가르치는 것이다. 자신의 역할에 충실한 교사는 교육에 영향을 미칠 수 있는 다양한 요인을 파악하여 적절히 통제한다. 교육활동을 저해할 수 있는 요소들은 사전에 차단해야 하는데 자신이 가진 맨 얼굴의 일부가 학생들에게 부정적인 영향을 줄 것이 자명하다면 감춰 마땅하다. 어떤 교사가 일상에서 욕을 빈번하게 사용하는 습관을 가지고 있다고 생각해 보자. 그 맨 얼굴을 고치기 위한 노력이나 고민은 교사 개인 차원의 인격과 인생 차원에서 풀어 나가면 된다. 그것과 별개로 지금 현재 교실에서, 우리의 학생들 앞에 서는 역할 차원이라면 고민의 여지가 없다. 혹시 학생들 앞에서 욕을 하고 싶은 마음이 생기더라도 그 맨 얼굴은 철저히 감춰야만 한다.

이것은 교사라면 따라야 할 숙명이다. 학생들에게 인격과 사회성 함양을 지도하는 교사가 그와 다른 모습을 보이는 건 직업정신에 위배된다. 학생들은 말과 행동이 다른 교사의 교육활동에 대해 배움의 의지를 품기가 쉽지 않다. 결국 교사는 한 인간으로서의 불완전함을 늘 자성하고 더 좋은 맨 얼굴을 갖기 위해 노력해야 하며, 시의적절한 페르소나를 쓰기 위해 지금 현재 자신이 머물러 있는 한계를 직시할 줄 알아야 한다. 그것이 교사의 교육 역량이다. 다양한 가면을 적시적기에 골라 쓰는 교사는 '수수께끼 같은 존재', '알다가도 모를 존재'라는 인상을 남긴다. 엄격한 선생님 같다가도 어떤 때는 한없이 자상한 선생님처럼 느껴지기도 하는 존재여야 한다. 이렇게 학생들에게 알쏭달쏭 제대로 파악되지 않는 교사의 페르소나는 교사가 직접 연출하고 출연하는 '가르침-배움'이라는 연극의 여러 캐릭터에 대응하는 필수 소품이다. 막이 내려갈 때쯤 이 즉흥극의 또 다른 주연 배우인 학생들이 멋지게 성장한 모습을 보여 준다면 교사의 페르소나는 분명한 교육적 가치를 증명하는 셈이다.

🔒 융

프로이트의 성욕 중심 정신분석에 이의를 제기하며 의식과 무의식의 관계를 체계적으로 연구해 분석심리학을 창안하고 콤플렉스, 정신분열, 집단무의식 등에 대한 연구를 일신한 융(1875~1961)은 정신의학자인 할아버지와 목사인 아버지 아래에서 태어났고 의학을 전공해 정신과 의사로 일했다. 취리히 의과대학 교수가 된 1905년에 프로이트를 만났고 1913년 서로 결별을 선언하기 전까지 활발히 교류했다. 프로이트와 결별하면서 융은 교수직을 사임하고 자신의 내면을 연구하는 데 더욱 몰두했다. 『심리학과 종교』는 그로부터 25년 뒤인 1938년에 나온 책이다. 현재 학교에서 학생 성격검사에 많이 활용되는 MBTI 검사는 융의 심리 유형에 기반을 두고 있는데 그는 인간의 성격을 내향형과 외향형으로 구분하고 사고, 감정, 감각, 직관이라는 네 가지 기능을 범주로 체계화하여 제시했다.

인생이라는 작품의 저자

매킨타이어, 『덕의 상실』

"'나는 무엇을 해야만 하는가?'라는 물음에 앞서,
'나는 어떤 이야기 또는 이야기들의 부분인가?'라는
물음을 던져야 한다."

A. MacIntyre

일기쓰기
·············

인권에 대한 인식이 사회 전반적으로 높아지고 있다. 2001년에 인권
법이 제정되었고 그 법에 따라 출범된 국가인권위원회가 국가 공권
력이나 사회적 차별행위에 의한 인권 침해를 구제해 나가기 시작했
다. 인권 침해 소지가 있는 행위들을 짚어 해석하고 제도와 사회적
관행을 개선해 나가고 있다. 시도 교육청에서는 학생인권조례를 제
정하여 체벌에서부터 두발 제한, 복장 단속, 소지품 검사 등 과거에
는 일상적이었던 장면들의 인권 침해의 가능성을 살피기 시작했다.

중론이 갈리는 사안들도 있다.

이 맥락에서 일기 검사가 화두가 된 적이 있다. 학생들에게 일기를 쓰게 하고 그것을 교사가 확인하는 이 오래된 교육활동은 필요성을 옹호하는 입장이 주류였다. 학교에서 일어난 다양한 갈등 상황을 교사가 학생들의 일기를 통해 확인한 뒤 교육적 조치를 취할 수 있다는 것이 큰 이유였다. 실제로, 교사가 놓친 학생의 중요한 심적 변화나 고민을 일기를 통해 알게 되기도 하고 아이가 겉으로 드러내지 않고 숨겨 온 위험 징후를 포착하기도 한다. 그러면 학생 상담이나 학부모 상담을 하여 학생이 직면해 있는 불안을 해소시키고 안정적으로 학교생활을 하도록 돕게 된다. 이는 일기 검사를 하는 목적의 순수성에 주목한 것이다.

하지만 사생활이 고스란히 담긴 학생 개인의 일기를 교사가 직접 읽으며 검사하고 제출하기를 강제하는 일에는 인권 침해 요소가 분명히 존재한다. 그래서 요즘 교사들은 학생들에게 공개하고 싶지 않은 일기는 선생님이 보지 않도록 접어 두거나, 따로 표시를 해 두라고 말하기도 한다. 하지만 교사가 학생들의 사상의 자유를 존중하겠다고 아무리 강조하여 말해도 학생의 입장에서는 누군가 본다는 것을 전제로 일기를 쓰는 일에서 자유로워지지 않는다. 자칫 학생들에게 거짓 양심을 심어 줄 수도 있다.

일기 검사의 부작용을 우려하는 교사들은 일기쓰기 과제를 다양한 형태로 변모시켰다. 학생들의 글쓰기 능력을 키워 줄 다양한 주제를 교사가 사전에 제시하고 학생들은 그에 따라 글쓰기를 해 나가는 게 대표적이다. 그 외에도 독서일기, 선생님과의 대화록 등 다양한 활동을 기획하여 학생들의 글쓰기를 장려하고 있다. 아이들의 생각을 점검하는 것 아니냐는 비난까지는 어쩌지 못하지만 학생들에게 매일 일기를 보고받으며 일상생활을 감시하는 것 아니냐는 매도로부터는 확실히 멀어졌다.

글짓기보다 글쓰기

하루 동안 일어난 일을 정리하고 그에 대한 생각을 적는 일기가 아닌 다른 형식의 글쓰기를 지도할 때도 간과해서는 안 되는 점이 하나 있다. 자신의 생각과 느낌을 담은 '자기 이야기'를 쓰도록 지도해야 한다는 것이다. 글쓰기 활동은 글을 잘 짓는 훈련이 아니라 자신의 삶을 들여다보는 훈련이 되어야 한다. 교사는 학생들이 자신의 삶을 있는 그대로 기술할 수 있도록 도와야 한다. 창의적인 글짓기 이전에 사실적 글쓰기에 신경을 써 주도록 하자. 자신의 이야기를 진솔하게 풀어내는 글쓰기 말이다.

알래스데어 매킨타이어는 인간의 삶을 일련의 이야기로 이해한다. 매킨타이어는 이성을 기반으로 도덕적 정당성을 확보하려는 시도는 실패했다고 말하며 공동체가 축적해 온 전통적 가치로서의 덕의 부활을 주장했다. 그리고 개인은 공동체가 일궈온 역사와 전통에 참여하면서 더 좋은 공동체가 되도록 구성원들과 함께 노력해 나가야 한다고 말했다. 그 과정에서 각 개인은 공동체 안에서 마주하게 되는 역사적, 문화적 맥락에 저마다의 이야기를 써 가고 있는 것이라고 했다.

> 인간은, 그가 만들어 내는 허구들 속에서 뿐만 아니라, 자신의 행위와 실천에 있어서도 본질적으로 하나의 이야기를 말하는 동물이다. 그는 본질적으로 진리를 추구하는 이야기들의 화자는 아니지만, 자신의 이야기를 통해 화자가 된다.
>
> 『덕의 상실』, 매킨타이어 저, 이진우 역(1997), 문예출판사, 318쪽.

인간의 삶은 서사적 구조를 띤다. 사람마다 일생의 대표적인 사건이 있을 테지만 인생의 어느 한순간, 하나의 단편만 가지고 그의 삶 전체라고 말할 수 없다. 우리는 현재를 살아가지만 과거, 현재, 미래를 동시에 살아가고 있다. 과거를 재구성하고, 현재를 비판적으로 수용하고, 미래에 대한 기대와 절망 등을 염두하며 살아가고 있기 때문이다. 이 과정에서 개인은 삶의 의미를 찾고, 삶을 완성하기 위해 끊임없이 자신을 변화시키고 발전시킨다. 지금 내가 처해 있는 상황이나 모습이 과거의 선택들과 어떤 관계를 맺고 있으며 훗날에는 어떤 장면으로 이어질지를 염두에 두면서 현재를 진단하고 선택을 만들어 나간다. 이와 관련하여 우리는 일기쓰기를 통해서 끊임없이 자기와의 대화에 참여할 수 있다. 그래서 꾸며 적는 글짓기가 아니라 글쓰기가 필요하다. 이런 쓰기 활동의 핵심은 직접적 자기반성이다. 글을 쓰면서 자신의 생각과 선택을 다양한 측면에서 점검하고 비판하게 되는 것이다. 특히 자신에 대한 도덕적 측면의 비판은 보다 바람직한 선택을 하도록 스스로를 동기화한다.

저자의식

학생들로 하여금 삶에 대한 저자 의식을 갖도록 지도해 보자. 글을 쓰면서 자신의 생각과 선택을 비판적으로 인식하고 고민한다면 글을 쓰는 시간은 자기 삶의 작가이자 주인공이 곧 자신임을 자각하게 되는 순간이다.

일상생활에서 경험한 일을 글로 옮기는 과정은 지나간 순간들을 재현시키고 의미를 재정립하는 과정이다. 어떤 의미에 방점을 두고 기술하느냐에 따라서 미래에 이어질 자신의 이야기는 다른 양상으로 전개된다. 그러니 우리가 우리 삶의 이야기를 어떤 방향으로 풀어 나가는지에 따라 '나는 어떤 사람인가, 내 삶은 어떤 삶인가'가 결정되는 것이다. 우리의 이야기는 단편의 일회성 이야기가 아니다. 계속되는 장편의 이야기다. 오늘 쓰는 이 글 한 편은 장편 속에서 단 몇 쪽을 채우는 하나의 갈피일 뿐이다. 이런 저자 의식을 가지고 있다면 우리는 자신과 지속적으로 대화하면서 나은 삶을 설계하는 일을 멈추지 않게 된다. 삶은 계속 고양된다. 따라서 글쓰기는 삶에 책임감을 유지하고 도덕적인 삶을 살게 하는 지팡이가 된다. 독서일기도, 기행문도, 주제나 질문에 따라 지은 짧은 글 한 편도 모두 마찬가지다.

결국 글쓰기 활동은 삶의 의미와 목적을 탐색하고, 설정하고, 구현해 가는 과정이 된다. 글이 나를 만든다. 이것이 학생들에게 저자 의식을 심어 주어야 하는 이유다. 학생들이 오늘 쓰는 글쓰기 과제가 실은 자서전의 한 페이지라는 사실을 상기시켜 주도록 하자.

함께 쓰는 이야기

그런데 엄밀히 말하자면 각자의 자서전은 고립된 각자의 이야기로는 완성되지 못한다. 모든 이야기에는 타자가 있다. 이야기는 곧 타자와의 상호작용의 과정이자 결과다. 마음속 이야기를 풀어놓더라도, 하나의 주제에 대한 자기 생각을 적더라도 그 글에는 글쓴이가 속해 있는 공동체, 혹은 그에게 깊게 영향을 미친 타인들이 얽혀 있다. 이로부터 완벽하게 독립적으로 기술될 수는 없다. 결국 저자로서 만들어 가는 나의 이야기는 곧 나와 나의 환경, 나의 타자들과의 관계에 대한 서술이다. 어린 학생들조차도 선택을 할 때 딜레마에 빠져 이러지도 저러지도 못할 때가 있다. 타자와의 관계란 단층적이지 않기 때문이다.

매킨타이어에 따르면 자아는 자신이 처한 환경, 사회적 맥락, 역사 등과 뗄 수 없는 관계를 맺고 있으며 그 안에서 자신의 이야기를 구성한다. 자아가 발 딛고 살아가는 세계 속에서 생생하게 펼쳐지는 삶의 이야기들이 자아를 만든다. 우리는 무인도에 들어가서 혼자 살지 않는 이상 태어날 때부터 갖게 되는 자신의 연고와 절연할 수 없다. 다시 말해서 자아 정체성은 자아가 속해 있는 공동체의 테두리 안에서 전개되는 이야기 속에서 형성된다. 좋은 공동체에서 개인의 이야기도 아름답게 펼쳐질 가능성이 높다.

> 나는 책임을 지는 사람일 뿐만 아니라, 나는 다른 사람에 책임을 묻고 또 그들에게 질문을 제기할 수 있는 사람이기도 하다. 그들이 나의 이야기의 한 부분인 것처럼, 나는 그들 이야기의 한 부분이다. 어떤 사람의 이야기는 서로 맞물려 있는 일련의 이야기들의 한 부분이다.
> 『덕의 상실』, 매킨타이어 저, 이진우 역(1997), 문예출판사, 321쪽.

공동체로서의 교실이 좋은 성격을 유지해야 하는 건 교실 공동체가 학생의 자아 정체성에 매우 중요한 영향을 미치기 때문이다. 학교를 배경으로 한 학생들의 이야기는 교실의 성격에 따라 판이하게 달라질 수 있다. 정의롭고 배려가 충만한 교실이라면 그 안에서 만들어지는 구성원들의 이야기도 그런 이야기의 일부가 될 것이며, 반대로 교실이 부정의와 인간미 없는 일들로 채워진다면 학생 개개인의 이야기도 그렇게 흐를 수밖에 없다.

그래서 교사는 교실을 정의롭고 연대 정신이 충만한 공동체로 만들기 위해 노력해야 한다. 교실은 참여 민주주의의 장이어야 한다. 학생들이 의사결정 과정에 스스로 참여하도록 돕고, 시민성을 발휘하여 공공의 이익을 추구하는 경험을 갖도록 독려해야 한다. 교실 공동체의 성격과 친구들과의 관계가 이야기의 흐름을 좌우하니, 내 이야기에 있어서 친구들을 일회적 카메오로 볼 수 없다는 점을 짚어 주자. 나 또한 상대방의 이야기에 있어서 일회적 카메오가 아니다. 나는 나에게, 그리고 타인에게 책임감을 가져야 하는 존재다. 교사도 자신과 더불어 함께 생활하는 학생 모두의 이야기에 있어서 상당한 비중을 차지하고 있는 주연급 조연임을 명심해야 한다.

🎲 매킨타이어

20세기 후반 이후 현대의 위대한 도덕 사상가로 손꼽히는 매킨타이어(1929~)는 스코틀랜드의 철학자다. 계몽주의 이후 개인의 자유와 도덕적 의무에 토대를 둔 윤리 풍토가 개인주의 만연과 공동체 붕괴를 가속화했다고 진단하고 이를 극복하기 위한 도덕철학적 대안으로 아리스토텔레스의 목적론적 윤리설의 입장을 지지하며 오랜 시간에 걸쳐 사회가 축적해 온 전통과 가치의 중요성을 강조했다. 개인은 결코 공동체와 독립하여 존재하는 추상적 자아가 아니다. 공동체를 지나치게 합리적 개인들이 모인 계약적 관계로 이해하거나 합의에 기초한 사회 건설의 관점에서 바라볼 경우 우리는 인류가 지향해야 할 공동선과 자유의 본래적 가치를 상실할 수 있다고 했다. 『덕의 상실』은 1981년에 출간된 도서로 매킨타이어 도덕 이론의 기본 사상들이 소개되어 있는 대표작이다.

있는 그대로의 아이들

장자, 『장자』

"비록 오리의 다리가 짧아도 늘여 주면 근심하고,
학의 다리가 길어도 잘라 주면 슬퍼한다."

莊子

프로크루스테스의 침대

그리스 신화에는 프로크루스테스라는 전설적인 도둑이 등장한다. 그의 집에는 철로 된 침대가 있는데, 지나가는 행인들을 잡아서 이 침대에 눕혀 놓고 침대의 길이보다 몸이 길면 긴 만큼 잘라서 죽이고, 짧으면 짧은 만큼 몸을 늘어뜨려서 죽였다고 한다. '침대 길이'라는 자신이 정한 기준에 맞춰 타인의 신체를 잔인하게 재단함으로써 살인을 일삼았던 것이다. 자신이 정한 기준에 맞지 않는 것들을 무조건적으로 뜯어 고치려는 태도를 '프로크루스테스의 침대'에 빗대어 말한다. 프로크루스테스는 인간에게 깨달음을 주기 위해서 신화 속에서만 등장해야 할 인물이다. 결코 현실에 있어서는 안 될 괴물이다.

그런데 우리 사회를 들여다보면 프로크루스테스의 망령이 곳곳에 살아 있는 듯하다. 타인의 기호를 강제로 자신의 기호에 맞추려는 경우가 있고, 학문의 영역에서는 각종 사회적 현상이나 이론을 자신이 추종하는 이론에 억지로 꿰어 맞추려는 경우가 종종 있다. 특히 힘의 우열 관계가 명확할 때 이 횡포는 심각한 결과를 초래할 수 있다. 공식성, 비공식성을 막론하고 힘의 우위를 점한 입장에 있는 이가 조직을 위한다는 명분으로, 혹은 상대를 진정으로 위하는 일이라는 명분으로 제멋대로 굴며 상대를 길들이는 상황을 생각해 보자. 그는 "나는 절대로 강요하는 게 아니야."라고 말하기도 한다. 실제로 이쯤 되면 강요를 하지 않아도 될 것이다. 상대방이 '알아서 길' 것이기 때문이다. 상관이 바라보기만 해도 자신의 몸을 스스로 침대에 묶기 시작한다면 이는 자학인가 아니면 상관의 행위인가?

무위자연

이런 위험이 우리 학교에는, 나의 교실에는 전혀 없다고 말할 수 있을까. 어느 누구도 교사와 학생은 상하 관계여야 하고 교실은 상하 수직적인 공간이어야 한다는 말에 동의하지 않을 것이다. 그럼에도

'성인 대 비성인'이라는 교사와 학생의 관계 구도는 교실 안에 모종의 질서를 구축한다. 교사는 지식에 있어서 우위를 점하고 학생은 교사의 언어를 어떻게든 이해하고자 애쓰며 교사가 정한 규칙에 맞춰 생활하려고 한다. 교사의 기준과 스타일에 맞춰 행동해야 좋은 학생이라는 평가가 따르고 학교생활기록부에 기재되는 행동발달 사항도 긍정적으로 기술될 확률이 높다.

학생들은 교사의 성향과 기성세대가 만들어 놓은 학교 분위기에 자신을 적응시키는 과정에서, 선천적 성향이나 기질을 조금씩 버리게 된다. 과연 이게 바람직할까? 거짓말을 밥 먹듯이 한다든지, 폭력성이 심하다든지 하여 학생이 가진 개별 성향이 공동체에 해악을 끼친다면 교육을 통해 개선되어야 한다. 하지만 이런 기질도 대부분 환경적 요인에 따라 만들어진 것일 뿐 선천적인 경우가 얼마나 될지 의문이다. 우리는 아이들의 타고난 성향과 기질, 천부적인 재능을 죽여서는 안 된다. 선천적 기질이 잘 발현되도록 돕고 그것이 사회 전체의 공공선과 정적 관계를 맺도록 하는 데 힘써야 한다.

장자는 무위자연의 삶을 권유했다. 장자가 지은 사상서인 『장자』는 우리 각자가 자신의 삶에 비추어 인위적인 가치 기준이나 고정 관념 등을 타파할 때 스스로 마음의 자유를 얻을 수 있음을 깨우쳐 주는 책이다. 이 책은 내편, 외편, 잡편의 세 부분으로 구성되어 있는데 대부분의 이야기가 우화의 형식으로 이루어져 있다. 이야기 자체가 비유적인 성격을 띠기 때문에 해석의 여지가 많지만, 고정된 생각이나 차별을 경계하고 자연친화적인 삶을 살 때 진정으로 행복할 수 있다는 지향은 일관되어 있다.

> 발가락이 붙어서 태어난 사람은 곁가지를 덧붙인 것이 아니다. 또 본래부터 긴 것은 남아도는 것이 아니고, 본래부터 짧은 것은 부족한 것이 아니다. (중략) 내가 말하는 눈이 밝다는 것은 남들이 정해 놓은 기준에 따라 보는 것이 아니라 자신의 기준으로 보는 것이다.
>
> 『장자』, 장자 저, 김갑수 역(2019), 글항아리, 165-170쪽.

아이들은 정해진 기준에 아무런 의심 없이 길들여진다. 교사는 기준을 제시함으로써 아이들을 길들인다. 이 교육 방식은 '사회화'라는 이름으로 무비판적으로 포장되기 쉬우므로 유의해야 한다. 장자는 일체의 인위적인 것들을 비판했다. 심지어 유가가 내세웠던 인과 의조차도 장자는 세상의 도덕을 훼손시키는 주된 원인이라 보았다. 시대의 규칙에 가까웠던 인과 의를 장자는 기성세대가 만든 인위적인 기준에 지나지 않는다고 보았던 것이다. 우리의 교육은 어떠한가?

획일화된 교육과 대량생산

학교에서는 학생들에게 가치가 있다고 생각하는 것을 선별하여 가르친다. 교육과정이라는 기준을 설계하는 건 대부분이 교육과정 연구자들이다. 장자의 관점에서 보면 이들은 철저하게 기성세대의 시각에서 학생을 해석하고 학생들에게 필요하다고 생각되는 요소들을 교육과정에 반영한다는 한계를 가질 수밖에 없다. 이 한계를 아무리 염두에 두고 교육과정을 설계해도 그것은 학생들의 타고난 본성에 입각한 설계물이 될 수는 없다. 학생의 관심과 흥미를 고려하려면 학생이 직접 개입해야 한다. 학생들의 관심사는 시시때때로 변하기 마련이며 학생마다 선천적인 재능이 다르고 관심과 흥미도 제각각이다.

주어진 국가 교육과정을 무조건 실행한다는 건 국가 수준에서 설정해 놓은 추상적인 인간상만을 바라보며 모든 학교가 똑같이 달려나가는 것과 같다. 더욱이 입시 위주의 교육풍토 속에서 교육방법과 내용은 더욱 더 획일화되어 오면서 학생들은 자신의 장점이나 기질에 대한 고려 없이 기성세대가 중요하다고 판단한 것들을 일방적으로 배우는 분위기에 길들여져 왔다. 학생 전체가 여전히 특정의 내용을 공부하고, 특정의 평가 도구에 의해 평가받고 있다. 마치 공장에서 제품을 대량생산하듯이 인간을 주조하고 있는 것이다. 여기서 일정 기준에 미치지 못하는 제품이 나오면 '불량품', 즉 사회적으로 쓸모없는 인간으로 간주되기도 한다.

그들은 멍한 상태로 아무 지식도 갖지 않았기 때문에 자연적 본성을 잃지 않았다. 멍한 상태로 아무 욕망도 없었기 때문에 소박하다 할 수 있었다. 소박하므로 곧 백성의 자연스러운 본성도 온전했다. 그런데 성인이 나타나 사람들에게 애써 인仁을 행하도록 하고 억지로 의義를 실천하도록 해서 온 세상 사람들이 비로소 서로의 의심하게 되었으며, 제멋대로 음악樂을 연주하도록 하고 번잡하게 예禮를 실천하도록 만들어 온 세상 사람들이 잘하는 사람과 못하는 사람으로 나뉘기 시작했다.

『장자』, 장자 저, 김갑수 역(2019), 글항아리, 175쪽.

학생의 교육과정

획일화된 교육 시스템은 차별과 낙오를 조장한다. 학생이 시스템에 적응을 했더라도 적응하기를 스스로 선택했다고는 보기 어렵다. 학생의 타고난 끼가 예술 영역에 있는데 어렸을 때부터 긴 시간을 들여 수학 역량을 훈련시키고, 수학에 소질이 있는 아이로 하여금 굳이 아이가 하고 싶지 않아 하는 악기를 의무적으로 다루게 해야 하는가? "학의 다리를 길다고 함부로 자르지 말라."라는 장자의 말은 교육계의 수많은 프로크루스테스의 폐부를 찌르는 일침이다.

최근 학교에는 학생을 중심에 둔 교육을 지향하는 추세가 있어 반갑고 다행스럽다. '교사교육과정'이라는 말도 교실에서 학생과 실제로 마주하는 교사가 학생들이 처한 상황과 관심 등을 전반적으로 고려하여 교육과정을 운영한다는 취지에서 만들어졌으며 교사들에게 많은 호응을 얻고 있다. 하지만 이것도 교사의 해석이 깃든 교육과정인 이상, 우리는 이마저도 우리가 만든 또 하나의 프로크루스테스의 침대는 아닐지를 늘 경계해야 한다. 조금 더 급진적으로 표현하자면 교사는 학생이 스스로 자신의 교육과정을 설계하여 실행하도록 도와야 한다. 개별 학생은 자신이 가진 성향이나 천부적 재능을 발견하여 그것을 개발하는 교육과정을 설계할 수 있어야 한다. 학생들이 자기 삶의 의미를 찾고 공동체와의 조화 속에서 행복을 경험하는 자신만의 교육과정을 기획, 설계, 실행하는 일을 우리 교사가 도와야 한다.

장자

중국의 전국 시대 송나라 출신의 도가 사상가인 장자(B.C.369경~B.C.289경)는 실존하지 않았던 가상의 인물이라는 의심도 있지만, 당나라 현종으로부터 '남화진인'이라는 시호를 받은 사상가다. 그의 저서로 알려진 『장자』는 시호에 기반하여 『남화진경』이라고도 불린다. 총 33편으로 이루어져 있는 이 책에서 장자는 유가의 인위적인 도덕을 비판하고, 자연의 법칙에 따르며 어떠한 것에도 침해받지 않는 자유를 얻음으로써 초연한 삶을 사는 '진인眞人'을 이상적 인간상으로 제시했고, 인간이 자연적인 본분을 잃고 살아간다면 마땅히 고통이 따라오게 되므로 일체의 인위적인 구별로부터 벗어날 것을 요구했다. 또한 장자에게 있어서 일체의 차별은 인간의 유한한 지식으로부터 유래되는 것이므로 인간은 인간 스스로 지식의 한계를 깨닫고 쓸데없는 시비로부터 자유로워짐으로써 도道를, 즉 인위적인 힘의 작용을 배제한 무無를 따라야 한다고 했다.

기본을 말하는 꼰대의 필요

조식, 『남명집』

"안으로는 끊임없이 스스로를 경계하며 내적 성찰을 통해 자각하고,
밖으로는 옳고 그름에 따라 행동을 의롭게 결단해 나가라."
曺植

기본은 없지만 능력은 있다?

걸음마를 시작한 아이에게 뛰는 법을 가르치는 것은 어리석은 일이
다. 대부분의 일에는 단계가 있고, 기본으로 여겨지는 일이 있다. 기
초, 기본에 대한 무시는 학생들에게 지식이나 기능을 지도하는 입장
에서도 금기시해야 하는 사항이지만 교사 자신을 대할 때에도 늘 경
계해야 한다.

시간과 에너지는 한정되어 있다. 자신의 학생들에게 1년 동안 반드
시 가르쳐야 하는 사항들을 도외시한 채 자신의 에너지 대부분을 특

정한 대회에 참가하는 일부 학생의 지도에 쏟는다든가, 교사용 학생 지도 프로그램 개발이나 교과연구 등 대외적인 연구 활동에 치중하는 교사를 본 적이 있다. 언젠가 교육청에 출장을 갔을 때 테이블에 놓인 내 명패에서 소속 학교를 확인한 한 교사가 내게 인사를 건네며 나와 같은 학교에 근무하고 있는 A교사의 안부를 물었다. A교사와 그다지 가까운 사이는 아니었기 때문에 같은 학교에 근무하고 있다는 사실을 확인시켜 주는 정도의 응답만 짧게 하려 했는데 그는 A교사에 대한 칭찬을 늘어놓았다. 이러저러한 연구 역량이 뛰어난 선생님이라면서 말이다.

하지만 나는 그의 칭찬에 동의하기가 어려웠다. 그가 경험한 A교사와 내가 경험한 A교사는 분명 달랐다. 내게 A교사는 학생들을 가르치는 데 필요한 가장 기본적인 역량들을 갖추지 못한, 능력 없는 교사였다. 외부 출장 등으로 정작 자신이 맡고 있는 아이들에게는 최선을 다하지 않았으며 학교의 일에는 매우 비협조적이었다. 학교장의 경영 철학을 나쁜 쪽으로 호도하고, 학교에 들어온 지 얼마 되지 않은 저경력 교사들을 선동했다. 기본이 안 된, 말 그대로 '꼴불견' 교사였다. 기본이 되지 않은 사람이 학생들에게 기본을 가르친다는 것은 낯뜨거운 일이다. 교직은 어떤 다른 직업보다도 기초, 기본이 되어 있는 사람을 요구한다. 교사라면 자신의 생활을 보다 더 엄격한 기준에 비추어 반성하며 항상 기본에 충실해야 한다.

위태로운 규율들

....

모범을 보이는 일은 훌륭한 교육행위다. 교사의 도덕적 모범은 학생들을 강력하게 동기화한다. 반대로 생각하면 교사의 도덕적 일탈은 역시 학생들의 도덕적 일탈에 강력한 동기로 작용한다. 학생들에게 욕하지 말라고 가르치면서 교사가 욕을 했다면 개인의 인격 수준은 논외로 하더라도 교사로서의 직업적 본분에 있어서 심각한 결함을 드러낸 일이다. 학생들에게 약속 시간 준수를 중요한 도덕적 가치로 가르쳐야 할 교사의 지각은 성실이라는 덕목을 가르치는 데 있어서 대단히 치명적이다. 평소 욕을 하는 사람이 욕을 하듯 지각을 하는 교사가 늘 지각한다. 지각은 분명 잘못된 행동이다. 하지만 지속적으로 지각하는 교사를 질책하는 관리자는 보기 드물다.

직장 내 갑질 근절이라는 이슈가 부각되면서 관리자의 복무 지도조차 갑질로 오해를 사기 쉬우며, 실제로 일부 교사들은 이것이 갑질이라며 성토한다. 교사가 자신의 복무 위반을 인정해도 그것을 지도하는 관리자는 깐깐하다는 이미지로 소문날 위험을 감수해야 하기 때문에 웬만해서는 눈을 감는다. "선생님이 무리하지 않는 게 더 중요합니다.", "조금 늦더라도 너무 신경 쓰지 마세요."라는 말을 해주는 관리자가 선호되는 세상이다. 그러나 사전 승인을 받지 않은 상태에서 출근 시간에 등교하지 못하는 것은 분명히 복무 위반이다. 1분을 늦더라도 그렇다.

172

이런 근무태만을 남명 조식이 보았다면 뭐라고 말했을까? 남명의 말과 글을 직접적으로 확인할 수 있는 책은 『남명집』이다. 판본이 여럿이지만 이 문집에서는 남명이 직접 지은 시와 산문, 그리고 학문하는 자세, 그리고 실천과 관련된 문구들을 찾아볼 수 있다. 그가 임금에게 올렸던 상소문의 일부를 살펴보자.

> 신이 엎드려 보니, 나라의 근본은 쪼개지고 무너져서 물이 끓듯 불이 타듯 하고, 여러 신하들은 거칠고 게을러서 시동尸童 같고 허수아비 같습니다. 기강은 씻어버린 듯 말끔히 없어졌고 예의가 온통 쓸어버린 듯 없어졌고 선비의 습속이 온통 허물어졌고, 공정한 도리가 온통 없어졌으며 (후략)
>
> 『남명집』, 조식 저, 경상대학교 남명학연구소 역(2017), 한길사, 319쪽.

남명은 몸에 칼을 차고 다닌 유학자로 유명하다. 그의 칼에는 "내명자경內明者敬, 외단자의外斷者義"라는 여덟 글자가 새겨져 있었다고 한다. 안으로는 끊임없이 스스로를 경계하며 내적 성찰을 통해 자각하고 밖으로는 옳고 그름에 따라 행동을 의롭게 결단해 나간다는 의미다. 남명이 자신의 안팎 모두에 엄격하고자 했음을 짐작할 수 있다. 남명의 눈에는 당시 정치하는 사람들의 도덕적 해이와 사회의 병폐가 매우 심각하게 보였을 것이다. 남명은 벼슬을 하지 않고 초야에 묻혀 살았던 선비였지만 나라의 위태로운 형세를 두고만 볼 수는 없었기에 죽음을 무릅쓰고 임금에게 상소문을 올렸던 것이다.

꼰대의 필요

어느 사회에서나 공직자들에게, 그리고 공직자 중에서도 공교육을 담당하고 있는 교사들에게 더 높은 도덕성과 엄격함을 요구한다. 똑같은 잘못을 했어도 일반인보다 교사에게 더 많은 지탄이 따라오기 마련이다. 그런데 학교 안을 들여다보면 종종 이와는 실제로 다른 모습을 마주하게 된다.

교직사회에도 다소 문제가 있는 교사가 있다. 자신이 해야 할 역할에 늘 불성실하거나 다른 사람에게 피해를 주면서 이해타산에만 밝은 사람이 있다면 어느 조직도 그런 사람을 환영할 리가 없다. 학생 교육에 있어서 교사가 갖추어야 할 기초, 기본에 있어서는 더욱 그렇다. 기초, 기본적인 측면에서 자격이 미달인 교사가 있다면 관리자는 적절한 지도와 감독을 해야 하며, 여기서 해결이 안 된다면 상부 기관에 보고하여 정해진 매뉴얼에 따라 2차 지도가 이루어져야 하고, 경우에 따라서는 징계가 주어져야 한다. 관용과 배려라는 말도 때로는 미덕이 아닐 수 있다.

자신의 경험을 일반화하여 젊은 사람에게 어떤 생각이나 행동 방식 따위를 일방적으로 강요하는 사람을 소위 '꼰대'라고 부른다. 시대 흐름에 무감각하고 과거에 안주하면서 다른 사람들에게 과거로의 회귀를 주장한다면 그것은 충분히 꼰대라는 비난을 들을 만하다. 만일 수직적 상하 관계에 놓인 사이에서 과거 회귀를 강요한다면, 그것은 일종의 폭력이다. 하지만 기초와 기본을 이야기하는 사람을 꼰대라고 불러서는 안 된다. 그런데 이상하게도 기초와 기본의 중요성을 말하는 사람을 꼰대라고 옭아매며 비아냥거리는 분위기가 곳곳에 있다. 매우 안타깝다. 기초와 기본은 학생에게만 강조되어야 할 사항이 아니다. 기초와 기본의 중요성을 말하는 사람이 꼰대라면 지금의 학교에는 어느 때보다 더욱 절실하게 꼰대가 필요하다.

자신과 사회에 누구보다 엄격했던 남명. 그가 말하는 엄격성은 바로 인간으로서의 기본에 대한 엄격함이었다. 몸에 항상 칼을 차고 다닌 남명의 모습은 그 자체로 우리에게 따끔한 채찍질로 다가온다. 그 칼이 의미하는 것이 무엇이겠는가? 남명의 칼은 타자를 향한 공격 수단이 아니라 자기 자신에게서 나타날 수 있는 오염된 생각과 잘못된 행동을 경계하기 위한 도구였다. 즉 단순히 삶의 자세로서의 은유가 아니라 실제 자신을 벨 수 있는 자기 경계의 수단이었던 것이다. 우리는 남명으로부터 자기 자신에 대한 엄격함을 배워야 한다.

> 요즘 공부하는 자들을 보건대, 손으로 물 뿌리고 비질하는 절도도 모르면서 입으로는 천리를 담론하여 헛된 이름이나 훔쳐서 남들을 속이려 하고 있습니다. 그러나 도리어 남에게 상처를 입게 되고, 그 피해가 다른 사람에게까지 미치니, 아마도 선생 같은 장로께서 꾸짖어 그만두게 하지 않기 때문일 것입니다.
>
> 『남명집』, 조식 저, 경상대학교 남명학연구소 역(2017), 한길사, 181쪽.

신독 愼獨
....

앞의 글귀는 남명이 퇴계에게 보낸 편지글의 일부다. 퇴계에게 부탁하기를 꾸짖는 사람의 역할을 해 달라고 하였다. 지금 우리 시대에 우리의 잘못을 꾸짖어 줄 사람은 누구인가? 이것을 꼭 교사와 학생, 부모와 자식과 같은 관계 안에서 바라볼 필요는 없다. 주변의 모든 타인을 동력 삼아서 자신을 꾸짖을 수 있기 때문이다.

> 가슴속에 마음을 보존해서 혼자 있을 때를 삼가는 것이 큰 덕이고, 밖으로 살펴서 그 행동에 힘쓰는 것이 왕의 도리입니다.
> 『남명집』, 조식 저, 경상대학교 남명학연구소 역(2017), 한길사, 321쪽.

지각이라는 문제로 돌아가 보자. 교사가 지각을 하면서 어찌 학생들을 시간 개념 있는 사람이 되라고 가르칠 수 있단 말인가? 한번은 친구들과의 대화에서 이런 표현을 들은 적이 있다. "나는 잠이 많은 편이야. 아침에 일어나는 것이 정말 어려워. 그래서 아침에 5분, 10분 늦게 돼." 자신의 생체시스템이 그렇게 움직이도록 되어 있어서 자신의 의지가 개입될 여지가 없다는 말이었다.

자기합리화 따위로 자기를 변명하거나 위로하기보다는 스스로를 채찍질하는 꼰대가 되자. 기본을 지키지 않는다면, 능력 있는 교사로 비춰질지라도 절대 좋은 교사가 아니다. 오늘 하루 지키지 않은 기본이 없는지 돌이켜 보자. 운동장에서 하는 수업에서 교사 혼자 실내화를 신은 채 아이들을 가르치지는 않았는가? 학교에서 지켜야 할 기본 규칙들은 작은 요소들 같지만 다양한 교육현상이 다각적으로 연쇄적으로 작동하고 있는 곳이 학교이기에 모든 순간이 하나같이 큰 요소로 작용한다. 혹시 아이들을 보내고 스마트폰으로 온라인 게임을 하며 시간을 보내는 상식 밖의 행동을 하는 교사를 본 적이 있는가? 이런 교사에게는 남명의 매서운 칼이 시급하게 요청된다. 홀로 있을 때에도 도리에 어그러짐이 없도록 몸가짐을 바로 하고 언행을 삼가는 일. 신독愼獨이라 한다.

📕 조식

조선 중기의 유학자인 남명 조식(1501~1572)은 16세기 경상우도를 대표하던 유학자로서 경상좌도의 이황과 시대를 함께했다. 기묘사화로 조광조가 사사되면서 조식의 숙부 조언경도 화를 당했다. 1520년에 진사 생원 초시와 문과 초시에 모두 급제하고 다음 해 문과회시에 낙방하였는데 더 응시하지 않고 25세에 진정한 학문의 길로 접어들었다. 높은 학문과 명성으로 여러 차례 벼슬을 권유받았으나 남명은 단 한 번도 벼슬에 나서지 않았으며 평생을 처사로 지냈다. 비록 벼슬은 하지 않았지만 당대의 현실과 부조리에 대해서 과감하게 비판하고 임금에게도 직언을 마다하지 않은 올곧은 성품의 소유자였다. 『남명집』은 그의 사후에 출간된 책으로 초간본은 선조 35년인 1602년 합천 해인사에서 처음 간행되었다.

3

행복한 교육

행복의 조건

아리스토텔레스, 『니코마코스 윤리학』

"아는 것에 의해서가 아니라. 아는 것을 실천할 때
비로소 지혜로운 사람이 될 수 있다."

Aristoteles

행복이란 무엇인가

학생들은 왜 학교에 가는가? 공부하러 간다. 공부는 왜 하는가? 대학에 가려고 한다. 대학에는 왜 가는가? 원하는 직장에 취직하려고 간다. 이렇듯 인간의 행위에는 목적이 있다. 하나의 목적은 다른 상위 목적의 수단이기도 하다. 목적의 목적을 따라가다 보면 더 이상의 목적이 없는 완전한 상태에 도달하는데 그 자리에는 행복이 위치해 있다. 이러한 방식의 목적론적 세계관은 일찍이 아리스토텔레스의 철학에서 찾아볼 수 있다.

아리스토텔레스는 『니코마코스 윤리학』에서 인간 삶의 궁극적인 목적이 행복이라고 말했다. 그리고 행복을 정의내리기 위해 인간의 기능에 주목하면서, 인간의 고유한 기능이 탁월하게 발휘되는 품성을 지닌 사람만이 진정한 행복에 이를 수 있다고 말했다.

우리는 어떤 도구가 그 도구가 가진 본래의 고유한 기능을 잘 발휘할 때 보통 '좋은 도구'의 범주에 넣는다. 의자는 의자로서의 역할을 잘해야 좋은 의자다. 디자인이 예뻐도 이용하기 불편하다면 좋은 의자가 아니다. 부러지거나 고장이 나서 고칠 수 없는 지경에 이르렀다면 그 의자는 의자로서의 가치를 상실한다.

인간의 기능

아리스토텔레스는 인간도 의자처럼 고유의 기능을 지니고 있다고 보았다. 그리고 그 기능이 잘 발휘되는 인간은 좋은 삶을 살 수 있다고 기대했다. 인간의 고유한 기능은 무엇일까? 아리스토텔레스는 인간의 기능을 이성에 따른 영혼의 활동으로 상정하고, 이성이 잘 발휘되는 상태를 품성으로 이해하며 탁월성이라 칭했다. 탁월성은 그리스어로 아레테arete이며 덕virtue으로 번역된다. 그에 따르면 인간은 이성적인 삶을 잘 실천할 때 유덕한 인간이 될 수 있으며 비로소 행복해진다.

따라서 인간의 선이란 결국 덕과 일치하는 정신 활동이라 하겠다. 그리고 덕이란 것이 여러 가지가 있다면 그중에서 가장 좋고 가장 완전한 것에 기반하여 정신이 활동하는 것, 그것이 인간의 선이다. (중략) 이성을 잘 실현하는 활동은 온 생애를 통한 것이어야 한다.

『니코마코스 윤리학/정치학/시학』, 아리스토텔레스 저, 손명현 역(2019), 동서문화사, 22쪽.

연주 실력이 뛰어난 사람을 훌륭한 연주가라 부르고 의술이 뛰어난 사람을 훌륭한 의사라고 부르듯이, 이성적인 실천의 삶에 탁월한 사람이 훌륭한 인간인 셈이다. '훌륭한'이라는 단어를 '좋은'이라는 단어로 바꾸어 이해해도 좋을 것 같다.

아리스토텔레스에 따르면 인간적인 탁월성에는 크게 두 종류가 있는데 하나는 지적 탁월성이고 다른 하나는 성격적 탁월성이다. 지적 탁월성은 일차적인 의미로 이성적 판단의 수준 자체이며, 성격적 탁월성은 습관의 결과로 개인에게 내면화된 일종의 품성 상태로 볼 수 있다.

두 가지 인간적 탁월성 가운데 취약하기 쉬운 부분을 꼽으라면 성격적 탁월성이 될 듯하다. 이성적으로는 무엇이 자신에게 정말로 좋은 것인지를 제대로 판단하고서도 방해나 유혹에 이끌려 판단대로 행동하지 않으니 말이다. 미용을 위해서가 아니라 비만으로 건강이 악화되어 다이어트 중인데도 한밤중 라면 냄새나 TV 광고에 그만 속

절없이 무너져 버리는가 하면, 내일은 말썽꾸러기 학생을 꾸짖기보다는 좋은 말로 타이르겠다 다짐했는데 막상 눈앞에서 말썽이 일어나면 울컥 화를 내 버리고 허탈감에 빠진다. 훌륭한 사람은 이성적 판단뿐만 아니라 그 판단에 따라 지혜롭게 행위하는 사람이다.

> 마땅한 때에, 마땅한 일에, 마땅한 사람들에게, 마땅한 동기로, 마땅한 방식으로 이런 것을 느끼는 것은 중용인 동시에 최선이며, 또 이것이 덕의 특색이다. (중략) 과도함과 부족함은 악덕의 특징이며, 중용은 덕의 특징이다.
>
> 『니코마코스 윤리학/정치학/시학』, 아리스토텔레스 저, 손명현 역(2019), 동서문화사, 43-44쪽.

훌륭한 교사

어떻게 보면 교사는 인간으로의 삶과 교사로서의 삶을 동시에 살아간다. 그런데 이 둘은 분리될 수 없다. 교사의 삶은 불행한데 인간으로의 삶이 행복할 수는 없다. 어떤 삶이 교사로서 좋은 삶일까? 단지 생계유지만을 위해 일하고 있는 사람이 있다면 그는 일을 통해 행복을 발견하기 어려울 것이다. 하지만 단순히 돈을 벌기 위해 교사의 삶을 선택한 사람은 만나기 어렵다.

교사는 왜 학교에 가는가? 직업으로 경제적 수업을 얻지만 생계유지가 교직을 택한 이유의 전부는 아니다. 일확천금이 주어진다면 교직을 떠날 사람이 얼마나 될까? 대부분의 교사는 떠나지 않을 것이다. 왜일까. 교사는 교사 자신의 삶의 총체적인 행복을 고려하며 학생들과 마주하기를 선택한 사람들이다.

좋은 교사는 좋은 삶과 별도로 있는 게 아니다. 좋은 삶을 살기 위해서는 좋은 교사여야 한다. 교사의 역할을 탁월하게 해내는 교사가 되는 게 좋다. 학생들을 더 잘 가르치려고 교재 연구에 힘쓰고, 학생들이 학교에서 행복하게 보낼 수 있도록 고민을 하는 것도 궁극적으로 교사를 좋은 삶으로 이끄는 요소가 된다.

좋은 품성

살면서 현실적인 욕구를 충족시키는 일은 불가피하다. 인간이 먹지 않거나 타인과 소통하는 유희 없이 행복할 수는 없다. 자연적인 욕구 충족 행위는 그 자체로 나쁜 것이 아니다. 생명체의 고유 본능이기도 하고 인간적인 자아실현의 요소이기도 하다. 다만 삶을 현실적 욕구나 욕망으로만 채우고 다른 중요한 것들을 망각한 채로는 행복에 이를 수 없다는 말이다. 욕망을 쾌락으로 채우더라도 행복에 이르지 못한다. 외부에는 행복해 보이는 삶이더라도 자신은 불행에서 벗어나지 못한 채일 수 있다. 행복은 물질이나 인간관계 같은 외면으로는 가늠할 수 없다. 넘치는 재산에도 만족하지 못하는 사람, 더욱 불리기 위해 안달하는 사람, 누군가에게 뺏길까 불안에 시달리는 사람들을 보라.

한 사람의 삶을 이해하려면 그의 정신적인 활동을 고려해야 한다. 부자가 아니라, 가진 것에 만족하고 즐기는 긍정적인 사람이 행복한 사람이다. 결국 인간의 행복은 성품에 달려 있다. 행복하기 위해서 우리는 인간으로서 탁월한 품성을 지니기 위해 노력해야 한다.

학생들에게도 어렸을 때부터 이성적인 사고 능력의 함양과 함께 자제력에 대한 긍정적 경험을 제공하여 그것이 하나의 품성으로 내면화될 수 있도록 도와주어야 한다. 아리스토텔레스 사후 2,000년이 넘게 지난 지금에도 그의 행복론을 주목해야 하는 이유가 바로 여기에 있다.

아리스토텔레스

플라톤의 제자였고 마케도니아의 알렉산더 대왕의 스승이었던 고대 그리스 철학자 아리스토텔레스(B.C.384~B.C.322)는 트라키아의 스타게이로스에서 태어나 플라톤의 학교에서 공부하고 알렉산더 대왕이 왕자일 때 교육을 맡았다. B.C.335년에 아테나 동부에 학교를 세워 소요학파를 발아시켰다. 『니코마코스 윤리학』은 아리스토텔레스 만년의 원숙한 사상을 담은 책으로 그의 아들 니코마코스가 편집하여 이처럼 불리게 되었다. 원리론과 덕의 현상론으로 구성되어 있으며 세계 최초의 체계적 윤리학서로 꼽히는 책이다.

일의 가치

막스 베버, 『프로테스탄트 윤리와 자본주의 정신』

“사람들이 지독하게 비양심적으로 돈을 벌고 이익을 추구하고자 하는 것은
서구적인 척도로 보았을 때에 시민 자본주의의 발달이
낙후되어 있는 나라들의 전형적인 특징이다.”
M. Weber

진로교육의 어려움

진로 지도를 하다 아이들의 꿈이 천편일률적이라는 사실을 접하면
안타깝다. 셀 수 없이 많은 직업이 존재함에도 불구하고 왜 아이들의
장래희망은 극히 제한적일까?

직업이 다양하다는 그 사실을 아이들이 몰라서는 아니다. 자신의
흥미와 관심을 탐색하고 소질을 개발하는 노력이 부족하다며 학생
탓만 해서도 안 된다. 보다 근본적인 이유는 따로 있다. 미래의 불확
실성 탓도 있겠지만, 우리 사회에는 행복에 대한 인식이 황금만능주

의와 결합하여서 부와 안정이 굳건히 보장되는 직업군을 선호하는 사회적 열망이 만연해 있다. 더구나 어린 학생들은 행복의 의미에 대한 깊은 성찰을 해 보기도 전에 부모가 권유하거나 매체에서 선망의 대상으로 묘사하는 직업을 자신이 원하는 장래 희망으로 생각해 버리는 식으로 세뇌되기도 한다.

교실에서 학생들에게 장래희망을 소개하도록 하고 이를 듣고 있다 보면 우리 사회에 엄연히 존재하는 직업의 귀천 의식이 부모의 꿈에 투영된 그 결과물이 아이들의 목소리로 재생되는 것같이 느껴져 씁쓸하다.

학교에서 제공해야 하는 적절한 진로교육이란 어떤 것일까. 교과 공부도 중요하지만 자신의 적성과 역량에 맞는 진로를 탐색하고 부족한 역량을 키워 나가는 준비도 필요하다. 이때의 준비는 진로에 대한 경쟁력을 쌓는 게 아니라 왜 이 직업을 장래 희망으로 선택하는지를 명료화하고 그 직업의 사회적 가치를 스스로 발견하는 것이어야 마땅하다. 이 마땅한 과정을 돕는 게 진로교육의 바람직한 모습이 아닐까. 단순히 직업선택의 폭을 넓혀 주고 경쟁력을 키워 주는 것이 진로교육이라면 수학능력시험 성적을 끌어올려서 원하는 대학, 원하는 학과에 진학하도록 돕는 것이 현명한 방법일지 모른다. 그러나 진로교육의 목적은 바늘구멍을 뚫는 경쟁력 강화가 아니다. 직업을 선택하는 동기의 진정성을 키워 주는 게 목적이어야 한다.

일의 가치

....

학생들이 진로를 탐색할 때 사회적 명성과 경제력 같은 지극히 개인적 삶의 차원만을 고려한다면 학교교육은 계층 상승의 수단으로 작동하고 사회는 더욱 황폐한 곳이 될 수밖에 없다. 자본 획득에 강력한 힘을 지닌 회사에 취직하기에 유리한 대학 진학과 그것에 유리한 중고등학교 진학에 학교교육의 초점이 맞춰지게 되니 교육이 추구해야 할 본질은 심각하게 훼손된다.

> 그들의 생활양식이 지닌 비이성적 요소, 즉 사업과 일이 인간을 위해 존재하는 것이 아니라 인간이 사업과 일을 위해 존재하는 것이 되어 버리는 불합리를 보여 준다.
> 물론 거기에는 부를 소유하고 있다는 사실 자체가 그들에게 권력과 명예를 가져다 준다는 의식이 한몫을 하고 있는 것은 사실이다.
> 『프로테스탄트 윤리와 자본주의 정신』, 막스 베버 저, 박문재 역(2019), 현대지성, 103쪽.

이러한 분위기는 베버가 지적하고 있는 근대 자본주의 속성을 그대로 보여 주는 듯하다. 다만 베버는 자본주의 정신의 원천을 종교에서 찾았다. 개신교의 윤리가 전통주의적인 경제 윤리를 몰아내고 자본주의 정신을 형성하는 데 주도적인 역할을 했다고 분석했다. 베버는 『프로테스탄트 윤리와 자본주의 정신』에서 인간의 행위를 합리성과 이념형에 기반을 두고 목적합리적 행위, 가치합리적 행위, 정서적 행위, 전통적 행위의 4가지 유형으로 구분하여 설명했다. 그러면서 근대 프로테스탄트들의 행위를 자본 축적을 목적으로 하는 목적합리적 행위와 신의 구원이라는 가치합리적 행위 차원에서 분석했다.

베버는 중세 가톨릭 문화의 전통에서 종교적 구원과 경제활동은 거리가 있다고 보았다. 가톨릭 문화에서 상인들은 경제적인 이윤 추구가 최우선인 사람들로 그다지 존중받지 못했다. 상인들이 부를 축적하는 일은 하느님의 나라를 구하는 일과는 상관이 없으며 이웃을 착취하는 정도로 이해되었다. 반면에 개신교는 현세적인 금욕주의와 체계적이고 합리적으로 조직된 생활양식을 인간이 하나님께 구원받기 위해 추구해야 할 가치로 여겼다.

17세기 청교도에게 노동은 매우 신성한 것으로 부각되었다. 구원받은 자의 표지가 바로 노동이었다. 노동을 지속적으로 실천하는 데 필요한 노력과 절제의 생활은 하느님으로부터의 선택받음 없이는 불가능한 일이기 때문에 신자들은 조직적인 노동에 참여함으로써 구원을 확증했다. 노동에 따르는 이윤의 추구와 부의 축적 또한 구원의 표지로 여겨졌다. 우선적으로 노동이 구원의 표지이기 때문에 노동에 성실하게 참여함으로써 얻는 부 역시 하느님의 은혜에 따른 것으로 보았다. 그렇기 때문에 베버가 보기에 당시 개신교 신자들이 구원의 불확실성으로부터 벗어나 하느님의 선택을 받은 자로서의 징표를 얻고자 스스로 부를 축적해 나가기를 선택하는 것은 당연했다.

한국형 자본주의 정신

베버는 근대 자본주의 정신을 사람들이 돈을 벌기만 하고 쓰지는 않으려는 습성이라고 보았지만 현대사회에서는 인간이 돈을 쓰지 않고 저축하는 것을 최고의 미덕이라고까지는 여기지 않는 것 같다. 베버가 살던 당시와 다르게 오늘날의 이윤 추구나 부의 축적 행위는 종교적 구원과는 아주 무관해 보인다. 물질적 쾌락을 위해서 물질적 부를 축적하고 노동은 이를 위해 필요한 하나의 과정일 뿐이다. 베버가 진단했던 근대 자본주의 정신은 아파트, 자동차, 몸에 지닌 장신구 등 개인의 소유물을 통해서 자신의 부 자체를 끊임없이 과시하고 싶어 하는 욕구로 기형적으로 진화했다고 봐도 과언이 아니다. 근대 자본주의 정신을 낳은 청교도들은 부에 안주한 채 게으르고 나태한 삶을 사는 것을 도덕적으로 비난받아 마땅하다고 보았다.

> 즉 그들(청교도)이 부를 의심스러운 눈으로 바라본 것은 부 자체라기보다는 부에 안주해서 살아가고자 하는 위험 때문이었다. "성도의 영원한 안식"은 내세에 있기 때문에, 현세에서는 자신의 구원을 확증하기 위해서 "낮인 동안에는 자기를 보내신 이의 일을 하는" 것이 마땅하다.
>
> 『프로테스탄트 윤리와 자본주의 정신』, 막스 베버 저, 박문재 역(2019), 현대지성, 306쪽.

죽을 때까지 쓰기에 충분한 재화가 있다면 일을 하겠다 하는 사람이 얼마나 될까. 꿈이 건물주가 되는 것이라고 말하는 사람들이 있다. 은퇴 이후에 삶을 어떻게 계획하고 있는가를 이야기하거나 하고 싶은 일이 있느냐를 물어보면 어김없이 등장하는 단어가 건물주다. 학생의 입에서도 건물주가 꿈이라는 말이 나온다. 오죽하면 "조물주 위에 건물주"라는 말이 있을까. 사실 세입자들에게 공간을 제공하며 비용을 받는 건물주는 시장에 없어서는 안 될 존재다. 여기서 문제 삼는 것은 특별한 노동 없이 놀고 먹으며 편안하게 사는 인간상을 가리켜 건물주라 지목하는 사람들의 머릿속 생각이다.

이런 사고방식에 일의 진정한 가치는 없다. 노동 그 자체를 목적으로 삼던 근대 자본주의 정신이나, 노동을 자본 증식의 수단 정도로만 여기는 현대 사회의 자본주의 정신이나, 일의 참된 의미를 상실하게 만드는 것은 매한가지다.

존재의 이유

교사도 로또에 당첨되면 교사생활을 관두고 건물 하나 사서 즐기면서 살겠다고 말한다. 누군가는 로또 당첨금만으로는 충분하지 않다며 교사 생활은 이어나가면서 월급과 로또 당첨금을 합해서 살겠다는 청사진을 마음속에 품는다. 이 말만 듣자면 교사를 하는 이유는 생계유지를 위한 노동이다. 교사의 존재 이유가 개인의 생계유지라면 교사가 처하는 경제적 여건에 따라서 학생을 가르치는 일은 언제나 하찮아질 수 있는 무가치한 일이 되어 버린다. 교육의 질도 담보할 수 없을 것이다.

학생들에게 장래희망에 대해서 물어보면 희망하는 바는 있는데 구체적인 동기가 취약한 경우가 많다. 실제로 나는 진로지도를 하면서 교사가 되고 싶은 학생에게 그 이유를 물어보았을 때 매우 당황한 적이 있다. 열 살 남짓했던 그 학생은 교사는 공무원이라 안정적인 직업이며 소득도 적당히 먹고 살 수 있는 정도는 된다고 알고 있다고 답했다. 학생의 부모가 교사였던 것 같다. 아이는 방학이 있다는 것도 교사라는 직업이 가진 큰 매력이라고 말했다. 반쯤 농담으로 가볍게 말한 것일 수 있지만 우리 사회가 처한 자본주의의 폐해를 보여주는 것 같아 안타까웠다. 아직은 모험심과 순수함을 간직하고 있어야 할 학생이 품은 꿈이라고 보기에는 자본주의의 때에 너무 일찍 물이 들어 있어서 당황스러웠다. 그나마 다른 사람을 가르치는 일이 재미가 있어서 교사가 되고 싶다는 건 괜찮은 답변이다.

학생들은 자신의 꿈을 자신이 속한 공동체 안에서 스스로 구체화할 필요가 있다. 꿈이 교사라면, 교사가 되느냐 되지 못하느냐의 문제보다는 오히려 어떤 교사가 되느냐의 관점에서 학생들은 고민을 이어 나가야 한다. 교사가 되는 일 자체는 어찌 보면 쉬운 일이다. 교대나 사범대 진학, 교사자격증 취득을 위한 공부만 열심히 하면 된다. 그런데 교육의 본질을 실현해 나가고, 스스로에게 인정받는 좋은 교사가 되는 일은 매우 어렵다. 교사로서 자신의 삶에 대한 진지한 성찰과 반성을 시도하고 자기 삶의 사회적 가치를 이해하고 추구하는 사람만이 좋은 교사가 될 수 있다.

이것은 꿈을 막 키워 나가는 학생만이 아니라 현재 교사의 삶을 살고 있는 사람들에게도 해당된다. 교사가 되겠다는 꿈은 이루었지만 이것이 끝이 아니다. 어떤 선생님이 되기를 갈망하고 있고 현재 나의 모습은 어떠한지에 대해서 끊임없이 물어야 한다. 나는 어떤 교사가 되고 싶은가? 질문이 어색하게 느껴질 때 교사로서의 삶에는 언제든지 자본주의의 망령이 깃들 수 있고, 교사라는 직업은 생계유지를 위한 노동 그 이상은 아무것도 아닌 일이 되고 말 것이다.

막스 베버

독일의 사회학자 막스 베버(1864~1920)는 시청 공무원의 아들로 태어났고 5살 때 그의 아버지는 국회의원이 되었다. 베버는 대학에서 철학, 역사학, 경제학을 공부한 뒤 재판소에서 일했고 1889년에 베를린 대학에서 박사학위를 받은 뒤 1892년 동대학에서 상법 및 로마법 강사로 강의와 연구를 시작했다. 그의 연구는 점차 경제학 연구에 기울어졌고 1897년부터 신경쇠약으로 투병했으나 5~6년 뒤부터는 다시 연구에 몰입했다. 1904년과 그 이듬해 두 차례 걸쳐 발표한 논문이 베버 사후에 출간된 3권의 논문집 가운데 1권의 가장 앞부분에 실렸는데 이 논문을 별도의 동명 도서로 출간한 것이 『프로테스탄트 윤리와 자본주의 정신』이다.

외톨이를 없애는 사랑의 기술

에리히 프롬, 『사랑의 기술』

"사랑은 수동적 감정이 아니라 활동이다."
E. Fromm

분리에 대한 불안

학생들은 매년 신학기가 되면 스트레스를 받는다. 새로운 교실, 담임 선생님, 친구에 대한 설렘과, 새 학급에 잘 적응할지에 대한 두려움을 함께 느낀다. 전학을 가게 된 학생도 막대한 심리적 고충에 시달린다. 이미 삼삼오오 집단을 형성하고 있는 다른 학생들 사이에 홀로 놓인다는 두려움과 끝내 융화되지 못할 것 같은 걱정에 사로잡힌다.

학생들의 이런 심리의 기저에는 분리되어 있는 실재로서의 자신에 대한 인식이 자리 잡고 있다. 에리히 프롬에 따르면 분리란 자신이 인간적 힘을 사용할 능력을 상실한 채 단절되어 있다는 것을 의미한다. 막 태어난 아기를 생각해 보자. 아기는 상황이 달라졌음에도 여전히 모체와 일체감을 느낀다. 그리고 일정 시기까지는 엄마와 떨어지지 않으려는 심리를 보인다. 엄마가 보이지 않으면 불안에 빠져 울음을 터뜨리기도 하고 엄마를 찾아 헤매기도 한다. 분리되지 않으려는 욕구는 인간의 원초적인 욕구 중 하나다.

소속의 욕구와 뒤틀린 친구관계

일반적으로 아이들은 초등학교에 들어서면서 고유한 개체로서의 개성이 발달하고 부모와 분리되기 시작한다. 고학년이 되어서도 과도하게 엄마를 찾거나 부모가 없으면 불안해하는 아이들은 흔히 '마마보이' 등으로 불린다. 부모와의 분리에 성공한 아이들은 학교라는 장소 안에서 또래 친구들과의 사이에서 분리 상태에 놓이지 않기 위해 신경을 쓰다가 문제적 상태를 발생시키기도 한다.

대표적인 예가 왕따 문제다. 왕따는 친구들로부터 분리되는 일종의 고독이자 무력감의 체험이다. 학생들은 교실 내에서 어떻게든 왕따가 되지 않기 위해서 저마다의 돌파구를 찾는다. 과거에 같은 반이었던 친구에게 다가가기도 하고, 자신의 장점을 은근슬쩍 노출하기도 한다. 이런 행동은 소속에 대한 열망에 따른 귀여운 도전 같아서 교사로서 보기에 좋다. 문제는 일정 시간이 지나 학급 내에 어느 정도의 또래 집단이 형성되고, 어느 곳에 소속되지 못한 아이들이 분리된 채로 남게 되면서 시작된다. 이후에 문을 두드려도 이미 결속된 집단은 완강하게 닫힌 문을 유지한다.

결국 분리된 학생들은 자존감의 상실을 경험하는데, 자존감보다도 더 내면 깊숙이 자리 잡고 있는 분리에 대한 불안감에서 탈피하기 위해 특정 집단에 복종하는 길을 선택하기도 한다. 힘 있는 학생의 강요가 없었음에도, 상대 집단이 그렇게 매력적이지 않음에도 불구하고 고립감으로부터 벗어나기 위해 강요를 요구하는 지경에 이르기도 한다. 사실 또래 집단 안에 자리 잡은 학생들도 표면적으로는 분리되지 않은 것에 대한 안도감을 갖고 있지만, 이것은 한편으로는 계속해서 자신도 집단에서 분리될 수 있다는 불안을 안고 지낸다는 것을 의미한다. 이런 집단 안에서 건강한 합일이 일어날 수가 없다. 실제로도 분리에 대한 불안으로부터 도피하기 위해 다른 친구를 분리로 내모는 일이 발생하기도 한다. 타인을 왕따로 내모는 아이는 사실 왕따로 내몰리는 아이에게 의존하는 형국인 셈이다.

대부분의 사람들은 사랑의 문제를 '사랑하는', 곧 사랑할 줄 아는 능력의 문제가 아니라 오히려 '사랑받는' 문제로 생각한다. 그들에게 사랑의 문제는 어떻게 하면 사랑받을 수 있는가, 어떻게 하면 사랑스러워지는가 하는 문제이다.

『사랑의 기술』, 에리히 프롬 저, 황문수 역(2019), 문예출판사, 14쪽.

196

미숙한 사랑

프롬은 성숙한 사랑만이 인간으로 하여금 고유의 개성을 유지하는 상태에서 타인과 합일될 수 있게 만든다고 말한다. 프롬은 『사랑의 기술』에서 사랑을 감정이 아니라 기술의 측면에서 이야기한다. 이것은 사랑이 능력 차원의 문제임을 의미하며 사랑을 제대로 하기 위해서는 사랑을 배워야 한다는 점을 일깨운다. 인간은 기본적으로 자연에서 분리된 존재이고 그로 인한 필연적 고독으로부터 탈피하기 위해 사랑이 필요하다.

프롬에 따르면 성숙한 사랑을 할 수 있는 사람은 사랑하는 대상에 대해 관심을 가지고 지켜보며, 보호하고, 존경하고, 그에 대한 지식을 갖고 있다.

학생들이 친구에게 복종하거나 친구를 복종시키도록 행위함으로써 하나의 집단 내에서 일종의 합일이 일어나지만 이것은 매우 수동적인 방식의 합일이다. 왜냐하면 이것은 친구를 잃을까 봐, 왕따가 될까 봐 어쩔 수 없이 선택한 행동이기 때문이다. 불안에 쫓겨서 선택한 행동은 수동적인 행위다.

> 충분한 지식을 얻을 수 있는 유일한 길은 사랑의 '행위'에 있다. 이 행위는 사상을 초월하고 언어를 초월한다. 사랑의 행위는 대담하게 합일의 경험으로 뛰어드는 것이다.
>
> 『사랑의 기술』, 에리히 프롬 저, 황문수 역(2019), 문예출판사, 54쪽.

왕따가 될까 봐 친구에게 과자를 사 주고, 왕따가 될까 봐 친구의 부탁을 들어주는 건 친구에 대한 진정한 사랑으로 볼 수 없다. 프롬의 표현을 빌리자면 이것은 매우 미숙한 형태의 사랑이다. 받는 것을 전제로 한 사랑은 진정한 사랑이 아니다. 자신의 고립을 피하기 위한 도구에 지나지 않는다. 사랑이란 받는 것을 전제하지 않은, 능동적 활동으로서 단지 주는 것이다. 사랑을 준 사람은 준 만큼 무언가를 잃은 게 아니다. 상대방에게 베푼 사랑만큼 오히려 기쁨을 얻는다.

교사의 사랑

교실에서 왜곡된 친구관계를 포착한 교사는 이를 해결하기 위해 다양한 교육적 방법을 시도한다. 대부분 문제가 간단하지 않다. 교사의 잘못된 개입이 문제 해결은커녕 관계를 더욱 악화시키고 교실 전체의 분위기에 악영향을 줄 수도 있다. 그래서 교실에서 왕따 문제의 기운이 느껴지면 교사들은 신중하게 접근한다. 신중한 접근에는 학생과 사태에 대한 완전한 이해를 도모하려는 교사의 의지와 정서적 태도로서의 겸손이 수반된다. 프롬은 우리가 겸손한 태도를 지닐 때 이성을 제대로 발휘할 수 있다고 보았다.

프롬은 수동적 사랑과 달리 능동적 성격의 사랑이라면 보호, 책임, 존중, 지식의 요소들을 포함해야 한다고 말했다. 사제관계에 대해 말해 보자면 일차적으로 학교에서 교사는 학생들을 보호하는 입장에 있다. 또래에 비해 약한 아이가 있다면 더 보호해 주고 싶은 마음이 들어야 하는데 민감한 교사에게 이는 학생에 대한 일종의 응답 능력, 즉 책임으로 느껴질 것이다. 그리고 사제관계는 존중에 바탕을 두어야 한다. 그렇지 않다면 학생에 대한 보호와 책임은 학생에 대한 소유로 전락해 버릴 수 있다. 쉽게 말해 교사가 학생을 가르칠 때 보호의식과 책임감에 의해서 학생에게 다양한 교육적 처방을 내린다 하더라도 교사의 마음속에 학생에 대한 존중이 결여되어 있다면 개별 학생이 가진 개성을 말살시키는 폭군일 뿐일 수 있다. 그리고 학생을 존중하기 위해서는 학생들을 알아야 한다.

> 우리는 지식을 가르치지만 인간의 발달에 가장 중요한 가르침, 곧 성숙하고 사랑할 줄 아는 사람이 있다는 것만으로 주어질 수 있는 충분한 가르침을 상실하고 있다.
> 「사랑의 기술」, 에리히 프롬 저, 황문수 역(2019), 문예출판사, 168쪽.

사랑이 꽃피는 교실

학생에 대해 무지한 상태에서도 학생들을 존중해야 하지만, 이 무지를 개선하지 않고 성실히 존중만 한다는 건 맹목적 태도의 한계를 고스란히 교실에 도입한다는 것을 의미한다. 이는 자기 자신에 대해서도 마찬가지다. 타인을 사랑하려면 타인을 알고 또 나를 알아야 한다. 하지만 우리가 나와 타인을 이해하기 위해서 그 존재에게 손을 내밀면 내밀수록 존재는 멀리 있음을 알게 된다. 우리의 인식만으로 나와 타인을 완벽하게 이해하는 건 불가능하다. 이와 관련하여 프롬은 우리의 사고에 의해 제시되는 지식에 의해서가 아니라 합일의 경험에 의해서만 타인을 완전하게 이해할 수 있다고 보았다. 여기서의 합일의 경험이란 다름 아닌 사랑이다. 사랑만이 지식에 이르는 단 하나의 길이다.

에리히 프롬

프로이트와 마르크스의 통합을 시도한 사회심리학자인 에리히 프롬(1900~1980)은 독일 유대인 가정에서 태어났다. 사회학과 심리학을 전공했고 1930년대에 프랑크푸르트 학파의 기반이 된 프랑크푸르트 사회연구소의 일원이었다. 히틀러가 집권하자 1930년대 초반에 미국으로 망명해 프로이트의 정신분석을 재해석하여 인간의 관계성 욕구를 강조한 인간주의적 정신분석을 제시했고, 사회연구소가 근거지를 스위스 제네바로 근거지를 옮겼으나 1939년에 연구원 자리에서 물러났다. 1941년에 『자유로부터의 도피』를 출판하여 미국에서 지도적 지식인으로 자리 잡았다. 1950년경 멕시코로 거처를 옮겨 멕시코 국립자치대학 교수로 취임하고 정신분석 연구소를 세웠다. 그때부터 70년 초반 스위스에 정착해 말년을 보내기 이전까지 멕시코와 미국을 오가며 강의하고 연구했다. 『사랑의 기술』은 1956년에 출간된 책이다.

소설을 읽히자

마사 누스바움, 『시적 정의』

"소설은 독자들로 하여금 등장인물과 관계를 맺고, 그들의 계획, 희망,
공포 등을 걱정하고 신경 쓰면서, 삶의 신비와 복잡한 일들을 풀고자 애쓰는
그들의 노력에 함께하도록 만든다."

M. Nussbaum

소설은 사치일까

"소설 읽을 시간에 영단어 하나 더 외워라." 자녀의 대학 입시에 신
경이 온통 곤두서있는 부모의 잔소리다. 입시지옥이라 불러도 과하
지 않은 우리 사회 분위기에서 입시 공부와 직접적인 관련성이 낮은
소설이라는 걸 읽는 행위는 수험생에게 사치로 여겨지곤 한다. 시험
이 정말 코앞인데 현재의 당면과제를 애써 외면하고 소설을 읽으며
시험공부를 미루고 있는 학생이라면 주변을 애태우고 있을 수 있겠
지만 사실 이런 학생들도 현실 감각이 아예 없는 경우는 많지 않다.

시험공부에 매진하기 위해 다른 일들을 모두 중단하는 그 시점에 대한 생각이 서로 다른 게 문제다. 정답은 없다. 시험마다, 개인마다 다르다. 그런데 보통, 학생보다 부모의 시점이 훨씬 빨리 찾아온다.

"중학교 가면 공부할 시간도 모자라다. 초등학교 때 책을 많이 읽어라."라는 말이 학부모들 사이에서는 전혀 어색하지 않다. 중학교 입학과 동시에 대학 입시 공부에 매진하기 시작해야 한다고 생각하는 부모들이 있다. 이들은 소설 읽기가 초등학교 단계에서 마무리 지어져야 하고 대학에 들어갈 때까지는 중단해야 하는 일처럼 경계하며 말한다.

소설의 쓸모

그러나 초등학생 때의 소설 읽기만으로는 턱없이 부족하다. 학생이 독서광이었을지라도 소설을 통해 자신과 타인을 이해하고, 다양한 삶을 이해하는 일이 초보적인 수준에 그칠 수밖에 없다. 이 부분은 선행학습이 가능한 영역이 아니다. 이들은 인지발달 수준에 비춰 볼 때, 인간의 복잡 미묘한 정서 구조를 이해하는 능력이 아직 초보적인 수준이기 때문이다. 초등학생, 중학생, 고등학생의 삶은 다르다. 어린 아이들의 눈일수록 대체로 배율이 낮은 현미경이며, 낮은 배율에 따라 파악할 수 있는 인물들의 내면과 세계도 한정되어 있다. 그래서 초등학생들이 읽는 동화 속 서사 구조는 비교적 단순하다. 등장인물의 수도 적을 뿐 아니라 등장인물들이 선과 악의 명확한 대비를 보여주며 성실, 정직, 생명존중 같은 하나의 덕을 주제로 이야기가 전개되는 경우가 많다.

작가는 독자를 예상하며 글을 쓴다. 동화 작가는 어린이의 일반적인 언어사용능력과 지적 수준을 고려한다. 어린이가 이해하기 어려운 인물 갈등이나 사회문제가 동화에 등장한다면 어린이들은 '저런 행동을 왜 하는 거지? 무슨 말을 하고 있는 거야?'라는 질문을 하다가 끝내는 작품 읽기를 포기하게 된다. 독자에게 선택받지 못한다면 다른 어디에선가 작품성을 인정받더라도 작가는 공허할 것이다. 그래서 '초등학생을 위한 고전소설', '초등학생을 위한 제인에어'처럼 어린이의 눈높이에 맞게 어휘나 인물의 성격, 심리, 미장센을 가공한 일종의 번역서가 나오기도 한다. 이런 책을 읽었다고 해서 원작을 읽은 셈 칠 수는 없다. 인물도, 갈등도, 때로는 주제도 다를 수 있다. 그러니 초등학교 때 소설들을 미리 읽히고 중고등학교 6년의 생활을 소설과 강제 이별시키겠다는 계획은 매우 어리석다.

좋은 소설 읽기를 성인이 될 때까지 연기해서는 안 된다. 배움에는 적절한 때가 있다. 청소년기는 자아정체성이 확립되는 시기다. 이때 어떤 경험을 하느냐에 따라 학생들의 삶의 지향점이 달라지기도 한다. 철학자 누스바움은 『시적 정의』에서 문학 작품을 읽는 행위가 인간의 감정 내지 내적 세계에 영향을 주는 차원을 넘어서 공적 사유와 관련을 맺을 수 있다고 강조했다. 독자는 문학 작품에 등장하는 다양한 인물들의 입장에 서 보고, 그들의 경험을 간접적으로 마주하면서 다양한 감정을 경험하고 상상력 또한 왕성해지기 때문이다.

문학적 상상력을 넘어 공적 상상력으로

일차적으로 소설은 독자와는 다른 삶을 살고 있는 타인을 이해할 기회를 제공한다. 우리는 소설을 읽음으로써 다른 인물들의 삶을 들여다보고, 그의 입장이 되어도 보고, 그의 감정에 동화되어 눈물을 흘리기도 한다.

> 주인공들의 고통과 고뇌가 독자와 작품 사이의 유대감을 형성하는 핵심 부분 중 하나이기에, 우리의 관심은 특히 고통받고 두려움에 떠는 인물들을 향한다. 어떠한 역경도 겪지 않은 인물은 우리의 관심을 그다지 끌지 못한다. 쉽게 풀리는 인생에는 극적인 것이 없기 때문이다. 이 비극적 감성은 독자에게 외부적 상황에 의해 고통받은 삶들에 대해 특별히 더 강한 동일시와 공감의 결함을 바탕으로 살펴보게 한다.
>
> 『시적 정의』, 마사 누스바움 저, 박용준 역(2015), 궁리, 194쪽.

우리가 사는 세계는 매우 높은 복잡성을 띤다. 우리 각자는 실제로 다양한 인간관계를 맺고 있으며 그 관계들은 여러 사람들 안에서 매우 복잡하게 얽혀 있고 이렇게 복잡한 인간관계를 가진 인간들이 서로 만나 또 다른 관계를 형성해 나간다. 관계는 절대 단편적이지 않다. 그렇기 때문에 사람 사이에서 벌어지는 갈등의 구조 역시 복잡할 수밖에 없다. 이해관계가 불분명해서, 혹은 너무 다양해서 갈등을 해결하지 못할 때도 있다. 갈등의 실타래를 실제로 푸는 일은 정서적 공감이나 호의만으로 가능한 일이 아니다. 자신과 느슨한 관계에 있는 타자에게는 무심할 수도 있다.

소설은 이렇게 간과할 수 있는 주변 인물들에 대한 이해도를 높여 준다. 타인의 삶이 어떤 것인지를 상상할 수 있도록 해 준다. 이에 대해 누스바움은 소설을 읽는 행위가 문학적 상상력 그 이상의 가치를 내포하고 있다고 말했다. 소설 읽기는 독자로 하여금 다른 사람의 처지를 이해하는 수준을 넘어, 시민들이 현실을 손수 구성해 나가는 데 필수적인 도덕적 능력을 배양하고 타당한 사회규범이 무엇인지를 고민하게 해줌으로써 우리 사회의 바람직한 사회이론 정립에 중요한 역할을 한다는 것이다. 누스바움에 따르면 소설 읽기에 개입되는 문학적 상상력은 공적 상상력으로 확장된다.

> 문학은 그 구조와 화법에 있어 정치경제학의 텍스트들 속에 담긴 세계관과는 양립할 수 없는 삶의 의미를 표현하며, 어떤 면에서는 합리성의 과학적 기준을 전복시키는 욕망과 상상력을 형성하는 데 기여한다.
>
> 『시적 정의』, 마사 누스바움 저, 박용준 역(2015), 궁리, 26쪽.

시민이 되기 위한 '소설 읽기'

누스바움은 소설이 우리 사회가 나아가야 할 정의에 대한 정답을 제시하지는 않지만 적어도 정의에 기초하여 바람직한 공동체를 건설하는 가교 역할은 충분히 한다고 보았다. 소설을 통해서 독자 자신만이 아니라 타인들도 복잡한 삶의 이야기를 갖고 있다는 것을 알게 된다. 소설을 통해서 삶의 다양성을 알고, 다양한 사람들의 삶을 경험해 본 시민이라면 사회제도를 정립하기 위한 논의가 서로의 차이에 대한 존중과 상호이해를 기반으로 진행해야 한다는 것을 안다. 혹시 지금 옆에서 소설을 읽고 있는 자녀나 학생이 있다면 그 아이는 결코 지금 자기 삶에 쓸데없는 시간 낭비를 하고 있는 것이 아니다. 놀고 있는 게 아니라 일어난 일과 일어날 법한 일들을 간접적으로 체험하고 있는 중이다. 타인의 삶을 이해하고 있는 중이며 어쩌면 인생에서 가장 중요한 공부를 하고 있는 순간일 수 있다.

> 소설은 이성을 무시하라는 주장을 하고 있는 것이 아니라, 창조적이면서 진실한 능력으로 여겨지는 공상에 의해 생명력을 얻은 이성을 활용하라고 이야기하는 것이다.
>
> 「시적 정의」, 마사 누스바움 저, 박용준 역(2015), 궁리, 105쪽.

학교는 학생들의 소설 읽기를 독려하고 소설을 제대로 읽는 법을 가르쳐야 한다. 학생들은 소설을 읽더라도 국어 교과서나 문제집에

삽입된 일부 텍스트를 읽거나 입시 대비를 위한 독해에 그치는 경우가 많다. 그러다 보면 소설 읽기는 분석적 읽기에 머문다. 한 편의 작품은 저자의 의도, 소설의 주제, 인물 간 주요 갈등 등을 빼곡하게 정리하는 식으로 소화될 뿐이다. 이는 소설을 공부하는 것이지 감상한 게 아니다. 교사는 소설을 읽힐 게 아니라 함께 읽어야 한다. 학생들이 이야기 속 인물들의 감정을 제대로 이해하도록 질문을 던질 수 있어야 한다. 표면적으로 드러난 인물의 행동 이면에 숨어 있는 심리 상태와 갈등 구조를 짐작해 보도록 안내하는 질문을 제시해야 한다. 그렇게 하면 학생의 소설 읽기는 훌륭한 시민으로 사회에 참여할 준비를 하는 성장활동이 될 것이다.

🎵 마사 누스바움

현대의 세계적으로 저명한 법철학자, 정치철학자, 고전학자, 여성학자인 마사 누스바움(1947~)은 변호사인 아버지와 인테리어 디자이너인 어머니 사이에서 태어났고 대학에서 연극학, 고전학, 철학을 공부한 뒤 고전철학으로 박사 학위를 받고 하버드 대학 등에서 철학과 고전학을 강의했다. 1986년부터 1993년까지 경제학자 아마르티아 센과 함께 유엔대학 부설 세계개발경제연구소에서 한 국가의 삶의 질을 평가하는 방법에 대한 공동연구를 진행했고, GNP 같은 소득 수준 중심의 주류 경제학 모델에 반대하며 건강, 교육, 정치적 권리, 민족-인종-젠더의 관계 등을 포함한 다층적 측정법으로 삶의 질을 평가하는 역량 중심의 새 모델을 창시했다. 1995년에 출간된 책 『시적 정의』는 이 연구의 성과가 큰 줄기를 형성하고 있는 책으로 다양한 문학 작품 분석을 기반으로 문학적 상상력과 공적 추론의 관계를 설명했다. 센과 누스바움의 새 모델은 유엔이 매년 발표하는 인간개발지수HDI의 토대가 되었다.

수업이라는 이름의 놀이

하위징아,『호모 루덴스』

"놀이는 자유로운 행위이며 자유 그 자체다."
J. Huizinga

노는데 월급이 들어온다

자신에게 맡겨진 일을 하는데 그것이 너무 신나서 일이 아니라 놀이처럼 느껴지는 경험을 해 본 적이 있는가? 사람마다 다르지만 입사 초기에 그런 경험을 몇 번 해 봤을지도 모르겠다. 일을 배우는 것도, 회사의 규율과 분위기를 익히는 것도 회사생활에 대한 기대만큼 재밌을 수 있다. 시간이 정신없이 흐르고 어느덧 한 달이 흘러 월급 명세서를 보면 내가 보낸 즐거운 시간이 놀이가 아니라 노동이었음을 새삼스레 느낀다. 반면 생각했던 것보다 일이 훨씬 재미가 없다는 걸

느낀 경우라면 자신의 적성에 맞지 않는 일이라 생각하며 일을 관둘지 말지를 고민한다. 자신의 일에서 재미를 전혀 느끼지 못하는 경우라면 일하는 내내 놀이와는 아주 거리가 먼 순수 노역으로 인한 괴로움에 시달리게 된다.

교사가 천직인 사람은 늘 학교에 놀러 다닌다. 그런 교사의 교실이 밖에서 보기에 특별한 모습인 건 아니다. 수업 장면이나 교사와 학생의 상호작용도 그다지 특이할 것 없다. 다들 비슷한 겉모습이지만 아주 즐거운 마음으로 교사 생활을 해 나가는 사람들이 있다. 처음 교정에 들어서면 긴장과 설렘 속에서 학교생활을 놀이처럼 느끼는 신선한 체험을 얼마 동안 하게 된다. 수업 시간에 학생들에게 진지하게 교과내용을 설명할 때도, 쉬는 시간에 담소를 나눌 때도, 급식 시간에 밥을 먹는 일도 모두 재밌는 놀이와 같다. 하지만 시간이 지나면 그 놀이는 재미가 없어지고 의무처럼 해야 하는 일이 되고 만다. 심지어 체육 시간에 학생들과 게임 활동을 하는 순간에도 그 게임은 단지 일의 일부가 되어 버린다. 이때부터 교사의 행위는 놀이에서 일로 바뀐다.

즐거운 교사

놀러 다니는 교사에게 학교는 놀이터다. 물론 노는 행위란 교사의 철저한 의도 속에서 진행되는 교육활동을 의미한다. 아무리 즐거운 교사라도 학교에 출근하는 마음가짐과 휴일에 아무 생각 없이 차를 끌고 무작정 드라이브를 나설 때의 마음가짐은 완전히 다르다. 기본적으로 교육과정이 운영되는 장소인 학교에서 성실하게 업무를 수행하되 얼마나 자율적으로 업무를 하고 그 자체에서 즐거움을 느끼고 있는지가 중요하다는 말이다.

교사가 즐거워야 학생들도 즐거울 수 있다. 교사와 학생이 하루 내내 가르치고 배우는 즐거움 속에서 지낸다면 모두에게 학교는 오고 싶은 공간이 된다. 이런 바람직한 상호작용을 어렵게 만드는 균열은 교사와 학생 양쪽 어느 편에서든 일어난다. 어떤 교사는 수업에 들어가기 싫은데 '이제 한 시간만 버티면 되는구나!' 생각하며 꾹꾹 참고 교실로 일하러 들어간다. 그에게 수업은 단지 일로서 급여에 상응하는 공식적 업무 이상이 아니다. 단지 일일 뿐이다. 수업에서 학생들이 아무리 배움이라는 놀이에 들뜬 상태로 의자에 앉아 있어도 교사가 무미건조한 모습을 연출하면 아이들의 즐거움은 크게 한풀 꺾이고 만다. 한편 학생이 영 재미를 느끼지 못하고 그저 참아 내는 수업도 있다. 학생 역시 출석과 진급을 위해서 감내하는 일로서 수업을 대하게 된다. 교사가 아무리 즐거운 마음으로 수업을 해도 학생은 즐겁지 않을 수 있다. "수업 재미 없어요."라고 학생들이 투정 부리듯 말할 때 교사는 본인만큼은 즐거웠을수록 상처를 피할 길이 없는데 민망한 마음에 그만 "수업이 놀이야? 재미로 하게?" 같은 말을 뱉고 만다. 수업이 놀이는 아니지만 수업은 놀이가 되어야 한다.

수업이라는 놀이

재미와 더불어 놀이의 성격을 규정짓는 다양한 요소를 분석한 철학자가 하위징아다. 그는 『호모 루덴스』에서 놀이의 본질과 의미를 몇 가지 차원에서 규명하면서 인류에게 놀이정신이 없었다면 지금과 같은 문명은 꽃피지 못했을 것이라고 말했다. 그가 이야기한 놀이의 본질은 교실 수업에 시사점을 준다. 하위징아에 따르면 놀이는 특정 시간과 공간 내에서 벌어지는 자발적인 행동이어야 한다. 그가 말하는 놀이란 의무적으로 수행하는 것이 아니라 순수하게 자발적으로 자유로운 시간에 자신의 일상에서 떨어져 나와 일시적인 시간과 공간의 행위 영역 속으로 들어가는 것이다.

또한 하위징아는 놀이의 특징으로 자발성을 말했다. 놀더라도 누가 시켜서 하는 놀이라면 그것은 놀이일 수 없다. 집에서도 형에게 동생과 놀아 주라고 할 때 형은 놀이에 참여하는 것이 아니라 부모의 지시에 의해서 동생과 놀아 주는 일에 참여하는 것이다. 그 일의 대가로 형은 부모에게서 용돈을 더 받거나 원하는 무엇인가를 얻어 내는 모종의 거래가 가능해진다. 놀이는 그 자체에 목적이 있어야 한다. 그러니 한편으로는 원치 않을 때 언제든 놀이를 그만둘 수 있어야 한다.

놀이의 필요라고 하는 것은 그 놀이를 즐기고자 하는 욕망에 정
비례한다. 놀이는 언제라도 연기되거나 정지될 수 있다. 육체적
필요나 도덕적 의무에 의해서 부과되는 것이 아니다. 그것은 결
코 의무적으로 수행해야 하는 일이 아니다.

「호모 루덴스」, 하위징아 저, 이종인 역(2020), 연암서가, 44쪽.

이 점에서 수업은 놀이와 차별화된다. 수업은 원하지 않을 때 멈출
수 있는 것이 아니다. 수업의 시간 규칙은 놀이에서의 규칙처럼 엄격
하게 적용된다. 수업 시간 40~50분, 쉬는 시간 10분의 리듬은 초등
학교에 들어와서 고등학교를 졸업할 때까지 벗어날 수 없다. 공식적
인 교육기관으로서 학교는 일정한 규범 속에서 교육과정을 운영할
수밖에 없지만 수업 시간과 쉬는 시간의 엄격한 구분이 학생들에게
놀이와 수업을 이분법적으로 생각하게 만드는 기제가 된다. 놀 때 놀
고 공부할 때 공부하라는 말은 지극히 상식적인 말처럼 들린다. 하지
만 노는 것도 공부하는 것도 모두 놀이가 되면 안 되는 이유가 있을
까? 교사는 종종 수업 종료를 알리는 종이 울릴 때 아쉬움을 표출하
는 학생을 만나게 된다. 학생들은 자신들이 참여하고 있던 교실수업
이라는 시공간 안에 계속 머물고 싶은데 약속된 종소리가 그것을 방
해한 것이다. 학생들의 아쉬움은 전적으로 수업에서 느낀 재미에서
기인한 것이다. 중고등학교라면 동일 교과 선생님과 수업이라는 놀
이로 다시 들어가는 데 길게는 일주일을 기다려야 한다. 반대로 따분
하고 재미없는 선생님의 수업이라면 학생들의 마음은 이미 쉬는 시

간에 가 있고 수업시간은 엄청 느리게 흘러간다. 이를 인지하지 못하고 교사 혼자만 수업을 놀이처럼 즐거워한다면 그것만큼 학생에게 고통스러운 수업도 없을 것이다.

학생 참여 수업

요즈음 교육계에서는 수업에서 학생의 참여를 강조한다. 수업 시간에 교실에 앉아 있다고 수업에 참여하고 있는 건 아니다. 어떤 학생은 수업에 전혀 집중하지 못하고 다른 생각을 한다. 또 어떤 학생은 수업에 참여하고 있는 척하기도 한다. 이유야 다르겠지만, 교사는 이런 아이들도 수업에 참여하도록 도와야 한다. 수업에 재미를 느끼게 함으로써 일체의 잡념이나 고민을 잠시 접어 두고 수업이라는 놀이에 풍덩 빠지게 만들어야 한다.

경기장, 카드 테이블, 마법의 동그라미, 사원, 무대, 스크린, 테니스 코드, 법정 등은 그 형태와 기능에 있어서 모두 놀이터이다. 다시 말해 금지되어 격리된 장소, 특정한 규칙이 지배하는 울타리 쳐진 신성한 장소이다. 이런 놀이터는 일상생활의 세계 속에 자리 잡은 일시적 세계이고, 별도로 정해진 행위의 실천에 혼신의 힘을 기울이는 공간이다.

「호모 루덴스」, 하위징아 저, 이종인 역(2020), 연암서가, 47쪽.

흔히 교사가 수업을 설계할 때 동기유발이라고 하는 단계가 여기에 해당한다. 공식적인 수업에 들어왔지만 학생이 선생님과 동료 친구들과 함께 놀이터에 있다고 느낀다면 그 이후의 수업 활동은 학생의 자발적인 참여 속에서 진행되기 때문에 성공할 가능성이 크다. 물론 재미만 있고 학습 내용에 대한 성취가 없다면 교사의 수업설계가 잘못된 것이다. 교사는 수업을 통해서 달성시키고자 하는 차시 목표를 분명히 인식하고 수업 내내 그것을 잊지 말아야 한다. 놀이만 남고 학습은 없는 사태를 방지하는 것이 수업 '놀이'에서 교사가 해야 할 역할이다.

🔓 하위징아

놀이와 문화의 관계를 처음 이론적으로 설명하여 문화적 놀이 이론의 선구자로 꼽히는 네덜란드의 역사학자 하위징아(1872~1945)는 생리학 교수였던 아버지 아래에서 성장했고 대학에서 비교언어학, 역사, 문예사를 공부했다. 대학에서 역사학 교수로 강의하기 시작했으며 1915년 라이든 대학에 자리를 잡고 1940년 나치 독일에 의해 학교가 폐쇄되고 강제 수용소에 억류되기 전까지 35년여를 예술사, 문화사 연구에 몰두했다. 이 기간에 그의 역작들을 출간했는데 그를 20세기 최고의 문학사가로 인정받게 한 『중세의 가을』은 1919년에 출간하여 르네상스 시기에 선명하게 드러난 중세의 특징적 생활형식과 정신형식의 특징과 문제점을 짚었다. 1938년에는 『호모 루덴스』를 출간하여 문화가 유희의 상위 개념이 아니라 유희는 유희 속에서 유희로서 발달하는 것이며 놀이 속에서 문화가 발달했음을 이야기했고 인간을 놀이하는 인간으로 규정하며 '호모 루덴스' 개념을 제창했다.

잃어버린 몸을 찾아서

메를로 퐁티, 『지각의 현상학』

"몸은 의식의 기반이 아니다. 의식과 동등한 우리의 언어다."
M. Merleau-Ponty

전통적인 수업

학교 복도의 한쪽 끝에 서서 반대쪽을 향해 천천히 걷는다고 상상해 보자. 오른편에는 교실들이 3학년 1반부터 차례로 보인다. 한 사람의 목소리가 들려 온다. 열의에 찬 적당한 어조의 목소리. 정확한 발음을 구사하려고 노력하는 것 같은 느낌이다. 창문으로 목소리의 주인공이 보인다. 예상대로 선생님 한 명이 빼곡히 적힌 칠판 앞에서 학생들을 향해 열심히 무엇인가를 설명하고 있다. 어림잡아 20명이 넘는 학생들이 일제히 선생님을 바라보고 있고 드문드문 공책 필기를 하는 학생들이 있다. 걸음을 옮겨 다음 교실을 본다. 비슷한 장면이다.

　이 같은 모습은 우리나라의 과거 제도교육에서 지극히 일반적이었던 일제식 수업의 전형이다. 현재도 크게 다르지 않다. 중고등학교에 가면 이러한 수업 광경이 일반적이다. 교실마다 약간 차이가 있지만 교사가 지식을 전달하고 학생은 이해하는 방식의 수업 형태는 공통적이다. 교사들 중에도 수업의 전형을 이렇게 인식하고 있는 사람들이 많다. 교과서에 담긴 지식을 얼마나 효율적·효과적으로 잘 전달하느냐가 교사의 실력이며, 얼마나 학생들이 그 지식을 잘 받아들이느냐가 수업의 성공 여부를 판가름하는 척도라고 생각하는 것이 우리 교육계의 오랜 관행이다.

객관화된 지식, 죽은 지식

교사가 가르쳐야 할 지식은 표면적으로는 교육과정이라는 문서에 담겨 있다. 교과서에 담긴 텍스트들은 학자들에 의해 세부 교과로 분절되고 대상화·객관화 과정을 거친 지식이다. 모든 교과의 내용은 각 교과 관련 연구자들이 일련의 사물이나 상황을 과학적으로 분석한 내용을 토대로 개념화하고 기술한 내용으로 채워진다. 사물은 대상화되고 학자들이나 교과 이론가들에 의해서 데이터화된다. 이러한 것을 지식으로 삼아 공부하는 데서 철학적 문제가 발생한다. 우리가 경험할 수 있는 것들이 제거된 채로 교과서에 실리게 되기 때문이다. 교과서에 제시된 한 편의 이야기 속 주인공이 사물을 지각한 경험을 최대한 사실적으로 묘사한다 하더라도 그것은 앞서 말한 문제를 벗어나려는 시도에 그칠 뿐 경험을 완벽히 재현해 낼 수 없다. 또한 사람마다 지각이 다르기 때문에 학생들은 특정 지식을 공부하면서 서로 다른 경험을 갖게 된다. 의식의 영역에서는 똑같은 지적 이해를 한다고 가정하더라도 몸의 영역에서 일어나는 체험은 사람마다 다를 수 있다. 이를 감안하지 못한 채 지식을 가르치면 학교는 학생들에게 죽은 지식을 가르치는 실수를 저지르게 된다.

메를로 퐁티의 지각

오늘날 많은 사람들은 사물을 대상화하여 이해하는 데 너무 익숙해져 있다. 객관화된 정보를 더 많이 알고 있는 사람이 똑똑하다는 말을 듣는 시대다. 개인의 감각적 경험이 도외시되고 무미건조하게 정제된 지식을 습득하는 데 익숙하다. 이런 삶과 지식의 한계, 이런 교육 방식의 한계를 마주하며, 메를로 퐁티와 만나 보자.

　메를로 퐁티는 현상학의 창시자인 후설의 영향을 받은 철학자로서 지각과 행동을 자극의 물리적 특성에서 인과적으로 설명하는 경험주의 심리학과 생리학을 철저히 비판했다. 그는 세계를 과학적 대상,

인식의 대상으로 본 데카르트의 기계적 세계관을 배척했다. 모든 과학적인 이론이나 논리에 앞서는 선험적 세계가 존재한다고 보고 후설처럼 이른바 생활세계 내에서 자신의 이론을 전개했다. 그의 철학에서는 정신에 비해 상대적으로 서양의 전통철학이 경시해 왔던 몸을 중요하게 다룬다. 지각은 단순히 감각기관이나 두뇌의 활동이 아니다. 총체적인 몸의 활동이다. 지각의 주체는 정신이 아니라 몸이다.

> 심장이 유기체 안에 있는 것처럼 고유한 신체는 세계 안에 있다. 그것은 시각적 광경을 살아 있게 계속적으로 유지하고 생명을 불어넣으며, 내적으로 풍부하게 하고 그것과 더불어 하나의 체계를 형성한다.
>
> 『지각의 현상학』, 메를로 퐁티 저, 류의근 역(2002), 문학과지성사, 311쪽.

우리의 몸은 대상과 다르다. 몸은 우리가 대상화하기 이전에 이미 전제되어 있다. 지각은 몸이 하는 일이며 사고와는 다르다. 우리의 경험 세계는 객관적 사고로는 설명될 수 없는 영역이 존재한다. 그렇기 때문에 우리가 어떤 대상을 지각할 때, 그 경험 정보는 우리가 발을 딛고 있는 '지금 여기'의 문화와 역사에 따라 다르게 받아들여진다. 나의 의식적 지각에는 육체가 가진 자연적 능력이나 개인적인 나의 역사가 전제되어 있다. 그런데 이러한 경험 세계가 인간의 과학적 사유에 제압되어 버렸다는 것이 메를로 퐁티의 진단이다. 인간으로서 경험하는 세계에 대한 지평과 조망을 망각한 채 몸을 하나의 객관적 사고의 대상으로만 보는 것은 바람직하지 않다.

생동감 있는 경험
....

하지만 여전히 학교에서는 다분히 객관화된 지식을 가르치고 있는
상황이며, 객관화된 지식의 전달에 국한된 교육의 문제를 인식조차
하지 못하는 교사들도 있다. 예를 들어 기상 현상으로서의 눈을 주제
로 수업을 한다고 할 때, 눈의 개념과 생성원리가 학교에서 가르쳐야
할 지식의 차원이 된다. 눈에 대한 사전적 정의는 "대기 중의 수증기
가 찬 기운을 만나 얼어서 땅 위로 떨어지는 얼음의 결정체"다. 학생
들에게 이것을 이해시키기 위해 진행되는 실험실의 수업은 물의 어
는점, 수증기가 결정을 이루는 조건 등에 대한 모형 실험으로 진행된
다. 그리고 실험을 통해 확인한 지식을 선생님의 설명으로든 학생의
발표로든 한 번 더 정리하며 수업은 종료된다. 이러한 배움에 익숙해
지면 지식의 습득에 있어서 몸의 영향력은 축소될 수밖에 없다.

우리는 우리의 신체를 감각하는 법을 다시 배웠고 신체에 대한
객관적이고 분리된 지식 아래에서 바로 그 신체에 대해 그와는
다른 지식을 다시 발견했다. 이것은 신체가 언제나 우리와 함께
있다는 것 때문이고, 우리가 신체라는 것 때문이다. 동일한 방
식으로, 우리가 우리의 신체에 의해서 세계에 존재하는 한, 우

리의 신체로 세계를 지각하는 한, 세계의 경험을 세계가 우리에게 나타나는 대로 소생시키는 것이 필요할 것이다.

『지각의 현상학』, 메를로 퐁티 저, 류의근 역(2002), 문학과지성사, 316쪽.

어떤 교사는 동기유발을 위해 "여러분은 눈 하면 생각나는 것이 있나요? 눈과 관련하여 기억에 남는 경험이 있나요?" 같은 질문을 던지고 학생들이 경험을 공유하게 함으로써 주의환기를 시도할 수 있다. 이 질문의 근본 취지는 무엇인가? 눈의 개념과 생성원리를 과학적으로 이해하기 위한 수업의 참여도와 주의집중을 높이려는 의도적 질문에 불과한가? 질문은 학생이 눈에 대한 지식을 구성하는 데 필수적 장치로서 역할을 해야 한다. 학생들이 몸으로 체험한 주관적 경험을 무시하고 눈을 대상화하여 지도한다면 메를로 퐁티의 시각으로는 학생들이 눈의 총체성을 경험하지 못하고 단면만 이해하는 데 그치는 것이다. 몸이야말로 교육적 경험의 장이며 주체이다.

밖으로 나가자

눈이 오는 날, 아이들과 운동장으로 나가자. 아이들과 함께 눈을 굴리며 눈사람을 만들고, 편을 나누어 눈싸움도 하자. 소복이 쌓인 눈 위를 걸으며 서로의 발자국에 대해 이야기도 나눠 보자. 정신없이 눈을 경험하다 어느 순간 참지 못할 정도로 밀려오는 차가운 느낌에 한 없이 입김을 불어 대며 손을 녹이는 아이, 눈싸움하며 도망치다 미끄러져 넘어진 아이, 이튿날 학교에 왔을 때 녹아 있는 눈사람에 실망하는 아이, 이 모든 것은 아이들의 소중한 경험이며 눈에 대한 지식을 구성하는 데 빠지지 않는 생동감 넘치는 요소가 된다. 실제로 우리의 일생에서 지구의 공전에 대한 이론화된 지식을 아는 것보다도 매년 사계절의 변화를 몸으로 만끽하는 것이 삶의 질을 훨씬 풍요롭게 해 주지 않는가.

🎲 메를로 퐁티

후설로부터 많은 영향을 받았으나 신체 행위와 지각을 중심으로 독자적 현상학적 철학을 전개한 프랑스의 현상학자 메를로 퐁티(1908~1961)는 파리의 고등사범학교에서 철학을 공부했다. 메를로 퐁티는 행동주의, 게슈탈트 이론, 정신분석학 등을 받아들였으며, 이러한 학문의 중심에 지각과 지각적 행동이 놓여 있다는 사실에 천착하여 지각의 본성에 대해 탐구했다. 1931년에 철학 교수 자격을 취득하고 고등사범학교에서 학생들을 가르치다가 2차 세계대전에 육군 장교로 종군한 뒤 1945년 리옹 대학에서 철학 교수직을 시작했다. 『지각의 현상학』은 그가 대학 교수직을 시작한 1945년에 출간된 책이다. 책에서 그는 기존의 서양철학이 지성 중심의 사유를 강조하면서 몸의 중요성을 간과했음을 비판했으며 몸은 단지 정신에 종속되어 기능하는 것이 아니라 몸이야말로 세계의 의미를 파악하는 모든 체험의 근원임을 강조했다. 그는 '살chair'이라는 개념을 사용하는데, 우리는 몸을 통해서 대상을 보기도 하고 만지기도 하지만 그 순간 동시에 우리는 대상에게 보여지고 만져지기도 한다. 1961년 심장마비로 갑자기 사망하기 전까지 그는 대학에서 철학을 가르치고 이론을 발전시키며 정치 등 다방면에서 활동했다.

청소년 자살은
아이의 책임이 아니다

뒤르켐, 『자살론』

"교육은 사람이 건강할 때만 건강할 수 있다.
사람들이 병들면 교육도 병들며, 교육은 스스로를 바꿀 수 없다."
E. Durkheim

학생 보호와 사회적 책임

우리 사회는 청소년을 보호하기 위해서 다양한 제도적 장치를 마련
해 두고 있다. 특히 법은 청소년들이 안정적으로 학교생활에 참여함
으로써 건강하고 성숙한 시민으로 성장하도록 지원한다. 청소년을
24세 이하로 규정한 청소년 기본법과 달리 청소년 보호법에서는 19
세 미만인 사람을 청소년으로 본다. 우리나라 학제를 기준으로 따져
보면 한 학생이 휴학을 하지 않고 고등학교를 졸업하고 난 뒤 곧 도
달하는 나이가 바로 만 19세다. 결국 학생들은 학교를 다니는 동안

청소년으로서 별도의 법적 보호를 받는다는 의미다. 사회는 어른이 되기 전까지 학생들을 유해한 환경으로부터 보호하고 건전한 인격체로 성장하도록 도울 책임이 있다. 이런 책임의 일환으로서 청소년 보호법을 통해 청소년의 정신적·신체적 건강을 해칠 우려가 있는 부분들을 규제하는 것은 바람직한 일이다.

학생들이 가정이나 학교에서 정상적인 생활하기 힘들 정도로 심각한 어려움을 겪는 경우가 있다. 학생이 처한 힘든 상황의 일차적 원인이 학생 개인에게 있는 경우에도 우리는 그것이 개인의 문제라는 이유로 방관해서는 안 된다. 설사 순전히 학생의 잘못으로 발생한 일이더라도 마찬가지다. 주변의 어른들은 문제 상황을 봉합하고 학생이 자신의 본분으로 돌아가 바람직한 성인으로 성장하는 그 준비 과정을 착실하게 이행할 수 있도록 도와야 한다. 이런 맥락에서 우리 사회에서는 학교에서 벌어지는 폭력을 '학교폭력'이라 부르며 학교폭력예방 및 대책에 관한 법률을 시행하고 있고 학업중단 위기 학생에게 일정 기간의 숙려 기회를 부여하고 학교 부적응 학생에게 상담이나 멘토링, 체험활동 프로그램을 지원하고 있다.

청소년 자살

어른들과 사회의 노력에도 불구하고 우리나라 학생들의 행복지수는 매우 낮은 편이다. OECD 국가 중 청소년의 행복지수가 매우 낮다는 사실은 어제오늘의 일이 아니다. 2019년 한국방정환재단과 연세대 사회발전연구소의 공동 연구 결과에 따르면 우리나라 어린이와 청소년의 행복지수는 OECD 22개국 가운에 20위다. 자살 충동을 느끼는 학생들도 많으며 실제로 청소년 사망의 원인 중 첫 번째 또한 자살이다. 학생들이 자살 충동을 느끼는 원인은 가정에서는 가족 간의 갈등, 경제적 곤란 등이고, 학교에서는 친구 관계에 대한 스트레스, 성적에 대한 스트레스가 있다. 이런 요소들은 학생들이 우울증을 경험하게 하며 삶에 대한 긍정적인 자세보다는 허무주의에 빠지도록 만든다. 자살이라는 극단적인 선택을 하는 경우도 발생한다.

자살은 의식적으로 자기 신체의 죽음을 초래하는 행위로서 자살하는 사람 본인이 죽음이라는 결과를 알면서도 행함으로써 맞게 되는 사건일 때 붙는 표현이다. 자살의 개념에만 주목하면 자살을 개인적인 문제로 여기기 쉽다. 그러나 최종적인 선택은 개인에 의한 것이어도 그 사람을 선택까지 몰고 간 원인은 결코 개인적이라 말할 수 없다. 우울증이나 학업 스트레스로 자살한 학생이 있다면 그를 죽게 만든 것은 그 학생이 겪은 우울증이나 학업 스트레스 자체이며, 더 근본적으로 우울증을 겪게 만든 외적 요인들이다. 모든 자살은 사회적이다.

자살을 개인적인 사건 차원에서만 규정하던 시각에서 벗어나 사회적인 현상으로 기술하고 있는 책이 있다. 뒤르켐의 『자살론』이다. 뒤르켐은 자살에 관한 방대한 양의 통계 자료를 분석하여 자살률과 여러 사회적인 조건 간의 상관관계를 밝혀냈다.

사회적 자살

뒤르켐은 자살의 원인을 사회의 성격에서 찾았다. 그가 보기에 개인의 생물학적 특성과 자살의 관계는 불명확한 반면, 개인이 놓여 있는 사회적 환경과 자살과의 관계는 직접적이며 일정했다. 뒤르켐은 그가 살던 당시 유럽 국가들의 자살률을 분석한 결과, 각 국가별 자살률 추이에 변화가 크게 일어나지 않는다는 점에 주목하며 각 사회가 갖고 있는 독특한 특성과 성향 등에 따라 자살률이 다르다고 했다.

> 자살률은 한 사회 안에서는 매년 작은 변화만을 보이지만 서로 다른 사회끼리는 두 배, 세 배, 네 배, 심지어는 그 이상까지도 차이를 보인다. 따라서 자살률은 사망률보다 각 사회 집단의 특성을 훨씬 더 잘 나타내는 지표로 생각할 수 있을 정도로 고유한 것이다.
>
> 『자살론』, 뒤르켐 저, 황보종우 역(2019), 청아출판사, 31쪽.

뒤르켐의 이론에 비춰 보자면, 다른 나라에 비해 우리나라가 청소년 자살률 1위라는 오명을 씻지 못하는 것은 우리 사회의 독특한 사회구조와 문화 때문이다. 우리나라는 어렸을 때부터 부모의 높은 관심과 사회적 분위기에 이끌려 맹목적인 공부를 하는 학생이 많다. 부모님의 기대와 경쟁 중심의 입시제도 속에서 좋은 성적을 받아야 좋은 대학에 진학할 수 있고 그래야만 행복해진다는 막연한 신념을 지닌 채 참고 인내하며 공부를 하는 일은 스트레스로 이어지지 않을 수 없다. 공부 때문만도 아니다. 세상은 점점 맞벌이를 해야만 어느 정도의 경제적 삶의 질을 보장받을 수 있는 사회로 나아가고 있고 가족은 점차 해체되어 핵가족 비율이 높아지고 있다. 부모가 일을 나가면서 어린아이들은 놀아야 할 때 놀지 못하고 늦은 시간까지 학교에 남거나 여기저기 학원을 맴돈다. 가족의 품에서 심리적 안정감을 느끼며 하루를 정리해도 모자를 판에 쉼 없이 바쁜 일정을 소화한다. 한국의 초등학교에는 돌봄교실이 들어와 맞벌이 가정의 자녀들을 돌보는 지경에 이르렀다. 가족과 함께 있는 시간은 줄고 경쟁 속에서 정서는 메말라 가니 일탈행동이 이어지는 건 이상한 일이 아니다.

좋은 사회 건설은 성인의 책무

불안한 상황에 처해 있는 학생이 많다. 이들의 불안은 내적 요인에 의한 것이 아니라 환경적인 요인들에 의해서 발생한 경우가 대부분이다. 학생을 둘러싸고 있는 주위 환경을 좋게 만들어야 한다. 외로

226

움을 느끼게 되는 환경, 성적 향상에 시달려야 하는 환경, 차별 의식을 느끼게 되는 환경을 개선해야 한다. 나쁜 환경의 변화 없이는 학생들의 고통도 지속될 것이다. 온갖 스트레스를 겪고 있는 학생들에게 필요한 것은 스트레스에 무감하게 해 주는 처방약이 아니라 스트레스를 겪지 않을 환경을 만들어 주는 일이다. 학업중단 숙려제가 필요한 것이 아니라 학업중단의 필요를 느낄 상황 자체가 없는 사회가 되어야 한다.

> 자살률을 좌우하는 사회적 조건만이 변화될 수 있는 유일한 조건이다. 사회가 변하지 않는 한 자살률이 일정하게 유지되는 것은 바로 그런 이유에서다.
>
> 『자살론』, 뒤르켐 저, 황보종우 역(2019), 청아출판사, 425쪽.

자살 경향이 집단의 정신 상태에 근거하므로 집단에 따라 다를 수밖에 없고 각 집단의 자살 경향은 오랜 기간 일정하다는 뒤르켐의 진단이 꼭 절망적인 것만은 아니다. 한편으로 자살률은 우리 공동체 구성원들이 어떤 공동의식을 갖고 어떤 가치를 지향하느냐에 따라 변화될 수 있음을 의미하기 때문이다. 사회가 변하기 위해서는 우리의 의식 개선이 선행되어야 한다.

학교에서 성적 지상주의와 입시 경쟁에 매몰된 채 주입식 교육을 받으며 살아가는 대한민국의 학생들의 모습에 어른들의 모습이 오버랩된다. 지나친 경쟁, 성과주의, 사회적 차별, 양극화에서 오는 상대적 박탈감에 시달리며 상상 속의 주류로부터 멀찍이 떨어진 듯한 자신의 위치에 고립감을 느끼는 어른들의 심리적 압박과 학생들의 그것은 다른 게 아니다. 냉엄한 사회 현실에 적응해 나가야 하는 학생들의 상황이 슬프다. 이러한 슬픈 현실에 적응할 수 있는 힘과 경쟁력을 키워 주는 어른이 될 것인가? 아니면 학생들의 우울증과 스트레스를 유발하는 기제들을 박멸하는 어른이 될 것인가? 선택과 변화는 지금 현재를 살아가고 있는 우리 어른들의 몫이다.

뒤르켐

프랑스의 사회학자로 뒤르켐학파를 형성하고 이끈 근대 사회학의 거장 뒤르켐(1858~1917)은 랍비의 아들로 유대교 집안에서 태어났고 십 대 시절에 무신론자가 되었다. 파리 고등사범학교를 졸업하고 1887년부터 보르도대학 철학과에서 강의했고 1896년에 정교수가 되었다. 그로부터 1년 뒤인 1897년에 『자살론』의 출간을 통해서 자살을 이기적, 이타적, 아노미적, 숙명적 자살의 네 가지로 구분하고 자살 자체를 엄연한 사회 현상으로 입증했으며, 1년 뒤인 1898년에는 뒤르켐학파라 불리는 거대한 사회학 학파를 형성되게 한 명저 『사회학연보(사회사상사)』를 출간했다. 그의 사상은 오늘날 사회학뿐만 아니라 교육학에도 여전히 영향력을 발휘하고 있는데, 특히 개인의 도덕성 형성과 관련하여 '도덕 사회화'라는 개념은 뒤르켐에게 빚지고 있는 개념이다. 그는 학교교육의 역할이 일차적으로 학생들이 사회의 보편적 가치를 학습하도록 돕는 데 있다고 주장했다. 뒤르켐은 사회의 규범을 내면화하는 것을 도덕적 사회화라고 불렀다.

학교 공간의 의미와 평가의 본질

푸코, 『감시와 처벌』

> "평가는 권력 행사의 일정한 형태와 지식 형성의
> 일정한 형식을 연결 짓는 구조를 갖는다."
> M. Foucault

규율과 질서

어느 공동체나 어느 정도의 규율은 공동체의 안정을 위해 필요하다. 사회규범은 서로 다른 성향과 환경에서 자란 구성원이 함께 어울려 살아가면서 불필요한 마찰을 줄이기 위한 최소한의 약속이다. 여기에는 오랜 시간에 걸쳐 자연스럽게 굳어져 버린 관습이 있는가 하면 사회적 필요에 의해 인위적 합의를 거쳐 제정된 법도 있다. 법에 의하자면 특정 행동의 이행 혹은 불이행에 대해 처벌을 받을 수 있다. 관습을 어겼을 때에도 직접적인 처벌은 아니지만 공동체로부터 사회적 비난을 받는다. 인간이란 혼자 살 수 없고, 타자의 시선에 늘 노출된 존재인 이상 사회규범으로부터 무한정 자유로울 수 없다. 규범은 사회 유지를 위해서 필요하기도 하지만 한편으로는 사람들을 일정한 틀로 구속하고 길들이는 기능을 한다. 좋게 말하면 사회화지만 나쁘게 말하면 관습에 대한 무조건적 순종을 강제한다.

푸코는 방대한 자료 수집과 분석을 토대로 사회에 작동하고 있는 기제나 시스템 등을 드러냈다. 그의 주저라고 할 수 있는 『감시와 처벌』에서는 다양한 사료를 근거로 과거에서 현대에 이르기까지 사회에 작동하고 있는 권력의 모습을 분석하고 있다. 푸코는 시대가 흐를수록 권력이 사람들을 더욱 더 정교하며 효과적으로 관리하고 통제하는 방식으로 진화해 왔다고 말했다. 푸코에 따르면, 규율은 다수의 인간을 질서정연하게 배치하기 위한 일종의 기술이다.

> 규율은 개인을 '제조한다.' 즉, 그것은 개인을 권력 행사의 객체와 도구로 간주하는 권력의 특정한 기술이다. 그것은 과도한 권력 행사를 통해 스스로의 초월적인 위력을 뽐낼 수 있는 의기양양한 권력이 아니다. 계획적인, 그러면서도 영구적인 관리 방식에 의거하여 기능하는 조심스럽고 의심 많은 권력이다.
>
> 「감시와 처벌」, 푸코 저, 오생근 역(2019), 나남, 268쪽.

권력 행사에 있어서 규율은 이왕이면 저비용·고효율로 이루어져야 하며 어떠한 사회적 저항이나 실패, 결함 없이 파급 효과가 클수록 규율로서 가치가 있다. 왜냐하면 경제성, 파급 효과, 순종성과 효용성이 바로 규율의 목표이기 때문이다. 그는 서구사회가 17세기와 18세기를 거치면서 수도원, 군대, 작업장에서의 규율이 지배의 일반적인 양식이 되었다고 진단한다. 푸코는 인간에 대한 통제와 그 활용을 위한 세부적인 관찰, 그리고 동시에 사소한 것에 대한 정치적 고려의 차원에서 접근할 때 근대적 휴머니즘의 인간이 어떻게 탄생하게 되었는지 그 배경을 알 수 있다고 말했다.

훈련을 통해서 규율을 익히는 것에 타인의 시선에 의한 강제적 성격이 있음을 확인시켜 주는 대표적 사례가 판옵티콘이다. 판옵티콘은 영국의 공리주의 철학자 벤담이 설계한 일망감시가 가능한 감옥이다. 인간의 신체를 효율적으로 관리하고 길들였던 근대 감옥의 규율메커니즘이 군대, 병원, 작업장 등 사회 전반에 걸쳐 영향을 주었다는 것이 푸코의 지적이다. 이러한 판옵티콘적인 효율적 감시와 인간 관리 기능은 근대의 학교로까지 전이되었고, 현대에도 여전하다.

푸코가 『감시와 처벌』에서 보여 준 분석을 살펴보면 과거에는 공개처형과 같은 잔인한 처벌로 대중에게 체제가 권력을 행사했다면, 현대로 와서는 대중이 쉽게 인지하지 못할 정도로 은밀하고 섬세하게 개인을 통제하고 규제하고 있다. 감옥이나 군대에서 이뤄지는 복종 체계부터 시작해서 병원이나 공장 등에서의 관리 체계까지 우리의 일상 안에 권력의 감시와 통제의 영향력은 막대하지만 고도로 치밀해진 감시와 통제는 사람들로 하여금 쉽게 저항할 생각을 하지 않게 한다. 이것은 학교에서도 마찬가지이다.

학교 규율의 기능

학교에도 엄연히 규율이 존재하며 학생들은 정해진 규율을 따라야
한다. 만약 반복해서 규율을 어긴다면 소위 '문제아'로 낙인찍힌다.
사회성이 발달하면서 자신이 속한 집단에서 돌출된 행동은 가급적
삼가야 할 일이 되고, 집단 내에 작동하고 있는 규율과 시스템에 빨
리 적응하는 것이 학생의 입장에서는 편한 길이 되어 버린다. 소속에
대한 욕구가 어느 때보다 강한 아동기, 청소년기에는 특히 그렇다.
학교에서 규율을 내면화하면서 합리적 비판의식보다는 인내와 적응
력이 강화되는 것이다. 이러한 강제적 규율은 학생들로 하여금 바람
직한 인격 형성을 돕는다고 보기보다는 거짓자아를 기르는 것으로
보는 게 맞다. 학생들에게 규율은 성가신 존재일 뿐이며 행동을 억압
하는 기제로 작동한다.

　푸코에 따르면 규율은 종종 폐쇄적 세계, 즉 자체적으로 닫혀 있는
장소의 특정화를 요구한다. 학교는 학교 내부에 존재하는 획일적인
규율에 의해서 학생들을 보호하고 있지만 어쩌면 보호라는 이름 아
래에서 행해지는 규율의 강제가 학생들에게는 자발적 내면화로 이어
지고 있는지도 모른다. 학부모나 교사 역시 규율의 은밀한 침투를 이
상하다고 여기지 않는다. 하지만 규율을 바탕으로 하는 권력은 교육
을 담당하기에는 부적절하다. 규율은 인간을 훈련시키는 것이지 교
육시키는 것이 아니다.

계열화된 공간 편성은 초등 교육의 기술적인 큰 변화 중의 하나였다. (중략) 새로운 공간 편성에 의해 각자의 자리가 정해졌고, 한 사람 한 사람에 대한 통제와 학생 전체의 동시학습이 가능해졌다. 또한 학습시간에 대한 새로운 경제적 방안이 마련되었다. 학교의 공간은 교육을 위한 것뿐만 아니라 감시하고 위계질서를 세우고, 상벌을 부과하는 하나의 기관으로서 기능하게 된 것이다.

『감시와 처벌』, 푸코 저, 오생근 역(2019), 나남, 231쪽.

역사를 돌이켜보면, 학교가 학생을 효율적으로 통제하는 형태는 근대의 교실 모습으로까지 거슬러 올라간다. 교실 전면에 게시된 태극기와 칠판, 그리고 교탁, 줄을 맞춰 정돈된 책걸상에 앉아 있는 학생들, 그리고 교탁 앞에서 학생 전체를 바라보며 서 있는 교사의 모습은 지금도 전혀 어색한 광경이 아니다. 이러한 형태의 학생과 교사의 마주함은 자연스럽게 이들 사이의 위계를 형성한다. 교사는 학생을 감시하고 통제하는 주체로 설정되고, 학생은 늘 교사의 통제 아래에서 정해진 규율을 잘 따르도록 지도받는다. 사실 이것은 일제 강점기에 우리나라 학생들을 철저하게 통제하고 지배하기 위해서 일본이 들여놓은 제국주의의 산물이기도 하다. 그런데 문제는 이런 구시대적 교실 문화가 여전히 존속되고 있다는 점이다. 일례로 교실에서 조회, 학생 평가 등이 교육활동이라는 맥락으로 진행되고 있다. 이러한 활동들의 기본적인 메커니즘은 교사와 학생의 관계를 위계적으로 구분시킨다. 일제 강점기 때야 그들이 우리에 대한 지배를 공고화하기 위해서 강제적으로 그러한 교실 형태를 만들었다고 하지만, 현재는 사정이 다르지 않은가?

지나친 규율의 창조와 만연은 학생의 자유 실현과는 반대된다. 그러한 규율은 단지 학교가, 국가가 필요로 하는 인간을 양성하는 데 효율적인 도구로서 기능할 뿐이다. 물론, 싫어도 해야 하는 일이 있고 무조건 자신이 원하는 대로만 살 수는 없다는 것을 학교는 학생들에게 가르쳐야 한다. 그렇지 않으면 사회가 무질서 상태에 빠질 수 있기 때문이다. 자신의 자유가 타인의 자유를 침해해서는 안 된다. 학교는 학생들에게 시민으로서 살아갈 최소한의 규범을 가르치되, 도덕적으로 그 이상의 인격을 갖추는 일은 강제해서는 안 된다. 단순히 사회 규범과 도덕에 순종하는 학생은 도덕의 노예가 될 가능성이 크다. 학교는 학생의 자유 실현을 도와야 한다.

평가의 목적

푸코에 따르면 규율 권력은 자신이 지배하는 공간 속에서 본질적으로 대상들을 구획 정리하며, 스스로의 권력을 드러내는데, 학교에서는 평가가 주요 규율 권력으로서 기능한다. 평가는 학교에서 학생을 길들이는 유용한 수단이다. 교사는 학생들이 규율을 제대로 지켰는지의 여부를 수시로 확인하고 평가한다. 그리고 학생의 행동특성을 학교생활기록부에 기술한다. 여기에는 학생의 적성과 수준, 교과에 대한 학습 결과, 행동 발달상황 등이 종합적으로 담겨 있다. 그렇기 때문에 상급학교 진학에 절대적인 영향을 미치는 고등학생들에게는 학교의 규율을 어기는 것은 똑똑하지 않은 선택이다. 학생은 교사의 감시 아래에서 정해진 규율, 정해진 정답을 따르지 않으면 좋은 평가를 받을 수 없다.

> 평가는 감시하는 위계질서의 기술과 규범화를 만드는 상벌 제도의 기술을 결합한 것이다. 평가는 규범화하는 시선이고, 자격을 부여하고 분류하고 처벌할 수 있는 감시이다. 그것은 개인을 분류하고, 제재를 가할 수 있는 가시성의 대상으로 만든다.
>
> 『감시와 처벌』, 푸코 저, 오생근 역(2019), 나남, 289쪽.

학생의 성장을 지원하기 위한 수단으로서의 평가가 그 본질에서 벗어나 학생을 사회에 길들이는 수단으로 변질될 위험은 늘 존재한다. 실제로 평가가 단지 학생의 수준을 구분하거나, 평가 결과를 점수화하여 '줄 세우기'를 하는 것 같은 느낌도 든다. 평가의 본질은 학생을 줄 세우는 데 있지 않음에도 불구하고 우리의 교육 현실이 이렇다 보니 학교에서 평가받기를 좋아하는 학생을 찾아보기 힘들다. 학교에서 경쟁은 당연한 것이 되었으며, 성적을 측정하고 학생들을 비교하여 상급 학교에 진학시키는 것이 학교의 역할이 되었다. 왜 시험은 학생들에게 스트레스가 될 수밖에 없는가?

평가의 원래 목적으로 돌아가야 한다. 학생은 훈육의 대상이 아니다. 우리 모두가 어떤 정해진 규율들에 의해서 결코 포섭될 수 없는 존재들이다. 시험이 학생 개개인을 하나의 사례로 만들어 버리고, 그것에 의해서 또한 학생을 기술할 수 있다고 보는 것은 매우 천박한 생각이다. 사회에 이러한 인식이 팽배할 때 시험은 학생을 통제하고 지배하는 수단이 될 뿐이다. 평가의 본질을 회복하는 것은 이러한 인식을 극복할 때 가능하다. 평가는 어디까지나 학생 스스로 자신의 성장 과정에서 필요한 자기 점검과 성찰의 도구여야 한다.

🏮 푸코

프랑스의 현대 철학자 푸코(1926~1984)는 외과 의사인 아버지 아래에서 자랐다. 대학에서 철학을 전공하고 정신의학에 흥미를 가져 이론과 임상을 연구했으며 인간의 지식이 어떤 과정으로 형성되고 변화하는지를 탐구했다. 억압적 권력의 구조와 정신병의 원인을 사회적 관계에서 찾았다. 1961년『광기와 비이성』에서 합리적 이성의 독단적 논리성을 비판하고 비이성적 광기의 의미와 역사를 파헤쳤고 세계적인 철학자에 이름을 올렸다. 이후 정신병과 사회의 관계, 지식의 발달사에 대한 책들을 저술하였고 1969년에 전통적인 사상사에 대한 비판서인『지식의 고고학』을 출간했다. 1970년대에 부르주아 권력과 형벌 제도에 대해 분석했으며 그 결과물로 지배계급의 체제 유지 수단으로서의 법률과 억압적 통치구조에 대해 정리한 책이 1975년에 출간한『감시와 처벌』이다.

사고의 한계 너머

비트겐슈타인, 『논리-철학 논고』

"무릇 말해질 수 있는 것은 명료하게 말할 수 있다.
그리고 말할 수 없는 것에 관해서는 침묵해야 한다."

L. Wittgenstein

세상이 변하고 학교도 변한다.

시대에 따라 학교의 모습은 변화해 왔다. 우선, 학교 울타리 내부의
공간성이 변화했다. 강당이 지어지면서 이전엔 운동장에서 하던 신
체놀이를 날씨 조건에 관계없이 할 수 있게 되었고, 저출산과 정부의
교육 선진화 노력이 맞물리면서 교실 안에 학생들이 빼곡하게 들어
앉은 모습은 이제 낯선 풍경이 되었다. 지금도 다른 OECD 국가들에
비해 학생 수가 그리 적은 편은 아니지만 1990년대와 비교해 보자면
현저하게 줄었다. 교사가 수업을 창의적으로 설계하기에 좋은 환경
이 조성된 것이다.

학교는 물리적 환경 외에 기능이나 제도 차원에서도 크고 작은 변화가 일어났다. 이미 오래 전에 교원능력개발평가가 도입되었고, 초등학교에서는 방과후학교, 돌봄교실이 운영 중이다. 중고등학교는 입시 관련 정책들이 바뀔 때마다 혼선을 겪기도 한다. 변화는 지금도 계속되고 있다.

학교에 새로운 정부 정책이 들어오면 교사들의 반발이 이어지기도 한다. 교사들이 가장 자주 언급하는 반대 논거는 바로 교육활동 침해다. 학교의 핵심적 기능은 학생 교육활동이므로 이와 관련성이 낮은 것은 학교에 들어오면 안 되는데, 하물며 방해가 되는 것이라면 말할 것도 없다는 것이다. 그런데 사실 교사들의 이런 거센 저항은 아전인수 같은 면이 없지 않다. 정부가 아무리 사전에 각계각층의 의견을 듣고 불만을 최소화하는 방향으로 정책을 구안해도 새 정책으로 말미암아 기존의 혜택이 줄거나 새로운 불편을 겪어야 하는 사람들이 생기기 마련이다. 정책이 공동체 전체의 이익에 부합한다고 하더라도 모두가 빠짐없이 적극적으로 찬성하는 일이 잘 생기지 않는 이유다.

개념에 갇힌 사람

학교 또는 학교교육에 대한 사회적 의제가 설정될 때 교사와 교사가 아닌 사람의 시각 차이가 확연한 경우가 있다. 전문성이나 현장성의 차이에 기인한 경우가 대부분이지만 간혹 교사들이 학교라는 개념을 불변의 개념으로 규정하고 그 틀 속에서 사고한다는 느낌을 받을 때가 있다. 특정한 개념에 얽매인 상태에서 진행하는 대화에는 한계가 있기 마련이다. 학교가 진보한다는 건 어떤 방향성을 의미할까? 교육과정을 토대로 한 교육활동만 순수하게 담당하는 쪽으로 나아가는 것이라 말할 수 있을까? 이는 학교 밖으로부터 교사들이 이기적인 집단이라는 오해를 사기에 충분한 생각이다. 이런 오해를 사면 교사가 아무리 진정성을 가지고 교육의 본질을 외쳐도 자신의 유불리만을 따져서 말하고 행동하는 사람이라는 시선으로 비춰질 수 있다. 사실 학교의 본질에 대해서 학교 사회는 여전히 매우 보수적인 것 같다.

학교는 고정불변의 개념이 아니다. 상황에 따라서 학교는 공적 기관으로서 다양한 기능을 수행할 수 있다. 교육과정에 기반한 교육활동 이행이라는 기능을 무시하자는 말이 아니다. 학교라는 장소를 "이러이러해야 하는 공간이다."라는 식으로 정해 놓고 사고하는 것에 문제가 있다는 점을 지적하고 싶은 것이다. 우리는 학교라는 개념을 언제든지 창조적으로 재규정할 수 있다. 지역에 심각한 재난이 발생하면 학교 안에 임시 거처를 마련할 수도 있고, 가정에서 아이들을 돌볼 수 있는 여력이 되지 않으면 국가는 이러한 가정에 지원을 해 주는 것이 당연하다. 국가가 운영하는 공공기관으로서의 학교는 제 역할을 마땅히 해야 한다.

학교의 개념을 수업 활동을 위한 공간 정도로 축소시키고 그 외 일체의 활동과 경계선을 긋는 것은 바람직하지 않다. 오히려 학교는 본질적 기능에 충실하면서도 외연을 넓혀서 공익에 더 기여하는 방향으로 나아가야 한다. 학교에는 교육활동인지 교육활동 외의 것인지를 명확히는 구분하기 어려운 일도 있다. 교사의 업무 중에는 교육과 행정의 성격이 혼재된 일도 많지 않은가? 어떤 한정된 것만이 교육의 범주에 해당한다고 보고 그 외의 일들은 교육에 해당하지 않으니 학교에는 절대 들어오면 안 된다는 방식으로 사고하는 것은 바람직하지 않다. 외부에서 집단 이기주의라 매도해도 해명하기 어려울 것이다.

창조적 언어 사용

비트겐슈타인은 언어의 한계에 대해 말한 철학자로 유명하다. 『논리-철학 논고』는 그의 전기 철학을 대표하는 책이다. 이 책에는 언어의 본성, 논리학, 윤리학, 인과성과 귀납 등 광범위한 내용이 담겨 있지만 그의 주된 관심은 단연 언어에 있었다. 비트겐슈타인에 따르면 언어는 명제로 이루어져 있으며 명제는 현실의 그림이다. 어떤 사태를 담고 있는 그림 말이다. 즉 우리가 어떤 사실을 묘사할 때 그림을 그려서 전하는 것처럼 언어는 명제를 통해서 어떤 사실을 표현한다. 명제란 일종의 논리적 그림이라는 것을 골자로 하는 비트겐슈타인의 이론은 '그림 이론'이라 불린다.

> 3.001 "어떤 한 사태가 생각될 수 있다"가 뜻하는 것은, 우리
> 는 그 사태에 관해 그림을 그릴 수 있다는 것이다.
> 3.01 참된 사고들의 총체는 세계의 그림이다.
> 3.02 사고는 그것이 생각하는 상황의 가능성을 포함한다. 생
> 각될 수 있는 것은 또한 가능한 것이기도 하다.
> 3.03 우리는 비논리적인 것은 아무것도 생각할 수 없다. 왜냐
> 하면 그렇지 않다면 우리는 비논리적으로 생각해야 할
> 터이기 때문이다.
>
> 『논리-철학 논고』, 비트겐슈타인 저, 이영철 역(2020), 책세상, 28쪽.

비트겐슈타인은 현실 세계의 많은 문제가 언어 논리에 대한 사람들의 오해로부터 기인하고 있음을 증명해 보이려 하였다. 앞서 말한 바와 같이 현실에서 우리는 자신의 언어 개념에 갇혀서 우격다짐하려는 사람들을 목격하며 살아가는데 사실 그것은 그 사람의 언어의 한계이자 사고의 한계다.

태양은 매일 뜬다는 걸 우리가 경험적으로 알지만 비트겐슈타인에 따르면 오늘까지 하루도 빠짐없이 매일 경험해 온 태양이 내일도 떠오르리라 하는 것은 하나의 가설일 뿐이다. 어떤 것이 일어났기 때문에 다른 어떤 것이 일어나야 하는 강제성은 존재하지 않는다. 오직 논리적 필연성만을 검토하자는 말이다. 설사 내일 아침에 태양이 뜬

다 하더라도 오늘 태양이 떴다는 것과 논리적인 연관성은 없다. 비트겐슈타인의 엄중한 논리적 필연성은 자연법칙에조차 결여되어 있으니 하물며 우리가 사회생활을 하면서 경험하는 여타의 현상들에서 논리적 필연성을 찾기란 더욱 어려울 것이다. 우리는 단지 심리적인 정초를 갖고 있을 뿐인데 그것을 마치 논리적인 법칙처럼 착각하곤 한다.

> 6.432 세계가 어떻게 있느냐는 더 높은 것에게는 완전히 아무래도 좋은 일이다. 신은 자신을 세계 속에서 드러내지 않는다.
> 6.4321 사실들은 모두 단지 과제에 속할 뿐, 해결에는 속하지 않는다.
> 6.44 세계가 어떻게 있느냐가 신비스러운 것이 아니라, 세계가 있다는 것이 신비스러운 것이다.
>
> 『논리-철학 논고』, 비트겐슈타인 저, 이영철 역(2020), 책세상, 127쪽.

비트겐슈타인에 따르면 언어로 표현될 수 없는 것은 스스로 드러나며 이들은 신비스러운 어떤 영역에 남아 있게 된다. 이 말을 반대로 생각해 보면 언어로 표현되어질 수 있는 것들은 우리가 의심할 수 있으며 그것과 관련하여 물음을 던질 수 있는 대상이 될 수 있다. 대답이라는 것 또한 어떤 것이 말해질 수 있는 곳에서만 존립 가능하다. 이런 의심과 물음, 대답의 가능성을 무시하면 우리는 지극히 소극적으로 언어를 사용하는 데 그치고 만다. 결국 우리는 언어의 한계를 넘어 스스로를 사고의 한계에 가두게 된다. 그러므로 자신의 사고의 한계를 직시하는 순간은 언어와 사고가 비로소 창조적으로 진화할 수 있는 가능성이 열리는 순간이다. 자신이 사용해 온 언어의 한계를 자각하는 사람만이 사고의 유연성을 획득하게 된다.

우리가 변화시키다

이제 우리는 학교라는 개념을 재규정할 수 있어야 한다. 기존의 개념에 얽매이지 말고 사고해야 한다. 자신이 사용하고 있는 언어에 사고 과정 전반을 지배당하고 있을지 모른다는 염려를 해야 한다. 언어에 의해 사고를 지배당하는 인간은 일차원적 인간이라고 마르쿠제는 말했다. 고도로 추상화된 개념에 갇혀서 언어를 사용하면 고정관념에 사로잡힐 가능성이 크다. 언어 이면에 숨어 있는 의미에 늘 주목할 필요가 있다. 그렇게 해야 타자와의 대화가 훨씬 더 건설적인 수준으로 진행될 수 있다. 그렇게 하지 않고 상대방을 자신의 언어로 재단하면 결국 갈등과 불신만 키우는 셈이며 사회는 한 걸음도 더 앞으로 나가지 못한다.

돌봄교실을 생각해 보자. 핵가족과 맞벌이 가정이 늘면서 학교는 어느덧 학생 돌봄의 기능까지 담당하는 공간이 되었다. 처음 돌봄교실이 학교로 들어올 당시만 해도 교원들의 엄청난 저항이 있었다. 정부와 교원노조가 첨예한 대립각을 세웠고 지금도 여전히 교원의 절대 다수가 돌봄은 교육부가 아닌 지자체가 관할해야 하는 일이라고 생각하고 있다. 돌봄교실 관리를 담당하는 교사의 입장에서는 힘든 게 사실이다. 관련된 여러 행정업무가 학급 아이들에게 집중하는 데 쓸 에너지를 분산시키니, 돌봄교실 업무는 자신의 교육활동을 저해하고 스트레스를 주는 잡무가 된다.

돌봄교실과 관련된 일체의 행정업무에서 교사들이 해방된다면 어떨까? 그때는 돌봄교실의 학교 정착을 두 팔 벌려 환영해야 하지 않을까? 물론 우리가 꿈꾸는 이상적인 사회는 학생들이 학교 정규 수업이 끝나면 가정으로 돌아가 부모와 함께 오붓하게 저녁을 보낼 수 있는 사회다. 하지만 현실 사회의 노동문제, 경제문제 등을 살펴보면 아직 갈 길이 먼 게 당장의 현실이다. 우리가 상대하는 건 이상이 아니라 지금 현재 우리가 처해 있는 현실이다. 그 속에 있는 학교라는 공간은 공동선을 목표로 시민을 길러 내고 행복을 증진시키는 교육활동이 이루어져야 하는 공적 공간이다. 국가는 학교가 교육과정을 제대로 운영하도록 지원하는 것뿐만 아니라 국가 전체의 공동선과 정의 실현이라는 보다 큰 이상의 실현을 위해 다양한 정책을 만들어 추진한다. 공교육 기관으로서의 학교는 국가의 유용한 자산이자 통로로서 의미를 지닌다. 국가가 학교의 본질적인 기능을 훼손하지 않으면서 전체의 이익을 도모하는 것은 당연한 일이다. 여기에 동의하는 교사라면, 학교의 사회적 역할에 대해 능동적으로 고민해야 한다. 학교 개념에 대한 보수적인 틀을 스스로 부수고, 어떻게 하면 학교와 교사가 사회에 창조적으로 기여할 수 있을지를 생각하며 학교 변화의 주체로 서야 옳다.

🎷 비트겐슈타인

언어 분석을 통해서 언어의 한계를 말한 철학자 비트겐슈타인(1889~1951)은 철강산업의 부호인 아버지와 피아니스트 어머니 사이에서 자랐다. 공과대학에서 항공공학을 공부했고 이론을 연구하며 유체 역학, 순수 수학으로 관심사가 진화하다가 수학 철학, 논리학에 다다랐고 1911년에는 『수학 원리』를 펴낸 버트런트 러셀을 만나 그로부터 논리학을 배우면서 본격적으로 논리학과 철학에 파고들었다. 1914년 1차 세계대전이 발발하자 자원 입대했고 1918년에는 포로수용소에 갇혀 1년 동안 수감 생활을 보냈는데 그가 전쟁 중에 기록하고 포로수용소에서 최종 완성한 논리적 고뇌의 산물이 『논리-철학 논고』다. 이 책이 비트겐슈타인의 전기 대표작이라면, 그의 사후 출간된 『철학적 탐구』는 전작에 대한 사람들의 오해를 깨닫고 이를 극복하기 위해서 집필한 후기 대표작이다.

워라밸에 앞서 생각해 볼 것들

보드리야르, 『소비의 사회』

> "과소비 갈망은 지위를 추구하는 요구의 표현인 동시에
> 이 요구의 실패를 체험한 데서 나오는 표현일 것이다."
> J. Baudrillard

생산에서 소비로

과거 농경사회에서 사람들은 대부분 먹고 살기 위해 일을 했으며 산업사회에서도 일의 목적은 크게 변하지 않았다. 노동은 나 혹은 내 가족의 생존과 직결된 문제였다. 일을 조금이라도 더 해서 더 많은 생산량을 확보하고, 어떻게 전개될지 모를 미래에 대비하여 식량을 확보하는 것은 매우 합리적인 선택이었다. 더욱이 산업화가 절정에 치달으면서 생산성과 효율성은 사람들에게 극도로 찬양되었고, 기업의 생산 증대나 부가가치 창출을 위한 개인의 희생을 미덕으로 여기

기까지 했다. 그렇게 사회가 한뜻으로 노동자의 권리에 대한 감각을 무뎌지게 만들었고 심각한 노동력 착취가 이어졌다. 개인을 기계와 동급으로 내몰아 버리는 근대에, 노동하는 인간은 시대의 익명적인 보통의 삶에 용해된 채 각자의 고유한 삶을 엉겁결에 포기하곤 했다.

그 시대도 지나가고 이제 사람들은 먹고사는 것 이상의 행복을 갈구한다. 생존을 위해 노동해야 한다는 말에 동의하는 이가 줄었다. 사람들은 사회적·정치적 삶에 관심을 갖기 시작했고 나라 안팎의 다양한 문화를 소비한다. 이 소비 욕망이 산업자본주의의 발전을 더욱 가속화시켰다.

산업사회의 생산력이 아니라 소비 차원으로 시선을 돌리게 해 준 사람이 보드리야르다. 그는 사람들을 지속적인 소비로 유혹하는 동력이 기호에 있다고 보았다. 실제로 기업들은 상품에 대한 소비심리를 자극하기 위해서 다양한 기호 전략을 기획한다. 나아가 상품은 구매자에게 상품의 기능을 누릴 권한을 부여하는데 이것 외에 별도의 특권을 부여한다. 다른 사람과 자신을 구별해 주고 과시의 유용한 수단이 되기도 한다. 따라서 보드리야르에게 소비 과정은 물건을 구입하는 단순 행위가 아니라 기호를 흡수하고 기호에 의해 흡수되는 과정이다.

『소비의 사회』에서 보드리야르는 소비하기 위해 노동함을 넘어 노동 자체가 소비되는 역설적 상황을 설명했다. 오늘날 인간은 노동 외 자기 시간을 벌기 위해 노동에 참여하고 있으며 여가 시간 또한 낭비하면 안 된다는 강박적인 시대를 살고 있다는 것이다. 그는 바캉스에 대해 언급하며 노동에서와 마찬가지로 인간이 목적 달성을 위한 이상적 집념 같은 강제성이 개입되는 일종의 사회적 사명으로서의 강박적 여가 시간을 보내는 현상을 짚었다. 또한 시간을 노동 시간과 여가 시간으로 분별하고 여가 시간을 마치 자유로운 초월적 영역으로 보는 견해는 하나의 신화에 불과하다고 말했다. 산업사회에서 노동으로부터의 소외를 경험했다면, 소비사회에 진입해서는 여가로부터 소외를 경험하게 된 것이다.

> 소비의 인간은 자기 자신의 욕구와 자신의 노동의 생산물을 직시하는 일도 없으며, 자기 자신의 상과 마주 대하는 일도 없다. 그는 자신이 늘어놓은 기호의 내부에 존재하는 것이다. 초월성도 목적성도 목표도 더 이상 존재하지 않게 된 이 사회의 특징은 '반성'의 부재, 자기 자신에 대한 시각의 부재이다.
>
> 『소비의 사회』, 보드리야르 저, 이상률 역(2013), 문예출판사, 325쪽.

상품이 아닌 교사

상품의 기호 측면의 가치에 함몰된 사람들은 필요 이상을 소비하게 되며, 결과적으로는 타인의 시선을 의식하며 과시를 위한 소비에 가담하게 된다. 그런데 상품과 서비스는 성격이 상당히 다르다. 상품과 달리 서비스는 인격체가 상품의 역할을 하고 있기 때문이다. 서비스업에 종사하는 사람들의 특징은 자신이 가진 전문적인 기술이나 소양을 상품화하여 판다고 볼 수 있지만 여기서 쉽게 간과되는 것이 바로 시간 개념이다. 서비스는 일차적으로 시간을 소모하는 행위다. 서비스를 제공하는 시간을 판매하는 것과 같다. 그런데 소비자는 서비스를 제공하는 사람의 시간은 지우고 그 서비스의 성격과 질만 바라보는 경향이 있다. 이 경향이 심화될수록 서비스 제공자는 비인격화된 상품으로 변질될 가능성이 높다.

> 휴식, 긴장을 푸는 것, 기분풀이 오락 등은 아마도 '욕구'이겠지만, 그것들 자체는 시간의 소비라고 하는 여가의 고유한 요구를 규정하는 것이 아니다. 자유시간이라는 것은 아마도 그 시간을 사람들이 채우는 모든 유희적 활동이겠지만, 그러나 무엇보다도 시간을 헛되이 보낼 수 있는 자유이다.
>
> 『소비의 사회』, 보드리야르 저, 이상률 역(2013), 문예출판사, 255쪽.

서비스라는 단어에 대한 거부감이 우리 사회에 존재하지만, 상품의 상대개념으로서 서비스를 넓은 의미로 바라보자면 교사도 교육서비스업에 종사하는 사람이다. 그런데 교육계에도 위에서 언급한 오염된 소비문화가 그대로 침투해 있는 듯하다. 한 예로 일부 몰지각한 사람들은 우연한 선물처럼 반갑고 감사하게 여겨야 할 교사와 학생의 인연을 강제로 맺게 하려거나 끊으려고 한다. 자신의 아이와 담임선생님이 서로 맞지 않는다며 학급을 교체해 달라는 학부모가 있는가 하면, 특정 선생님을 거론하며 그 선생님 반에 자녀를 넣을 수 있는지, 넣지 않을 수 있는지를 문의하는 사람도 있다. 학교의 교사도 언제든 소비자가 선택할 수 있는 하나의 상품과 같은가? 서비스를 제공하는 교사는 학생이나 학부모의 기호에 따라 자신을 치장해야 하는 재화가 아니다. 학교 관리자의 기호에 따라 선택될 재화도 아니다. 서비스의 본질적인 속성은 자신의 시간을 타인을 위해 사용하는 것에 있다. 교사가 시간을 소모하지 않으면서 학생을 가르칠 수 없다. 교사마다 서로 다른 교육을 펼치지만 자신의 시간을 사용한다는 측면에서 모든 교사는 동일 범주의 서비스를 제공한다.

교사의 시간

교사라면 누구나 경험하는 것 중 하나가 학교 밖에서 여가생활이나 휴식을 취할 때 곳곳에서 수업 재료를 발견한다는 것이다. 교사가 의도하지 않았어도, 영화를 보다가 문득 교육적으로 유익한 장면이 나왔다 싶으면 기억해 두었다가 교과 수업에 활용하기도 하고, TV에서 방영되고 있는 이슈가 학급 내 학생들의 갈등 해결에 도움이 될거 같으면 채널과 프로그램명을 메모해 두었다가 학생들과 교실에서 함께 시청하기도 한다. 미디어 자료뿐만 아니라, 학교 밖에서 교사가 보고, 듣고 경험하는 것 모두가 교사에게 교육의 소재로 다가올 가능성이 있다. 친한 동료와 카페에서 일상적인 이야기를 나누다가도 문득 학급 내에서 지도가 힘든 학생이 떠오르기도 하고, 동료에게 고민을 털어놓으며 지도 방법을 보완하기도 한다. "앉으나 서나 당신 생각, 떠오르는 당신 모습"이라는 노랫말처럼 교사들은 학교 밖을 나와서도 자신이 맡고 있는 학생들에 대한 생각으로부터 완전하게 자유롭지 못하다. 이는 교사라는 직업이 후천적 천직이 되어 가는 과정이기도 하다.

그런데, 개인적 일상을 구속하는 학생들로부터 인위적인 탈출을 시도하는 교사들이 늘고 있다. 이들은 퇴근 시간 이후에는 교사의 삶이 아닌 전적으로 일반인의 삶을 살아가려고 한다. 교사도 노동자인 이상, 근로 시간이 정해져 있으며, 그 시간에 충실하면 직업인으로의 도리는 잘 수행한 것이 맞다. 그러나 학생들에게는 교사의 근무 시간 이후에도 선생님을 필요로 하는 경우가 발생한다. 아이들의 세계는 종잡을 수 없이 전개되는 측면이 있고, 언제라도 보호자가 필요한 상황이 벌어질 수 있기 때문이다. 보호자가 있는데 굳이 교사의 개입이 필요하냐고 반문하는 교사가 있을 수 있다. 하지만 우리는 신이 아닌 이상 앞날을 예측할 수 없으며, 학생이 보호자나 그 밖의 지인들로부터의 도움을 받을 수 없는 일련의 상황이 이미 전개되어 있을 수도 있지 않은가. 우리 사회에 인권 사각지대에 놓인 아이들이 있는 것은 부인할 수 없는 사실이다.

지나친 일과 삶의 분리가 지닌 맹점

교사도 한편으로는 학부모다. 학기 초에 나의 자녀가 선생님의 인사 편지를 가져 왔다고 상상해 보자. "근무시간 이후에는 전화를 자제해 주시기 바랍니다. 더 좋은 수업과 학생지도를 위해서 충전의 시간을 가질 수 있도록 협조 부탁드립니다."

이 담임교사는 퇴근 이후의 개인 시간을 자신이 가르치고 있는 학생들이 절대로 침범해서는 안 되는 사적 시간으로 소유하고 싶어 한다. 일과 사적 영역의 삶을 완벽하게 분리할 때 교사는 온전하게 자신의 여가 시간을 가질 수 있지만, 내가 가르치고 있는 학생들에게 발생할 수 있는 여러 예기치 못한 일들에 대해서 적시에 지원해 줄수도 없게 된다. 그러므로, 교사가 의도적으로 퇴근 시간 이후에 휴대폰 전원을 꺼놓는 것은 학생의 위급 상황에 자신이 할 수 있는 역할을 원천적으로 차단하는 행위이며 선제적 외면이다.

> 이 질서에 의해 객체화되고 교환가치로서 조작되는 것은 우리 자신이며, 화폐와 시간의 배설물이 된 것도 오히려 우리 자신이다.
> 「소비의 사회」, 보드리야르 저, 이상률 역(2013), 문예출판사, 257쪽.

교사가 자신을 교환 가능한 일개 상품으로 격하시키는 일에 동참하는 어리석음을 범해서는 안 된다. 교사는 일회용 소비 상품이 아니다. 교사를 상품에 비유한다고 하더라도 그 상품의 본질은 언제든지 학생들에게 자신의 시간을 내어 주는 데 있다. 자신의 연락처를 공개하지 않는 교사들이 부쩍 늘고 있다. 공개하더라도 이른바 '투넘버 서비스'를 신청해서 학부모와 학생에게는 별도의 번호를 안내한다. 개인의 프라이버시 존중이라는 맥락에서 보면 바람직한 일이다. 그러나 업무용 폰을 교실에만 두거나, 퇴근 시간 이후로는 아예 전원을 꺼 둔다면 이는 교사가 지향해야 할 방향과는 거리가 먼 듯하다. 일과 삶의 균형은 개인의 행복을 위해 반드시 필요하다. 사회적으로 '워라밸work and life balance'이 강조되는 것도 바람직한 현상이다. 다만 교사의 존재성을 오후 5시까지만 사용 가능한 서비스 상품으로 스스로 규정하지는 말아야 한다는 점을 명심해야 한다.

🔖 보드리야르

20세기 프랑스를 대표하는 철학자이자 사회학자로 손꼽히는 보드리야르(1929~2007)는 소작농을 하던 부모 슬하에서 성장했다. 대학에서 독일어를 공부한 뒤 고등학교에서 독일어를 가르쳤다. 이후 앙리 르페브르의 지도를 받아 박사학위 논문 「사물의 체계」를 발표하고 대학에서 연구와 강의를 시작했으며 68혁명 시위에 참여했다. 『소비의 사회』는 그로부터 2년 뒤인 1970년에 출간된 책으로 현대 사회를 소비사회로 정의했다. 마르크시즘의 영향을 받았으나 생산보다는 사용가치를 초월한 소비 본래의 의미를 밝힘으로써 현대 사회를 소비개념을 중심으로 분석한 사회학서다. 이 책에서 보드리야르는 사람들의 물건 구입 행위를 기능이나 효용성보다는 기호와 이미지를 소비하는 것으로 이해했다.

영혼의 돌봄과 참된 이데아

플라톤, 『파이드로스』

"최대의 승리는 자기 자신을 정복하는 것이다.
자기 자신에게 정복당하는 것은 최대의 수치다."
Platon

맑은 영혼의 소유자

학교생활을 하다 보면 아이의 순수성에 감탄하는 경우가 있다. 그리고 우리가 경험상 알고 있는 보통의 품성보다 꾸밈없고 해맑은 사람에게 순수성을 느끼면서 "영혼까지 맑은 사람"이라 표현하기도 한다. 이런 표현을 말하거나 듣고 이해하는 사람들의 머릿속에는 다소 어렴풋하더라도 영혼이 맑은 사람의 어떤 이미지가 있을 것이다.

영혼이라는 단어는 생활에서 자주 쓰는 표현은 아니지만 신앙을 갖고 있든 그렇지 않든 별 거부감이 느껴지는 단어도 아니다.

영혼에 대한 심도 있는 논의는 고대 그리스 시대까지 거슬러 올라간다. 플라톤의 대화편 중 하나인『파이돈』은 소크라테스의 젊은 친구인 파이돈이 사형 판결을 받고 감옥에 갇혀 있던 소크라테스를 찾아가서 들은 이야기를 그의 친구들에게 들려주는 형식이다. 주된 내용은 철학자가 죽음을 대하는 자세를 화두로 한, 육체와 영혼에 관한 이야기다. 소크라테스는 육체가 감각적이고 가시적인 것들과 관련을 맺고 있기 때문에 감각적인 욕망이 영혼과 진리의 접촉을 방해한다고 논증한다. 우리가 당장 플라톤의 영혼우위설이나 영혼불멸설에 동의하지 않더라도 이미 현실에서 육체적 욕망에 집착해서 삶이 피폐해지는 경우를 목격하며 살아간다. 이들이 굴레에서 벗어나는 길은 오직 영혼의 돌봄뿐이다. 플라톤은 참된 진리로의 도달이란 일체의 감각을 배제한 사유를 통해서만 가능하다고 보았다.

> 모든 영혼은 생명이 없는 것 전부를 돌보는데 시시각각 형태를 바꾸면서 온 하늘 주위를 돌아다니지. 그러다가 완전한 상태에서 날개가 있을 때 영혼은 공중으로 올라가 온 우주를 다스린다네. 하지만 날개를 잃으면 영혼은 무언가 단단한 것을 얻을 때까지 추락해 거기에 머물면서 흙으로 된 육체를 취하는데 육체는 영혼의 능력에 힘입어 마치 자기 자신을 움직이는 것처럼 보이고 영혼과 육체가 결합된 그 전체는 생명체라고 불리며 죽는 것이라는 이름을 얻었네.
>
> 『파이드로스』, 플라톤 저, 조대호 역(2019), 문예출판사, 61쪽.

영혼의 돌봄

플라톤에 따르면 영혼은 크게 욕망의 능력, 격정의 능력, 이성의 능력으로 구분된다. 이것이 유명한 플라톤의 영혼 삼분설이다. 그는 『파이드로스』에서 영혼을 쌍두마차와 마부에 비유하여 설명했다. 지시를 잘 따르지 않는 나쁜 혈통을 가진 한쪽 말은 거친 욕망을 의미하고, 다른 말은 욕망을 이겨내는 용기와 같은 고상한 열정을 의미한다. 이 두 마리의 말을 통제하는 마부가 바로 이성이다. 영혼의 세 구성요소가 조화를 이룰 때 인간은 선한 삶을 살 수 있다.

타고난 욕망의 말이 열정의 말보다 힘이 세다면 영혼은 무질서한 상황에 빠지게 된다. 그래서 마부의 역할이 중요하다. 우리는 정신의 활동을 통해 자연적인 충동을 조절해야 한다. 그렇게 함으로써 영혼을 아름답게 가꿀 수 있다. 욕망이라고 해서 무조건 나쁘다는 말은 아니다. 생명을 유지하기 위해 먹어야 하고 잠도 자야 한다. 욕망과 열정 사이에서 적절하게 통제하는 이성의 역할이 중요하다는 말이다.

> 정신의 더 뛰어난 부분들이 이겨서 그들을 질서 있는 생활 태도와 지혜에 대한 사랑으로 이끌면, 그들은 이곳의 삶을 복되고 조화 있게 살아가네. 자기 자신을 억제하고 절도를 지키면서 영혼의 열등함을 낳는 것을 노예로 삼고 탁월함을 낳는 것에 자유를 허락하지.
>
> 『파이드로스』, 플라톤 저, 조대호 역(2019), 문예출판사, 86쪽.

이데아와 교육

....

교육의 궁극적인 목적은 무엇일까? 교사는 학생들의 무엇을 위해 수업하는가? 단적으로 말하면, 좋은 삶이다. 플라톤의 말대로라면 우리는 좋은 삶을 위해 각자의 영혼을 돌봐야 하고 학교는 학생들이 자신의 영혼을 돌보는 일에 충실할 수 있도록 지원해야 한다.

영혼은 눈에 보이지 않는다. 그래서 교육은 어렵다. 교육이 일어나고 있는 양상을 파악하는 것도 어렵지만, 교육이 일어난 결과로서 학생의 영혼을 들여다보는 것은 불가능한 일로 여겨진다. 이런 방식의 허무감에 도달하면 교육을 포기해야 할까? 현실의 불완전성을 인정하고 완전성에 가까워지도록 노력해야 한다.

플라톤은 영원불변하는 사물의 본질적 원형을 '이데아'라고 부르며 현실에서 만나는 사물은 이데아의 복사물이라 했다. 교사가 분필을 찾고 있는 광경을 상상해 보자. 이때 교사의 머릿속에는 분필의 개념의 완전하게 부합하는, 말 그대로 완전한 분필이 떠올라 있고 그것에 부합하는 구체물로서의 분필이라는 물건을 찾아서 손에 쥔다. 손에 쥔 분필은 완전한 분필은 아니다. 완전한 것은 관념 속에 존재할 뿐이다. 인간이 현실에서 만나는 모든 대상이 불완전하다. 현실의 대상들은 관념 속에 존재하는 이데아의 모사에 해당한다.

인간은 이데아를 상기함으로써 진리에 이를 수 있다. 교사의 역할은 학생이 불완전한 허상 말고 이데아를 상기하도록 돕는 일이다. 교사 자신도 이데아를 상기하는 일에 부지런하지 않을 수 있지만 그렇더라도 학생이 이데아를 스스로 상기하도록 독려할 수는 있다.

동굴의 비유

플라톤의 또 다른 대화편 『국가』는 총 10권으로 구성되어 있다. 이 책의 내용 중 동굴 속에 살고 있는 죄수를 예로 들어 이데아에 대해 설명하는 부분이 교육자들에게 많이 알려져 있는데 이 책 제7권의 한 대목이다. 어린 시절부터 평생을 쇠사슬에 묶인 채 동굴 끝의 벽을 바라보며 살아가는 죄수를 떠올려 보자. 죄수들은 벽만 볼 수 있을 뿐 서로 마주 볼 수도 없다. 뒤에 놓인 불빛도 볼 수 없고 단지 그들이 볼 수 있는 것은 그 불에 의해서 생긴 그림자뿐이다. 이러한 상황에서 죄수들은 그림자를 실재로 인식하게 된다. 동굴 속에서 들리는 어떤 이의 음성과 그림자의 움직임을 동시에 감각하면 그림자가 실재하며 그림자가 말하고 있다고 느낄 것이다.

그런데 누군가 죄수들 중 한 사람의 쇠사슬을 풀어 주고 이 죄수가 몸을 돌려 동굴 밖을 향해 나간다면 어떻게 될까? 이전에는 보지 못했던 강한 햇빛에 눈부셔 고통스러울 것이다. 오던 길을 되돌아가고 싶지만 자신을 풀어 준 사람에 이끌려 동굴 밖으로 나가게 되고 태양을 접할 것이다. 강렬한 태양 광선으로 눈이 멀 것만 같겠지만 시간이 흐르면 익숙해질 것이다. 그러면 동굴 속에서 보았던 것이 실재가 아니라 그림자에 불과했고 지금 동굴 밖에서 대면하고 있는 대상이 실재였음을 비로소 깨닫게 된다. 동굴 밖 진짜 세계, 즉 이데아의 세계에 가까워지면 그간 믿었던 가짜를 인지하게 된다.

플라톤의 이데아론은 우리가 당연하게 여기는 현실세계의 불완전함과 현실 초월의 열망에 대해 이야기한다. 그림자의 세계를 실재로 여기며 안주하는 삶에 자부심을 가질 사람이 몇이나 될까. 누군가가 익숙하게 여기고 있는 현실세계는 어쩌면 어둠 속 동굴인지도 모른다. 부정적인 생각에 갇혀 희망 회로를 상실해 버린 어린아이를 떠올려 보자. 지금이라도 벽을 더듬어 동굴 밖으로 나서게 돕자. 자신이 향하고 있는 세계가 진짜 세계인 이데아가 맞는지를 검토하자. 아직 동굴이어도 절망하지 않고 학생과 함께 동굴 밖 빛의 세계로 나서기 위해 힘쓰는 것, 그것이 교육자의 역할이다.

🔖 플라톤

객관적 관념론을 창시한 고대 그리스 철학자 플라톤(B.C.427경~B.C.347경)은 아테네 귀족 가문에서 태어나 성장했으며 소크라테스의 문하에서 철학을 공부했다. 아테네 민주주의 정권이 소크라테스를 귀족주의의 본보기로 처형하자 아테네를 떠나 여행하며 다양한 사상을 접하고 마흔 살이 지나 돌아왔다. 고향으로 돌아온 뒤 아카데메이아 학당을 세워 학생들에게 기하학, 철학, 윤리학 등을 가르쳤다. 플라톤의 저작으로 30편이 넘는 대화편이 전해지는데『파이돈』,『파이드로스』,『국가』는 플라톤이 여행 이후에 독자적인 사상을 만들어 나가던 시기의 기록이다.

4

정의로운 교육

열린교육과 진보

칼 포퍼, 『열린사회와 그 적들』

"아름다운 세상을 만들려는 꿈에 유혹되어
지금 여기에서 고통 받는 사람의 목소리를 외면해서는 안 된다."
K. Popper

유토피아

원시시대 부족사회는 모두가 하나다. 개인은 없고 공동체만 있다. 공동체는 하나의 유기체이며 서로 간에 끈끈한 유대에 의해 하나로 묶여 있다. 부족사회에는 합리성이란 찾아보기 힘들다. 집단과 다른 생각을 갖고 있어도 표현하기 어렵고, 다른 선택을 하는 것이 심각한 위험을 초래하기도 한다. 집단에 해가 되는 사람은 추방당하거나 죽임을 당한다. 비합리적 사회에서는 오직 우두머리를 죽이고 스스로가 권력을 쥐어 자신이 품었던 유토피아를 그려 나가는 방법 외에는 공동체의 변화를 기대하기 어렵다. 물론 그 변화는 발전이 될 수도, 후퇴가 될 수도 있다.

바야흐로 21세기를 살아가고 있는 지금도 사람들은 자신만의 유토피아를 꿈꾸며 살아간다. 그리고 만약 자신이 그린 이상적인 사회상이 현실과 많이 동떨어져 있다면 현실을 바꾸려고 시도한다. 때로는 개인의 힘으로는 바꿀 수 없는 벽에 부딪칠 때는 같은 뜻을 가진 사람들이 힘을 모아서 변화를 꾀하기도 한다. 이렇게 해서 사회는 진보한다. 그러나 여기서 유토피아를 꿈꾸는 이들이 간과하면 안 될 점이 있다. 바로 자신들이 꿈꾸는 유토피아가 진짜 유토피아가 아닐 수도 있다는 사실이다.

> 그것은 근본적으로 이렇게 용인하는 태도를 말한다. 〈내가 잘못되었을 수 있다. 그리고 당신이 옳을 수 있다. 그리고 우리가 노력하면 우리는 진리에 더욱 더 가까이 갈 수 있을 것이다.〉 그것은 논증과 관찰과 같은 수단에 의하여 많은 중요한 문제에 관하여 사람들이 일종의 일치에 도달할 수 있으리라는 희망을 쉽사리 포기하지 않는 태도이다.
>
> 『열린사회와 그 적들 II』, 칼 포퍼 저, 이명현 역(2018), 민음사, 315쪽.

칼 포퍼는 자유로운 의사 표현이 가능하고 반증의 원리가 작동할 수 있는 사회를 '열린사회'로 설명했다. 민주주의 사회는 개인의 비판적 사고와 합리주의적 태도가 인정되는 사회다.『열린사회와 그 적들』에서 그는 혁명과 같은 급격한 변화를 통해 좋은 사회를 만들 수 있다는 기대에 대해 매우 부정적이다. 그래서 그는 유토피아주의를 강하게 비판하며, 이에 대한 대안으로 '점진적 사회 공학'의 개념을 제시했다.

유토피아주의는 자신의 세대에서 그것을 이루려하기 때문에 급진적인 성격을 가질 수밖에 없다. 이들에게 기존의 것은 모두 낡은 것으로 간주된다. 자신들이 그린 유토피아를 완성하기 위해서 과거와 현재는 과감하게 벗어 버려야 하는 낡은 가치일 뿐이다. 이런 생각을 하면 자신들이 스스로 닻을 내리고 살아 왔던 공동체 내 전통이나 통념들을 전복시켜야 하고 결국, 전통과는 전쟁을 치르게 된다. 완전한 사회는 단번에 완성되는 것이 아니다. 유토피아주의자들은 비합리성으로 더욱 단단한 집단을 형성하며 사회 내 대립을 부추긴다.

술을 나눈 형제

한국인들의 술 문화는 독특하다. 1인 평균 음주량은 단연 세계 1위를 기록하고 있고, 요즈음에는 청소년 음주 문제도 심각한 지경에 이르렀다. 지나친 음주가 개인의 건강을 악화시키고, 가정불화를 일으키는 주요 원인이 되는 것은 당연하고 우리 사회의 질병, 폭력, 사고, 범죄 발생에 악영향을 끼친다는 것도 우리에게 익히 알려져 있다. 그런데 사실 술이 야기하는 더 큰 문제는 우리 사회의 구성원들로 하여금 닫힌 사회를 조장한다는 사실이다.

우리는 술을 마시면 보통 서로가 서로에게 마음을 터놓고 이야기하고 친구가 된다. 마음을 터놓는다는 것은 상대방에게 자신을 열어 보이는 행위다. 여기서 형성되는 관계는 비합리적인 관계다. 술자리에 의해서 서로의 처지를 알게 되고, 동료애는 한층 더 깊어진다. 이런 관계는 개인적인 이해타산이나 집단 차원의 당리당략에 따라 만나게 되는 술자리와 달리, 자신을 숨길 필요가 없어진다. 신뢰가 쌓이면 쌓일수록 자신을 상대방에게 열어젖힌다.

비판적 합리주의

비합리적 열림은 개인의 사고를 역으로 닫히게 만들 수 있다. 뜻을 맹세한 상대와는 무한한 열림이 가능하지만 그 외에는 굳게 닫힐 수 있으며 동고동락한 공유 경험을 토대로 누군가와는 끝까지 함께 가자고 맹세하기도 한다. 이런 세태는 우리 사회를 닫힌 사회로 만드는데 그러면 원시시대 부족사회와 다를 바 없다. 개개인의 결단은 없고 그들의 합의가 곧 유일한 유토피아다.

칼 포퍼는 유토피아주의에 반대하며 비판적 합리주의를 내세운다. 합리주의는 이성에 기초하여 사고하거나, 세계를 보는 방식을 의미한다. 포퍼는 여기에 더해서 우리의 모든 앎이 합리적인 비판을 필요로 한다고 보았다. 왜냐하면 우리의 이성이 항상 오답을 제공할 수도 있기 때문이다. 포퍼는 과학뿐만 아니라 사회정치 문제를 다루는 데 있어서도 합리주의적 관점이 필요하다고 말한다. 과학이 합리적 가설의 제안과 실험, 관찰에 따른 반증의 과정을 거치면서 발전하듯이, 사회정치의 영역에서는 정책에 대한 시행착오와 대화를 통해 오류를 고쳐 나가는 과정에서 사회가 발전한다고 보았다. 그런데 유토피아주의는 자신들의 생각에 오류가 있을 수 있음을 염두에 두지 않는다. 여기에 유토피아주의의 심각한 결함이 있다는 것이 포퍼의 견해다.

교육의 혁신을 위해

교육 현장에 공식적으로 혁신학교가 도입된 지 10년이 넘게 흘렀다. 경기도에서 출발한 혁신학교는 공교육의 획일적인 교육과 학교의 낡은 관습을 없애 나갔다. 학교를 이전보다 훨씬 민주적으로 작동하게 하는 씨앗 역할도 했다. 그것도 관 중심이 아니라 교사와 학생이 중심이 되어 학교의 변화를 주도했다는 것은 특히 의미가 크다. 하지만 급격한 방식은 늘 부작용을 배태하기 마련이다. 충분히 숙고되지 못한 채 교육청이 지원하는 일부 학교, 일부 교사가 주도하는 혁신은 성공할 수 없다. '작은 꽃이 희망을 피울 수 있다'는 믿음은 한편으로는 소수가 다수에게 자신을 따르지 않으면 자신들이 그린 유토피아를 반대하는 측으로 간주하겠다는 미화된 으름장일 수 있다. 이런 태도는 열린 사회를 가로막는 적이다. 민주주의는 반증이 가능한 사회다. 단기간의 가시적 결과나 효용성의 논리로부터 벗어나 점진적인 변화를 추구해야 한다.

이제는 교육에 대한 혁신도 숨고르기를 할 때이다. 우리들이 하고 있는 교육의 혁신이 진정 우리가 추구해야 할 진정한 목적인지 비판적 사고의 대상으로 삼아야 한다. 포퍼의 말대로 우리는 자신의 생각에 오류가 있을 수도 있다는 가능성을 인정해야 한다. 그리고 누구와도 대화해야 한다. 학생을 가르치는 교사는 더욱 그렇다. 학생을 가르치면서 자신의 지식과 신념을 절대적인 것으로 여기며 학생들에게 일방적으로 따르라고 하는 것이야말로 전체주의를 온몸으로 가르치는 꼴이다.

> 인간이 얼마나 오류를 흔히 범하는 존재인가 그리고 이렇게 오류를 범하는 존재라는 것을 아는 데에 있어서도 우리가 타인에게 얼마나 힘입고 있는가를, 이런 점을 깨닫는 사람들의 지적 겸손이 바로 참된 합리주의다. (중략) 내가 가짜 합리주의라는 것은 플라톤의 지적 직관주의다. 그것은 자신의 우월한 지적 자질에 대한 뻔뻔스러운 확신이며, 확실성과 권위를 가지고 무엇을 안다고 주장하는 자만이다.
> 『열린사회와 그 적들 II』, 칼 포퍼 저, 이명현 역(2018), 민음사, 317-318쪽.

진리는 결코 독점될 수 없다. 자신이 생각하는 것만이 진리라고 생각하면서 상대방을 대할 때 그 자신 역시 우리가 그토록 악이라고 비판하던 전체주의에 빠져 버리는 우를 범하고 만다. 관용과 상호비판에 기초하여 보다 자유로운 사회로 나가려 할 때 우리 사회가 진보할 수 있다는 것을 명심하자.

칼 포퍼

영국의 과학철학자 칼 포퍼(1902~1994)는 사회 문제에 관심이 높았던 유대인 변호사 아버지 슬하에서 성장했고 철학, 수학, 물리학, 심리학 등을 공부한 뒤 철학박사 학위를 취득했다. 고등학교에서 수학과 물리학을 가르치면서 그는 1934년에 비판적 합리주의 인식론을 펼친 첫 저서 『탐구의 논리』를 출간하여 철학계에서 이름을 알리게 되었고 여러 대학에서 강의했다. 1937년에 뉴질랜드 캔터베리 대학으로 자리를 잡았고 이듬해 히틀러의 오스트리아 침공 소식을 듣고서부터 2차 세계대전이 끝날 때까지 이곳에서 지내면서 전체주의 이데올로기를 비판하는 책을 썼고 1945년에 영국에서 출판했는데 이 책이 『열린사회와 그 적들』이다. 이 책에서 포퍼는 나치즘, 파시즘 등의 전체주의적 이데올로기에 반하며 자유주의 이데올로기를 대변했다.

때로는 차별적 사랑이 정의롭다

롤즈, 『정의론』

"불평등은 모든 사람, 특히 사회적 약자에게
더 이익이 주어지는 경우에만 정당하다."
J. Rawls

도움이 필요한 손길

학습 결손이 누적되어 수업을 따라가지 못하는 학생들이 있다. 학습 내용의 계열성이 큰 교과목으로 수학이 대표적인데, 해당 학년에서 배워야 할 내용을 제대로 이해하지 못하고 지나가는 경우 다음 단원의 내용을 학습하는 데 어려움을 겪게 된다. 그래서 교사들은 학급에서 학습부진을 겪는 학생이 있다면 부진의 상황으로부터 탈출하여 교실 수업의 본궤도에 정상적으로 참여할 수 있도록 적극적으로 지원한다. 이때 교사의 에너지는 학력이 우수한 학생보다는 다소 떨어지는 학생들에게 더 쓰이기 마련이다.

학습 외에 학생의 학교생활 전반에서도 마찬가지이다. 교사는 학생의 학교생활에 영향을 미치는 학교 밖 요소까지 고려하며 학생들을 지도한다. 이때 보통의 가정에서 자라면서 보통의 학교생활을 하는, 별다른 어려움이 없는 학생보다 학교에 쉽게 적응하지 못하는 모습을 보이거나, 무엇인가 어려움을 겪고 있는 학생들에게 관심을 더 갖게 된다. 만약 학생의 정상적인 학교생활을 방해하는 요소가 있다면 그것으로부터 자유로울 수 있도록 돕는다. 다른 사람과의 갈등이 문제라면 기꺼이 상담하면서 학생들에게 해결방안을 함께 모색하기도 한다. 꼭 마땅한 해결책을 주지 못하더라도 학생에게 든든한 어깨가 되어 주면서 정신적 위안이 되어 주고자 한다.

차별적 사랑

교사가 상대적으로 학습이나 생활에 더 문제가 있는 학생에게 사랑을 더 주다 보면 적지 않은 오해를 사는 경우가 있다. 선생님이 차별한다며 서운함을 피력하는 학생도 있고, 선생님이 특정 친구만 예뻐한다며 투정을 부리기도 한다. 서운함을 토로하는 정도면 다행인데 때로는 학생들 사이에 이런 분위기가 확산되면 '차별하는 선생님'이라는 멍에를 지게 된다. 학생에 대한 차별 이야기가 학부모에게까지 번지면 항의 전화를 받기도 한다. 선생님의 지도 방식을 들먹이며 "한 아이만 너무 챙기시는 것 같다. 그 아이 때문에 다른 아이들이 피해를 본다." 같은 말을 한다. 대개 이런 일을 겪으면 진정성을 갖고 아이들을 사랑했던 교사일수록 사기가 저하되고 학급 운영 전체에 심리적 타격을 받기도 한다.

하지만 이러한 일에 전혀 기죽을 필요 없다. 학급에서 학업성취도가 높아서 알아서 공부하는 아이들보다 학습부진이 심해서 수업 시간에 따라오지 못하는 학생을 위해서 별도의 시간을 내어 보충해 주고, 아이의 자존감을 향상을 위해 인간적인 유대감을 갖고 사랑을 주는 것은 매우 바람직한 일이다. 자신이 처한 환경에 의기소침하여 학습된 무기력감이 짙게 배어 있는 학생에게 교사가 계속 관심을 가져 주면서 학급에서 밝게 지낼 수 있도록 응원하는 것은 칭찬받을 일이다. 이러한 교사의 사랑은 차별이 아니라 정의다. 적어도 정치철학자 롤즈의 눈에는 그렇게 비칠 것이다.

롤즈는 『정의론』에서 그 유명한 정의의 두 가지 원칙에 도달하기 위해서 '원초적 입장'이라는 개념을 내세운다. 원초적 입장이란 사람들 사이에서 어떤 계약을 할 때 계약 당사자들이 처한 개별적인 상황이 계약에 영향을 주어서는 안 된다는 것을 의미한다. 각자가 자신의 유불리를 따질 수 있는 자신의 처지와 특수성을 감안하며 계약의 과정에 참여한다면 공정한 합의에 도달하는 일은 결코 쉬운 일이 아니라는 것이다.

차등의 원칙
··················

우리는 태어날 때 자신이 어찌할 수 없는 여러 조건을 떠안고 태어난다. 자연적이며 지극히 우연적인 요소들이 분명 있다. 똑똑한 학생이 자신의 똑똑함을 100% 자신이 열심히 공부해서 얻은 결과라고만 보기 어렵다. 부모에게 운 좋게 높은 지능의 유전자를 물려받은 것도 원인일 수 있고, 어려서부터 똑똑해지는 데 필요한 제반 환경이 충만한 상태에서 자랐을 수도 있다. 태어나면서부터 주어지는 환경이 사람마다 현실적으로 다를 수밖에 없다. 하지만 사회적 운수나 천부적 행운에 따라 삶의 질이 정해지는 것은 불행이다. 태어날 때 이미 자신에게 주어지는 삶의 윤곽이 드러나 있고, 누군가와는 절대 넘을 수 없는 선이 있다면 아마도 개인의 삶은 미래에 대한 어두운 전망 속에서 활력을 잃게 될 것이다.

이를 만회하기 위해서 국가마다 사회적 취약층을 지원하기 위한 다양한 복지제도를 운영한다. 롤즈는 우리 사회가 할 수 있는 복지나 부의 분배에 있어서 약자에게 더 큰 이익이 돌아가도록 하는 것이 공정하다고 말한다. 누군가는 이것을 똑같은 국민인데 국가가 차별한다고 주장할지 모른다. 하지만 이와 관련하여 롤즈는 사회에서 가장 약자에 속하는 사람에게 혜택이 돌아가도록 하는 경우에는 그러한 불평등은 인정되어야 한다고 보고 있다. 이것이 그가 말한 정의의 두 원칙 중의 두 번째 원칙인 '차등의 원칙'이다.

> 사회적·경제적 불평등은 다음과 같은 두 조건을 만족시키도록, 즉 (a) 최소 수혜자에게 최대 이득이 되고, (b) 공정한 기회 균등의 조건 아래 모든 사람들에게 개방된 직책과 직위가 결부되게끔 편성되어야 한다.
>
> 『정의론』, 롤즈 저, 황경식 역(2004), 이학사, 132쪽.

최소 수혜자에게 최대의 이익을 보장하라는 롤즈의 정의론은 학교 교실에서 적용되어야 한다. 학업에 뒤떨어지는 아이에게 교사가 시간을 더 할애하여 보충 지도를 한다든지, 경제적 형편이 어렵거나 부모의 사랑을 받지 못하는 아이에게 더 많은 사랑을 주는 것은 롤즈가 말하는 차등의 원칙에 대한 개인적 차원의 실현으로 보인다. 물론 그는 정의론을 사회적·경제적 차원에서의 불평등을 분배적 정의 차원에서 논의했다. 하지만 최소 수혜자 즉, 어떤 이유에서건 학급 내에서 학교생활을 하는 데 있어서 가장 어려움에 처한 학생에게 도움이 되도록 신경을 쓰는 것은 국가 차원의 교육복지 차원과 다르게 교사 개인의 차원에서 학생에게 학교 공부로의 질적 기회 균등을 보장하기 위한 노력으로 정의로운 일이다.

의무교육 뒤에 감춰진 아픈 진실

천부적 재능을 가지고 태어났거나 운 좋게 유복한 가정에서 태어난 사람과, 반대로 극빈 가정에서 태어나서 공부하기 어려운 여건에서 성장하는 학생 사이의 학력 경쟁이 과연 공정한지 묻고 싶다. 그 경쟁의 결과로 빚어지는 인생의 선택의 폭이 달라지는 것이 정당한지와는 별개로 그러한 경쟁 자체가 공정한지 말이다. 혹자는 말한다. "우리나라는 의무교육이다. 마음만 먹으면 누구나 열심히 공부해서 원하는 진로를 선택할 수 있고 꿈을 이룰 수 있다." 물론 우리나라는 현재 초등학교 6년과 중학교 3년은 의무교육이다. 의무교육 기간 동안에 똑같은 교육을 제공했다는 논리로 경쟁의 결과를 모두 개인의 탓으로 돌리는 것은 바람직하지 않다.

한 교실에 있는 아이들은 모두가 다른 처지에 있다. 똑같이 교실에 앉아서 선생님을 바라보고 있지만, 어떤 아이는 경제적 궁핍, 부모 문제 등 다양한 원인으로 학습에 참여하지 못할 수 있다. 근심 걱정 속에 학교를 오는 아이와 어렸을 때부터 부모의 사랑을 듬뿍 받으며 학교에 오는 아이가 어찌 똑같은 교육을 받았다고 할 수 있겠는가? 이 둘은 학교교육에 입문할 때 이미 출발선이 다르다. 국내 각 대학에서 학생을 선발할 때 취약계층 대상의 전형을 별도로 마련하는 것은 이와 같은 문제를 조금이라도 개선시키고자 하는 제도적 장치이다. 이것이 역차별이라고? 그렇다면 롤즈가 말하는 '무지의 베일' 속에 들어가서 한번 생각해 보자.

그래서 당사자들은 어떤 종류의 특정 사실을 알지 못한다고 가정한다. 무엇보다도 각자는 사회에 있어서 자기의 지위나 계층을 모르며, 천부적 자산과 능력, 지능과 체력, 기타 등등을 어떻게 타고나는지 자신의 운수를 모른다.

『정의론』, 롤즈 저, 황경식 역(2004), 이학사, 196쪽.

성별, 학력, 직업, 나이, 경제 수준 등 자신의 운수가 아직 결정되지 않았다고 생각해 보자. 합리적인 사람이라면, 자신의 삶을 '모'와 '도' 중에서 무엇이 될지 모르는 상황에서 '모'에게 유리한 방향의 제도 수립에 동의할 리가 없다. 정의로운 사회라면 개인들은 자신이 '도'가 될 수 있다는 염려를 바탕으로 '모'와 '도' 사이의 간극을 좁힐 수 있는 방향에서 정책 수립을 도모해야 한다.

🔒 롤즈

자유주의적 관점에서 사회 정의의 원리로서 '공정으로서의 정의'를 이야기한 미국의 정치철학자 롤즈(1921~2002)는 대학을 마친 뒤 군에 입대하여 히로시마 원폭의 참상을 목격하였고 이후 도덕철학 전공으로 1950년에 철학박사 학위를 받았다. 롤즈는 1958년에 논문「공정으로서의 정의」를 발표한 이후 정의와 관련된 논문을 여럿 발표했다. 이 일련의 연구의 결실이 1971년에 출간한 책『정의론』이라 할 수 있다. 첫 논문에서부터『정의론』에 이르는 사상의 흐름에서 롤즈는 다양한 정책적 선택지에 순위를 즉각 매김으로써 정치적 문제를 간편하게 해결해 주는 공리주의의 맹점, 즉 최대의 선을 만들어 내기 위해 인권이라는 불가침 영역의 침해 가능성을 용인하는 풍토를 간과하지 않았고 공리주의의 실질과 방법을 비판했다. 이후에도 논의를 발전시켜 나가며 1993년에는『정치적 자유주의』, 1999년에는『만민법』, 2001년에는『공정으로서의 정의: 재진술』을 출판했다.

의를 취하는 인사권자

맹자, 『맹자』

"군주가 어질면 어질지 않은 사람이 없게 되고,
군자가 의로우면 의롭지 않은 사람이 없게 된다."

孟子

반장 선거

대부분의 학교에서 학기 초 반장 선거를 실시한다. 요즈음에는 학생 자치가 활성화되면서 대의원제를 운영하는 학교도 늘고 있다. 그러나 대의원 역시 반장처럼 대표의 성격을 띠기 때문에 투표를 통해 선출한다는 점에서는 동일하다. 반장을 뽑는 과정을 보면 대통령 선거, 지방의원 선거 등과 별반 다르지 않다. 후보 등록부터 시작해서 일정 기간 동안 정해진 규칙을 준수하며 선거 운동을 한다. 그리고 각 후보자가 공약을 발표하고 나서 구성원들의 투표를 통해 가장 많은 득표자가 당선이 되는 방식이다. 반장 선거에 나오는 학생들은 자신이 당선되기 위해서 친구들의 귀에 솔깃한 공약들을 내세우며 자신을 뽑아 달라고 호소한다. 그리고 자신을 지지해 줄 친구를 섭외하여 지지층을 다지기도 한다.

간혹 부정행위가 발생한다. 조건을 내걸며 자신을 뽑아 달라고 친구를 설득하는 과정에서 일종의 뇌물이 오가기도 한다. 평소에는 용돈을 아끼던 친구가 자신이 산다며 분식집을 데려가기도 하고, 친구들이 좋아하는 먹을 것, 놀 것 따위를 풀어서 마음을 사기도 한다. "저 자식이 어제 제가 떡볶이 사 줄 때 약속했어요. 저 뽑아 주겠다고요. 그런데 뽑아 주지 않았어요." 언젠가 비밀선거였지만 자신이 투표한 한 표 외에는 득표하지 못하자 자신을 뽑아 주겠다고 약속했던 친구를 야속해하며 싸우는 광경을 목격한 일이 있다. 해당 학생은 분명 공정하지 못한 행위를 했다. 선거에서 반칙을 했으며 친구가 약속을 지키지 않았다며 친구를 '의리 없는 놈'이라고 비난까지 했다.

의리

아무 곳에나 '의리'라는 말을 붙이는 그 학생을 호되게 꾸짖었다. 그것은 의리가 아니라 선거의 규칙을 어긴 행동이기 때문이다. 의리의 사전적 의미는 "사람으로서 마땅히 지켜야 할 도리", "사람과의 관계에서 지켜야 할 바른 도리"이다. 과연 떡볶이를 얻어먹은 친구는 사준 친구를 뽑아 주었어야 바른 도리를 지키게 되는 것일까? 설사 뽑아 주겠다고 그 자리에서 약속을 했다고 하더라도 그 약속을 지키는 것이 바른 도리라고 볼 수 없다. 조직폭력배들끼리 나쁜 일을 일삼는 가운데 서로 약속하는 행위를 지키는 것은 의리가 아니다. 작당 모의이며 그것을 지키지 않은 사람을 배신자로 낙인찍으며 정의롭지 못한 이익을 추구하는 수단으로 사용되는 오염된 개념일 뿐이다. 의리에 대한 편협적인 이해를 바탕으로 바람직하지 않은 조직의 결속을 다지는 사람들에게 맹자의 '의義'는 따끔한 회초리가 될 수 있다.

> 맹자가 양혜왕을 접견했다. 왕이 말했다. "선생처럼 고명한 분이 천 리 길을 멀다하지 않으시고 찾아 주셨으니 장차 우리 나라에 이익이 있겠지요?" 맹자가 말했다. "왕께서는 어째서 이익에 대해서만 말하십니까? 진정 중요한 것으로는 인의仁義가 있을 뿐입니다."
> 『맹자』, 맹자 저, 박경환 역(2021), 홍익, 31쪽.

『맹자』는 성선설을 전제로 왕도정치의 실현을 꿈꿨던 맹자의 사상을 알 수 있는 책이다. 글은 맹자가 제후들에게 유세를 하거나 제자와 대화를 나누는 형식으로 이루어져 있다. 총 일곱 편으로 구성되어 있는데, 그중에서도 첫 번째 '양혜왕' 편에서는 아무리 왕이라도 잘못을 하면 왕위에서 물러나야 한다고까지 주장하였으며, 이어서 두 번째 '공손추' 편에서는 패도정치를 축출해야 함을 이야기하면서 유가의 '의리義理' 개념을 밝히고 있다.

맹자는 이익과 대비시켜 의를 말한다. 맹자는 부국강병을 목표로 현실적인 이익을 추구하는 당시의 세태를 비판하며 한결같이 인과 의를 강조했다. 맹자의 의는 사사로운 개인이나 집단의 이익과는 거리가 멀다. 의는 도덕적인 이상과 관련된다.

고故 신영복 선생님께서는 그의 저서 『강의』에서 맹자의 의義를 한마디로 '인仁의 사회화'라고 정의하고 있다. 그에 따르면 인이 개인적 관점에서 규정한 인간관계의 원리라면 의는 사회적 관계 차원으로의 확장된 개념이다. 맹자는 왕이 도덕적 사회를 목표로 덕으로써 통치해야 함을 강조한다. 한편으로는 맹자의 사상은 의롭지 못한 임금을 백성이 바꿀 수 있다고 주장했을 정도로 급진적이다.

제로섬 게임

학교 반장선거에서 '의리' 개념의 오염은 교사가 있기에 사전에 차단할 수 있다. 오용을 하는 학생이 있다면 적절한 지도를 통해 학생을 바른 길로 인도할 수 있다. 하지만 어른들의 선거에는 선생님이 없다. 공정한 선거를 위해 중앙선거관리위원회의 관리와 감독이 있지만 어디까지나 '최소한의 도덕'이라 불리는 법에 의존한다. 흔히 선거를 민주주의의 꽃이라고 하지만 선거가 치러지는 동안에 벌어지는 일들을 보면 꽃이라는 표현은 다소 과한 것처럼 보인다. 각 후보 측에서는 법의 테두리를 벗어나지 않는다면 선거 운동 과정에서 상대 후보에 대해서 비방하기도 하고 때로는 약점을 파헤쳐서 공격하기도 한다. 선거가 끝나고 나면 후폭풍도 만만치 않다. 그래서 당선자는 누구나 첫 과제로 서로에 대한 불신과 갈등을 봉합하고 통합의 손짓을 보낸다. 선거 결과가 나오면 당선인은 늘 자신을 지지한 사람이든 지지하지 않은 사람이든 모두를 섬기겠다고 말한다.

그러나 현실에서 선거 결과는 냉정하다. 명확하게 승자와 패자로 갈리는 게임과 같다. 그리고 승자가 모든 것을 독식하게 된다. 적어도 인사권을 보면 그렇다. 이것은 막강한 권한이다. 대통령을 보더라도 정부부처의 장관을 비롯해 주요 공공기관의 요직을 임명한다. 국회의 인사청문회를 거친다고 하지만 동의 없이 임명을 강행하는 경우가 적지 않다. 사실 권력의 집중을 막고 견제 기능을 강화하는 것은 뼈아픈 정치사를 갖고 있는 한국의 풍토에서는 자연스러운 일인 거 같다. 임명권자는 자신이 대표하고 있는 사람들을 위해서 함께 일할 수 있는 사람을 필요로 한다. 이때 자신의 경험을 바탕으로 마땅한 인물을 찾거나 지인의 추천을 받기도 한다. 출범을 위한 준비 시간이 지나고 본격적인 임기에 들어가면 대대적인 인사 단행을 한다. 이 모습은 지방교육을 총괄하는 시도교육청에서도 목격할 수 있다. 교육감이 누가 되느냐에 따라 학교 관리자와 교육청의 장학관, 장학사 자리가 뒤바뀐다. 그리고 때로는 소위 '오른팔', '왼팔'이라 부르는 최측근을 외부에서 영입하기도 한다. 선거 과정에서 자신이 내세운 공약을 지키는 것은 당연한 일이며, 그것을 이행하기 위해서는 뜻을 함께하며 일할 사람이 필요하다. 어느 정도의 코드 인사는 필요하다. 문제는 그것이 지나칠 때 발생한다.

> 나라의 왕이 현능한 이를 기용할 때에는 매우 신중히 해야 합니다. 그가 재능이 있다면 신분이 낮은 사람이라도 신분이 높은 사람을 뛰어넘게 하며, 사이가 먼 사람이라도 가까운 사람을 뛰어넘게 해야 하는데, 어찌 신중히 하지 않을 수 있겠습니까?
>
> 『맹자』, 맹자 저, 박경환 역(2021), 홍익, 73쪽.

줄서기와 삼고초려

교육감이 임명직에서 선출직으로 바뀐 것은 임명직이 지닌 내적 결함 때문이었다. 지방차지제도가 안착되고 '풀뿌리 민주주의'의 토양이 다져진 현 상황에서 교육감을 다시 임명직으로 바꾸자고 주장하는 사람들도 있다. 가고 싶지 않은 과거로의 회귀이다. 그럼에도 이들이 왜 그런 주장을 하는지 곱씹어 볼 필요가 있다. 그런 주장을 펴는 사람들의 핵심 논리는 크게 두 가지다. 외부에서는 굵직한 교육정책이 바뀌는 것에 대한 혼란, 내부에서는 비합리적이고 불투명한 인사에 대한 불만이다. 교육정책이야 당선자가 평소 갖고 있던 소신대로 선거공약을 이행한다는 취지에서 시민들의 합의가 있다면 가능한 부분이지만 인사만큼은 그런 영역이 아니다.

인사는 전권이 당선자에게 있다. 그래서 인사는 당선자의 역량이 전적으로 중요하게 작용하는 부분이다. 그리고 인사를 함부로 해서는 안 된다. 이것도 시민들로부터 위임받은 권한이다. 그런데 인사의 영역에서도 맹자의 '의리' 개념은 오염되기 쉽다. 선거 전부터 고락을 함께했고, 선거 기간에는 공개적으로 열심히 지지해 주며 표를 모아 준 사람들은 '내 편'이 되어 버린다. '줄을 잘 서야 한다'는 말이 나올 정도다. 주변에서 어떤 사람에 대해서는 전향을 했다는 소문이 들리기도 한다. 관리자는 늘 가까운 자를 경계해야 한다. 교언영색巧言令色하는 인간을 분별할 수 있어야 한다. 자신의 생각과 다르더라도 이익이 아니라 진정 '의'를 쫓는 부하 직원을 찾아야 하며, 그 사람이 자신을 지지하지 않았던 사람이라도 삼고초려해야 한다. 반대로 자기 영예와 자리에 연연하는 자들은 솎아 내야 한다. 그런 눈을 갖고 귀가 열릴 때 비로소 훌륭한 교육행정가가 될 것이다.

다른 사람을 사랑하는데도 그가 나를 친하게 여기지 않을 경우는 자신의 사랑하는 마음을 반성해 보고, 다른 사람을 다스리는데도 다스려지지 않을 경우는 자신의 지혜를 반성해 보고, 다른 사람에게 예를 갖추어 대하는데도 그것에 상응하는 답례가 없을 경우는 자신의 공경하는 마음을 반성해 보아야 한다.

『맹자』, 맹자 저, 박경환 역(2021), 홍익, 201쪽.

모든 문제의 근원을 외부가 아니라 자신의 내부에서 찾아야 한다는 맹자의 말이 인사권을 가진 자리에 앉아 있는 사람들에게 전해지길 바란다.

🖥 맹자

전국 시대 철학자 맹자(B.C.372경~B.C.289경)는 공자 사후 100년 뒤 정도에 출생한 것으로 추정되며 『중용』을 지었다고 알려져 있는 공자의 손자인 자사의 문하에서 공부했다고 전해진다. 맹자는 제후들을 찾아 왕도정치를 유세하고 다녔으나 부국강병의 정치술이 필요했던 당대 제후들로부터 선택받지 못했고 귀향하였다. 고향으로 돌아온 뒤 제자들과 함께 공자의 정신과 『시경』, 『서경』에 대해 토론한 바를 담은 책이 『맹자』라고 알려져 있으며 맹자가 직접 집필하였다는 설과 제자들이 사후에 편집하였다는 설이 분분하다.

사업가의 눈이 아닌
교육자의 눈으로

존 스튜어트 밀, 『공리주의』

"공리주의의 목표가 달성되기 위해서는 사람들의 인격이
전반적으로 도야되어야 한다."
J. S. Mill

연수의 목적과 효과

교사들은 해마다 각종 연수를 받는다. 교육은 교사의 질을 능가할 수
없다는 말이 있는 것처럼 학교교육의 질적 도약을 위해서는 교사의
역량 증진이 필수다. 그래서 학교 단위에서는 교원의 연수를 지원하
기 위해서 연초에 교원연수비 예산을 편성한다. 시도교육청 차원에
서도 부서별로 관련되는 교육정책과 관련된 연수를 직접 개설하여
운영하기도 한다. 그리고 교육과정 개정과 같은 국가적 차원의 굵직
한 교육정책의 변화가 있을 때는 교육부에서 연수를 주최하기도 한

다. 연수 프로그램도 매우 다양하다. 교과 수업, 생활지도뿐만 아니라, 교사가 학교에서 맞닥뜨릴 수 있는 모든 것이 연수의 주제가 된다. 교사들을 대상으로 직무와 관련된 다양한 연수를 지원하는 것은 교사의 역량 강화를 통해 궁극적으로 학생들이 받게 되는 공교육의 질 제고에 목적이 있다.

몇 시간의 연수를 받기 위해서 시도교육청까지 차를 타고 가는 일은 이제 어지간해서는 발생하지 않는다. 인터넷을 이용하여 온라인 원격연수를 이용할 수 있기 때문이다. 인터넷 접속이 가능하다면 언제 어디서든 연수를 들을 수 있는 시대가 도래했다. 최근에는 교육청에서도 연수의 특성상 집합 연수를 해야 하는 경우가 아닌 이상, 민간 원격연수기관에 연수를 의뢰한다. 연수기관에서 이미 구축하여 운영하고 있는 연수를 선택하여 연수비용만 지불하고 교사들이 개별적으로 접속하여 수강하는 방식이다. 연수비용은 학점에 따라 다르지만, 적게는 5만 원 이하에서 많게는 10만 원을 넘는다. 상황이 이렇다 보니 돈벌이가 되는 교원을 대상으로 하는 원격연수 기관이 우후죽순 늘어났다. 연수 기관들은 더 많은 교사들을 자사에서 개설한 연수에 참여하도록 하기 위해서 다양한 전략을 구사한다. 새로운 교육정책이 나오면 발 빠르게 그와 관련된 연수를 개발하기도 하고, 저명도가 높은 유명 강사를 섭외하여 교사들이 흥미를 갖고 참여할 만한 연수들을 개발한다. 커피 쿠폰, 할인 쿠폰 등을 지급하기까지 한다.

최대 다수의 최대 행복

돈벌이가 되니 기업이 생기는 것은 자본주의 사회에서 당연한 일이다. 문제는 원격연수의 성격상 연수의 질 관리가 어렵고, 연수 목적에 맞게 교사들이 성실하게 연수를 이수했는지 판단하기도 어렵다. 물론 연수 이수를 인정받기 위해서는 보통 과제 제출과 평가 참여가 필수인데, 요식 행위에 불과한 측면이 있다.

개인 사정에 의해서 연수를 중도 포기하는 교사는 있어도 연수를 제대로 들었든, 불성실하게 들었든지 간에 연수 이수는 마음만 먹으면 할 수 있다. 연수 콘텐츠 안에 탑재된 요약물, 인터넷 조사 등을 통해서 얼마든지 가능하다. 이수증만으로 애초의 연수 기획 의도에 맞게 교사들이 연수를 이수하였다고 보기 어렵다. 고백하자면, 내 경우에도 원격연수를 받으면서 많은 부분을 거른 적이 있고, 연수 종료 시기에 임박하여 인터넷 정보의 도움을 받아 원격연수를 이수한 경험이 있다. 어떤 교사는 교육부 중앙교육연수원의 연수 프로그램은 영상의 시간 이동 버튼을 클릭하지 못하게 설정해 놓았다고 불평을 늘어놓기도 한다. 단순히 이수증을 목적으로 불성실하게 참여한 교사든 성실하게 임한 교사든 통계상으로는 다르지 않다. 똑같이 연수 이수 교사 1인일 뿐이다.

효용과 최대 행복 원리를 도덕의 기초로 삼고 있는 이론을 공리주의라고 부른다. 공리주의적 관점에서 보면 인간의 어떤 행위든지 간에 행복을 증진할수록 옳은 것이고, 고통이나 불행을 낳는 것은 옳지 못한 것이 된다. 여기서 행복은 행위자 개인을 포함하여 공동체 전체의 행복에 해당된다. 우리는 전체 행복의 증진에 도움이 되는 것을 효용이라고 부른다.

존 스튜어트 밀은 효용성을 단순히 양적인 측면에서 파악하는 것을 극복하고자 했다. 밀은『공리주의』를 통해서 쾌락과 효용에 바탕을 두고 자신의 논의를 전개하되, 행복에 있어서 정신적 쾌락의 중요성을 언급했다. 밀의 "만족해하는 돼지보다는 불만족스러워 하는 인간이 되는 것이 낫고, 만족해하는 바보보다 불만을 느끼는 소크라테스가 되는 것이 더 낫다."라는 말도 같은 맥락에서 이해될 수 있다. 정신적 쾌락은 단순히 양적으로 측정될 수 있는 성질의 것이 아니다.

질적 공리

밀에 따르면 정신적 쾌락은 질적인 측면을 고려해야 한다. 그래서 그를 흔히 벤담과 구분하여 질적 공리주의자라고 부른다. 그는 쾌락의 종류에 따라 질적 차이가 있다고 보았으며, 인간이 그것을 측정 가능하다고 보았다. 어떤 일을 실행하기에 앞서 인간은 자신의 경험과 자기 관찰의 습관을 통해 선택지별로 예상되는 질적 행복의 크기를 측정할 수 있다는 것이다.

높은 차원의 쾌락을 향유할 수 있는 사람들 중 상당수가 때로 유혹을 못 이겨 저급한 쾌락에 빠지는 경우가 있다고 반론을 제기할지도 모르겠다. 그러나 그렇다고 해서 높은 차원의 쾌락이 내재적으로 더 우월하다는 사실이 변하는 것은 아니다.

『공리주의』, 존 스튜어트 밀 저, 서병훈 역(2019), 책세상, 32쪽.

흔히 공리주의가 다수의 이익을 위해 소수의 희생을 정당화하는 논리가 된다고 하는데 질적 차원에서 생각하면 꼭 그렇지는 않다. 예를 들어 학급에서 아무리 학생 다수의 행복에 기여한다고·하더라도 소수 한두 사람의 불만족이 질적으로 더 클 수 있기 때문이다. 교사는 결코 소수의 불만족을 무시할 수 없다. 결국 교사는 자신의 교육적 경험과 학급의 분위기, 문제 상황 등을 종합적으로 고려하여 학급의 전체 행복을 고려한 판단을 내리는 것이다. 단지 그 결과가 다수 쪽의 의견일 때가 있고, 소수 쪽 의견일 때가 있는 것이다.

이처럼 질적 공리주의의 눈으로 교사 원격연수를 바라본다면 어떻게 이해될까? 교원 연수와 관련하여 원격연수로 집행되는 연간 연수비용 규모를 차치하고서라도 연수의 효용성을 질적 차원에서 검토해 볼 필요가 있다. 교사 연수의 일차적인 목적은 교사에게 필요한 역량을 함양시키는 데 있지만, 궁극적인 목적은 학교 현장에서의 교육활동에 기여하는 일이다. 교사는 연수를 받으면서 알게 된 학급 운영 방법이나, 효과적인 수업기술 등을 자신의 교실에 있는 학생들에게 적용하게 된다. 교양 분야의 연수도 마찬가지이다. 교사가 연수를 통해서 심리적 안정을 갖고 가르침에 대한 내적 동기가 충만하다면 이것 역시 결국은 학생들에게 혜택이 돌아갈 수 있다고 기대한다. 하지만 여기까지 생각한다면 원격연수는 효용성이 너무 떨어진다. 왜냐하면 앞서 말한 대로 원격연수는 교사의 질적 참여를 담보하지 못하기 때문이다. 오히려 100명의 교사가 연수 내용을 클릭만하며 넘긴 것보다 10명의 교사가 성실하게 연수를 수강하며 이수했을 때, 이들에 의해서 그 연수 프로그램의 목적은 달성되고, 그들이 배운 내용을 토대로 자신의 교육활동에 적용할 때 훨씬 더 효용성이 높다고 볼 수 있다.

교육 사업의 잘못된 환원주의

정부는 부처별로 예산을 갖고 다양한 사업을 한다. 교육부도 마찬가지이다. 일종의 교육 사업을 한다. 그런데 교육은 다른 사업과는 예외적 속성을 갖고 있다. 쉽게 그 결과가 드러나지 않는다. 교육은 백년지대계라고 하지 않던가? 당장 1년 단위의 가시적 성과로 교육의 효과를 측정한다는 것은 불가능한 일이다. 그럼에도 교육부는 그렇게 측정 가능한 방식으로 교육 사업을 설계하여 추진한다. 대표적인 예로 사업의 성과 지표를 설정한다. 그런데 지표들은 산출식에 근거하여 통계 처리가 가능하다. 여기서 가장 큰 문제는 이런 것들이 교육의 효과를 전혀 말해 주지 못한다는 사실이다. 표면적으로 드러나는 연수 이수 인원수만으로 사업의 효과, 유지의 필요성 등을 판단하는 것은 무리다. 그럼에도 교육 사업은 대개 이렇게 양적 수치에 의해서 그 효과를 판단한다. 어디까지나 투입 대비 산출이다. 같은 예산을 들여서 많은 교사들이 연수를 이수했다면 성공한 사업이 되는 것이다.

단순히 양적 수치에 근거하여 더 많은 학교를 지원했고, 더 많은 교사가 연수를 이수했다면 그것이 대한민국 공교육의 질 향상에 기여했다고 말할 수 있는가? 예산을 적절하게 집행했는지 등을 검토하는 의회에도 문제가 있다. 양적 성과 지표에 의거해서 사업성과를 평가하는 방식에 익숙해 있기 때문이다. 그렇다 보니, 교육부나 학교교육을 지원하는 교육지원청도 성과 지표에 기초하여 성과를 따지는 의회의 눈치를 볼 수밖에 없다. 교육이 사업이 되면서 정작 우리가 지켜야 할 교육의 근본은 말살되는 것 같아 안타깝다.

첫째, 모든 개인의 행복 또는 (보다 실감 나게 현실적으로 이야기하자면) 이익이 전체의 이익과 가능하면 최대한 조화를 이루도록 법과 사회 제도를 만들어야 한다. 둘째, 교육과 여론이 사람의 성격 형성에 지대한 영향을 끼치는 만큼, 모든 개인이 자신의 행복과 전체의 이익, 특히 보편적 행복에 영향을 주는 긍정적이고 부정적인 행동 양식 사이에 긴밀한 끈이 연결되어 있다는 사실을 분명히 깨닫게 해 주어야 한다.

『공리주의』, 존 스튜어트 밀 저, 서병훈 역(2019), 책세상, 46쪽.

교육은 본질적으로 계량화된 성과지표와 어울리지 않는다. 밀의
지적은 여타의 사업들과 다를 바 없이 계량화의 잣대를 따르는 지금
의 우리 교육계에 대한 따끔한 충고다.

⎙ 존 스튜어트 밀

영국의 공리주의 정치철학자 존 스튜어트 밀(1806~1873)은 공리주의 경제학자
이자 동인도회사의 간부였던 제임스 밀의 아들이다. 제레미 벤담의 제자이자 친
구로서 대학교육을 불신한 아버지의 영향으로 밀은 대학 밖에서 그리스어와 라
틴어, 논리학과 경제학 등을 배우며 천재적 두각을 나타냈고 어린 시절부터 공리
주의 사상을 공부하며 벤담의 영향을 받았다. 1823년에 아버지가 있던 동인도회
사에 서기로 취직했고 논리학과 경제학을 연구했다. 1859년에는 부부가 공저로
『자유론』을 집필하여 개인과 사회와의 관계로부터 시민적, 사회적 자유를 논했
고 그로부터 4년 뒤인 1863년에는 당대 공리주의에 제시되었던 의문에 대한 답
과 스스로 확인한 문제들을 서술하여『공리주의』를 출판했는데 이 책에서 밀은
감각적 쾌락보다 높은 수준인 정신적 쾌락을 강조하며 질적 공리주의를 주장했
고, 개인의 행복을 우선시한 벤담의 공리주의과 달리 사회적 복지 구현을 위한 공
리주의를 이야기했다.

학생 모두를 의미 있는 존재로

지그문트 바우만, 『왜 우리는 계속 가난한가?』

"쓰레기가 된 인간들, 그러니까 '인간쓰레기'는
공인받거나 머물도록 허락받지 못했거나 다른 사람들이
그것을 바라지 않는 잉여의, 여분의 인간 집단을 의미한다."

Z. Bauman

존재의 가치

인간의 욕구에 비하여 자원이 한정되어 있을수록 자원의 가치는 올라간다. 금이 길바닥에서 널려 있고 마음만 먹으면 언제든지 주울 수 있는 물질이라면, 경제적 가치는 없어질 것이다. 경제학에서 자원의 희소성에 따른 가치 상승은 사람들이 모인 조직 내에서도 유사하게 나타난다. 물론 사람은, 사물과 달리 자신과 완전히 동일한 개체는 존재하지 않는다. 단적으로 자신의 가족을 다른 가족으로 대체할 수 없다. 자식을 잃은 슬픔에 또 다른 자식을 낳더라도 그 둘은 다른 존재다. 인간은 대체 불가능한 존재이다. 그런데 지극히 기능주의적인 관점에서만 보면 인간은 조직 내에서 어떤 역할을 부여받고 있으며, 그 역할을 수행할 수 있는 역량을 가진 또 다른 사람이 있다면 언제든지 대체가능하다. 그리고 어떤 사람이 가진 역량과 동일한 역량을 가진 사람이 많을수록 해당 역량의 희소성이 떨어지기 때문에 그 역량을 지니고 있다고 해서 입지가 탄탄해지는 것은 아니다. 그래서 사람들도 다른 사람이 갖고 있지 않은 고도의 전문성을 갖추기를 원한다.

전문성을 홀로 갖춘 사람이 있다면 없어서는 안 될 사람으로 인정받는다. 다른 회사에서는 다양한 인센티브와 그에 상응하는 대우를 약속하며 그 사람을 스카우트하기 위해서 노력한다. 존재의 가치는 그 존재가 사라질 때 더 잘 드러나는 법이다. 만약 특수한 기술을 보유한 전문가가 다른 회사로 옮겨 간다면 원래의 회사는 꼭 필요한 전문 기술이 없어졌기 때문에 막막하다. 사람의 존재 가치는 꼭 전문성을 통해서만 드러나는 것이 아니다. 일상에서 우리는 여러 수준의 공동체에 속해 있으며, 자신이 속한 공동체마다 구성원으로서 맡겨진 일정한 역할이 있다. 직장에서는 특정 임무를 수행하는 직원으로, 가정에서는 자녀를 돌보는 부모로, 그리고 밴드 동호회에 회원으로 활동하고 있다면 특정 악기 연주를 담당하는 사람으로 역할이 주어져 있다.

때로는 자신의 존재의 의미가 공동체 내에서 약화될 수 있다. 회사의 생산라인에 10명이 필요했는데 생산방식의 획기적 발전으로 절반만 필요한 상황이 되었다면 5명의 사람은 더 이상 일할 수 없다.

잉여 인간

············

노동시장과 산업구조가 근본적으로 변하고 이전과는 다른 차원의 생산방식이 도입되면서 이전의 노동시장에 참여하며 생계유지를 하던 사람들은 쓸모없는 사람으로 전락하고 만다. 이와 관련하여 유럽의 진보적 사회학자 바우만은 한 사회가 사회의 진보를 설계하는 과정에서 무엇이든 필연적으로 쓸모 있는 것과 쓸모없는 것으로 나누어지게 된다고 진단한다.

바우만은 『왜 우리는 계속 가난한가?』에서 자본주의가 고도화되면서 사람들이 점점 더 소외되고, 시장경제의 횡포 앞에서 사람들이 무력해지고 있다고 진단했다. 그리고 근대화 이후 노동보다 소비에 가치와 의미를 두는 시대가 도래했으며 이로부터 새로운 빈곤층이 출현했음을 날카롭게 조명했다. 그에 따르면 사회는 이 새로운 빈곤층을 쓰레기로 간주하고 있다.

사회의 유동성이 커지고 불안감이 증대되면서 사람들은 언제 어디서 사회에 쓸모없는 쓰레기로 전락할지 모른다. 여기서 쓸모가 없다는 말은 우리가 살고 있는 사회의 설계 시스템에 맞지 않다는 의미이다. 바우만은 쓸모가 없어진 사람들의 목적지가 새로운 노동 현장이 되어야 함에도 그렇지 못하고 생활세계 속에서 자신의 존재 의미를 부여받지 못한 채 잉여 상태로 남아 있다고 지적했다. 결국 갈 데 없는 이들의 최종 종착지는 '쓰레기장'이 된다.

'인간쓰레기', 더 정확히 말하면 쓸모가 없어진 인간들('과잉의', '여분의', '정원 외의', '잉여적' 인간들, 즉 그들을 제외한 나머지 사람들이 그냥 함께 살도록 방치할 수 없거나 함께 살고 싶어 하지 않았던 사람들)은 현대화의 불가피하고도 처치 곤란한 결과이자, 현대성의 떼어 낼 수 없는 부속물이기도 하다.

『왜 우리는 계속 가난한가?』, 지그문트 바우만 저, 안규남 역(2019), 도서출판 동녘, 203쪽.

한번 쓸모가 없어져 배제된 사람은 다시 일정한 자격을 갖추고 사회의 구성원으로 되돌아가기 어렵다는 점이 더 큰 문제이다. 현대 사회에서 피난민은 한곳에 정착하지 못하고 떠돌이의 삶을 산다. 어디에서도 이들을 환대하지 않는다. 일부 국가가 인도적 차원에서 피난민들을 돕지만, 이들이 자신들의 나라에 정착하여 온전하게 인간의 삶을 영위할 수 있게끔 돕는 것은 아니다. 돕는 이유도 그리 순수하지 않다. 난민을 받아들일 때와 받아들이지 않을 때를 비교하여 어느 쪽이 국익에 도움이 되는지를 고려하여 결정한다. 피난민은 필요 없는, 잉여 인간으로 남아 있을 뿐이다. 피난민뿐이겠는가? 우리 사회는 다양한 잉여 인간이 존재한다. 대표적으로 취직을 반 포기한 사람들은 공동체에 초대받지 못한 채 고립된 삶을 살고 있다.

광범위한 영역에 걸친 산발적 '리엔지니어링'이나 '자기 재구축'의 부산물인 '인간쓰레기'는 책임지거나 보호할 사람이 아무도 없는 사회적 진공으로 추방된다. 배제되고 잉여가 된 사람들은 이 새로운 '황무지'에서 법의 영향 범위와 교차하는 수많은 윤리적 의무의 영역으로부터 벗어나 있다. 그들은 누구의 도움도 받지 못한 채 불행의 꼭대기에 무기력하게 존재할 뿐이다.

『왜 우리는 계속 가난한가?』, 지그문트 바우만 저, 안규남 역(2019), 도서출판 동녘, 249쪽.

1인 1역

바우만의 눈으로 바라보면, 경제활동이 아닌 교육활동이 이루어지는 공간이기는 하나 교실에서도 충분히 잉여 상태로 남아 있는 학생을 찾을 수 있다. 한 장소에서 함께 배움에 참여하고 있지만, 별로 존재감이 없는 학생이 있다. 농산어촌에 있는 소규모 학교를 제외하고는 학급당 학생 수가 보통 20명을 초과한다. 여러 학생이 함께 지내다 보니 이 중에서는 존재감이 더한 학생, 덜한 학생이 있게 마련이다. 그 존재감은 또래 집단에서의 권력이나 인기의 형태로 나타난다. 대부분의 친구들에게 상대적으로 호감이 덜한 친구는 교실에서도 혼자 있는 시간이 많다. 성격 자체가 내성적이기 때문일 수도 있지만, 자기 의사를 강하게 표현하는 친구들에 치여 조용히 지내는 학생도 있다. 궁금한 것은 학생의 마음이다. 정작 본인 스스로가 학급의 성원이 아니라고 여기고 있다면 심각한 문제이다. 어느 순간 사라져도 상관없는 존재감 없는 '잉여 학생'이 된 것이나 마찬가지기 때문이다.

현재 초등학교에서는 우유 급식을 실시하고 있다. 아침에 학급마다 학교 내 우유 냉장고에 보관 중인 우유를 가져가면 학생들은 교실에서 쉬는 시간에 우유를 마신다. 친구들이 편하게 우유를 마시기 위해서는 냉장고에 학급별로 담겨져 있는 우유 상자를 가져오는 학생이 필요하다. 우유 당번의 도움으로 다른 친구들은 우유 냉장고까지 직접 갈 필요가 없다. 어느 날인가 바쁜 일로 수업 시간 종이 울리고 나서야 교실에 들어선 적이 있는데, 한 아이가 "선생님, 오늘은 우유가 없어요."라는 말을 하는 것이었다. 내 눈에도 아침마다 교실 앞쪽 한 귀퉁이에 놓여 있어야 할 우유 상자가 보이지 않았다. "우유 당번? 우유 당번 누구니? 우유 가져와야지?" 그때 옆자리가 빈 채로 앉아 있던 학생이 대답했다. "선생님, 우유 당번 오늘 학교 오지 않는데요." 순간, 아침 일찍 집에 중요한 일이 있어서 학교를 나올 수 없다는 박 아무개 학생의 부모님으로부터 받은 연락이 떠올랐다. 학급에서 늘 특별히 친한 친구 없이 과묵하게 조용히 지내던 박 아무개 학생이 우유 당번이었던 것이다.

초등학교에서는 대부분 학급마다 '1인 1역' 프로그램을 운영한다. 담임 선생님의 제안과 학생회의를 통해 공동물품 관리, 친구 인솔, 급식 검사, 학급기록, 복도 지킴이 등 학생 수만큼의 역할을 추려낸 다음, 학생마다 하나씩 역할을 배정받고 일정 기간 동안 그 일을 수행한다. 어떻게 보면 대수롭지 않은 일처럼 보이지만 시민교육의 일환이 될 수 있다. 또한 친구들에게 불편을 끼치지 않기 위해서 자신에게 맡겨진 일을 성실하게 실천하는 과정에서 책임의식도 함양될 수 있다. 그러나 무엇보다 '1인 1역' 프로그램이 가진 장점은 학생들이 집단 내에서 소속감을 가질 수 있다는 것이다. 바우만의 말을 빌리자면 '쓸모 있는' 학생이 되는 것이다. 교실에 필요한 것은 우유가 아니라, 우유를 가져다 줄 친구였다. 학급에서는 교사가 얼마든지 유의미한 역할을 만들어 낼 수 있다. 누구 하나 소중하지 않은 친구가 없다. 교사는 이런 부분을 학생들에게 일깨워줄 필요가 있다. 작은 역할 하나하나의 의미와 가치를 당사자와 그 혜택을 누리는 전체 학생들이 공유해야 한다. 학생은 학급에서 의미 없는 '그'가 되기도 하고 '우리'가 될 수도 있다. 이것은 교사에게 달려 있다.

📠 지그문트 바우만

현대성 연구의 세계적 거장으로 손꼽히는 사회학자 지그문트 바우만(1925~2017)은 폴란드의 유대계 가정에서 태어나 성장했고 대학에서 사회학, 철학을 전공했다. 그의 가족은 1939년 폴란드가 나치에 점령되자 탈출했고 이후 바우만은 소비에트연방이 지휘한 폴란드 의용군에 자원하여 정치교육 교관으로 복무하며 전투에 참여했다. 복무하는 동안 폴란드사회과학원과 바르샤바대학에서 사회학과 철학을 공부하기 시작했고 1953년경 제대하여 이듬해부터 바르샤바대학에서 철학, 사회학을 강의하면서 마르크스주의 이론가로 활동했으나 폴란드의 반유대주의 정책으로 1968년 교수직과 국적을 모두 박탈당해 폴란드를 떠났고 영국에 정착했다. 1989년에 홀로코스트와 현대성의 연계를 분석한『현대성과 홀로코스트』로 세계적인 명성을 얻었고 1990년대 중후반부터는 포스트모더니티와 소비주의에 주목하여 2000년대에『유동하는 현대』시리즈로 현대사회의 유동성과 인간의 조건을 분석했다.『왜 우리는 계속 가난한가?』는 바우만이 현대 자본주의 사회에서 만들어진 새로운 빈곤층의 실상과 이들을 양산한 사회의 실상을 체계적으로 분석한 2004년 저작이다.

상징적 폭력 재생산 금지

부르디외, 『구별짓기』

"취향은 일단, 그리고 무엇보다도 다른 사람들의 취향에 대한 부정이다."

P. Bourdieu

친구들은 다 있어요!

대부분의 부모는 자기 관리 역량이 부족한 어린 자녀에게 스마트폰을 사 주는 것을 최대한 늦춘다. 자신의 하루를 규칙적으로 관리하지 못하고 스마트폰 중독에 빠질 수 있기 때문이다. 더구나 유해 환경에 노출될 위험도 있다. 최대한 늦춰 보려 하지만 결국 자녀에게 스마트폰을 사 주게 되는 주된 계기는 무엇일까? 바로 친구 문제다. "친한 친구들은 다 있어요."라는 말에 혹시나 내 아이가 친구들 사이에서 위축될까 봐 중학교 들어가면 사 주겠다는 부모의 각오는 꺾이고 만다. 실제로 친구들 사이에서 스마트폰이 없는 학생이라면 하교 이후에, 주말에 친구들과 소통하는 데 불편함을 느낀다. 사실 불편함보다도 자신만 빼고 친구들이 스마트폰으로 서로 이야기를 나눈다는 점에서 오는 소외감과 두려움이 더 크다. 이것에 공감하는 부모는 스마트폰을 사 줄 수밖에 없는 처지가 된다.

그런데 아이와 함께 스마트폰 가게에 방문해서 2차 문제가 발생한다. 스마트폰 기종을 놓고 한참 고민하게 된다. 부모 입장에서는 사용에 별 불편함이 없다면 부담되지 않는 선에서 가급적 저렴한 것을 구입하고 싶지만, 아이는 진열장에 전시된 스마트폰을 가리키면서 제 친구들이 갖고 있는 스마트폰과 일대일 대응을 하며 친구들이 갖고 있거나, 혹은 그것보다 좋은 기종을 갖고 싶다며 신제품 구입을 재촉한다. 여기서 스마트폰은 단순히 인터넷 영상 시청, 게임 따위를 하는 통신기기의 차원을 넘어서 또래들 사이에 자신의 위치를 규정짓는 하나의 도구가 된 셈이다. 어떤 기종이냐에 따라 또래 사이에 자신이 포함되어 있다는 동질감을 느낄 수도 있고, 친구들 기종에 비해 최신상의 인기 기종을 소유하게 된다면 그것은 과시의 수단이 된다. 비단 스마트폰만이 아니다. 겨울철 학생들이 입고 다니는 점퍼를 보면 수십만 원 대의 고가 점퍼를 입고 있는 아이들이 많고 학생들은 하나같이 그것을 입으려고 한다. 겨울옷을 사러 가서 값비싼 특정 상호의 점퍼를 고집하며 부모와 실랑이를 벌이는 사춘기 학생을 목격하는 것도 그리 어려운 일은 아니다.

자본과 계급

．．．．．．．．．．．．．．

교복을 입는 우리나라 학생들에게 점퍼는 자신의 가족의 경제적 자
본력을 상징적으로 보여 주는 힘으로 작용한다. 물론 점퍼 하나가 가
족의 경제력을 대변할 수는 없다. 다만 우리사회는 이런 방식으로 자
신을 상대적으로 우위에 있음을 드러내고 싶은 욕구가 과다하게 만
연해 있다. 상표에 대한 개념 자체를 모르고 사는 어린 아이들에게
부모가 고가의 옷을 입혀 보냄으로써 그렇지 않은 아이들과 구별 짓
는 행태가 바로 같은 이유에서다. 부모 자신은 값싼 점퍼를 입으면서
도 자식만큼은 친구들 사이에서 기죽지 않게 하려는 부모의 마음은
안타깝지만, 굳이 그런 식으로 자녀를 잘사는 집 아이 무리에 편승시
켜야 하는 사회에 살고 있다는 사실은 참담하기 그지없다. 그나마 다
행이라면, 겨울 점퍼로 상징되는 가족의 경제적 자본은 학생들에게
직접적으로 드러나 있기에 여기서 형성되는 계층 의식은 혁파해야
할 문제로 인식될 가능성이라도 있다는 점이다.

　그런데 경제적 자본과 달리 우리에게 쉽게 인식되지 않으면서 우
리에게 계급의식을 강화시키는 자본이 있다. 부르디외는 이것을 문
화자본이라고 본다. 그는 『구별짓기』에서 사람들이 끊임없이 계급투
쟁을 벌이고 있으며, 자신이 속한 집단을 상위 계급에 놓으려고 시
도하면서 자연스럽게 다른 집단과 구별짓게 되고, 그 과정에서 이용
되는 것이 문화자본이라고 설명한다. "문화와 취향의 사회학"이라는

부제가 암시하듯이, 사람들은 다른 집단과의 차별성을 위해서 자신이 속한 집단만이 가질 수 있는 문화와 취향을 갖기 위해서 노력하며 투쟁한다. 그리고 이 과정에서 상징적 폭력이 발생할 가능성이 높다.

상징적 폭력이란 지배 계급이 자신들의 문화적 성향을 상대적으로 우월하고 가치있는 것으로 여기면서 피지배 계급이 지닌 문화적 성향을 저급한 것으로 평가절하하는 것을 의미한다. 은연중에 피지배 계급은 지배 계급의 성향을 우월하며 보편적인 것으로 받아들이도록 강요받는다. 문화자본의 대표적인 예로 학벌이나 교양, 취미 등이 있다. 부르디외는 계급적 불평등 현상을 규명하기 위해서 문화자본 개념을 사용하고 있다. 그는 일상생활에서 언어사용 방식, 지식, 상징적 의미체제, 사고나 행동유형, 심미적 취향 등이 무의식적으로 사람들의 몸에 배고, 각 개인에게 체화된 문화자본이 계급을 형성하는 기제로 작동하고 있다고 진단한다.

아비투스 Habitus

부르디외는 아비투스라는 말을 사용하는데, 아비투스란 특정한 환경에 의해 우리에게 스며들어 성향이나 사고, 행동 체계를 지배하는 일종의 계급의식과 같은 것이다. 아비투스는 타고나는 것이 아니라 사회적 위치, 교육 환경, 계급 위상에 따라 후천적으로 체득되는 일종의 취향이다. 문제는 아비투스가 교육을 통해 인간에게 무의식적으로 내면화된다는 점이다. 가정교육과 학교교육을 거치는 과정에서 학생들은 자기 가족의 사회적 지위나 경제적 수준의 영향 속에서 취향이 형성되며, 그 취향이 곧 계층을 형성한다. 단적인 예로 여름방학을 마치고 등교한 학생들에게 방학 때 체험한 일 중에서 가장 인상 깊었던 일을 소개하는 시간이 되면 가족과 해외여행을 다녀온 일을 소개하는 아이들의 부류가 있고, 그렇지 못한 부류가 있다. 교사의 의도와 상관없이 학생들은 무의식중에 자신들을 해외를 다녀온 학생과 그렇지 않은 학생으로 구별 짓게 된다.

아비투스는 동일 계급에 속한 사람들에게 무의식적 차원에서 동일한 방식으로 작동한다. 상호 대화와 만남 속에서 자연스럽게 개인에게 내면화된다. 즉 사회적 상호작용 과정에서 서로를 구별지으며 각자가 특정의 계급에 의식적 혹은 무의식적으로 귀속되어 버린다.

부르디외는 사람들의 특정 재화, 사람, 장소 등에서 객관적 경계에 대해서 경험하게 되고, 이것으로부터 자기 자신을 배제시키는 '자신의 자리에 대한 감각'을 갖게 된다고 말한다. 그리고 이내 그 경계를 잊고 그것을 자명한 것으로 받아들이게 된다는 것이다. 일상에서 우리는 당연하지 않은 것들에 대해서 너무나 당연시 하는 믿음이 자리 잡게 된다. 더 큰 문제는 교육을 통해 학생의 성장을 도모하고 사회의 진보에 앞장서야 할 학교가 문화자본을 통해 계급 간의 구조적 불평등을 재생산하는 장소가 될 수 있다는 사실이다.

학교와 상징적 폭력

....

부르디외는 학교가 문화적 매개체로 작동하여 상징적 폭력을 더 강화하고 있다고 말한다. 이와 관련하여 한국사회의 발전을 가로 막는 장애물 중에서 학연을 꼽을 수 있다. 학벌은 사회 구성원들에게 누구나 노력 여하에 따라서 선택할 수 있는 영역이라고 여겨진다. 그래서 학력은 개인의 노력에 따른 성취로서 공정한 것으로 인식되며, 학력에 따라 형성되는 계급 역시 자연스러운 것으로 사람들의 머릿속에 교묘하게 침투하게 된다.

부르디외는 프랑스 사회에 존재하고 있는 계급 의식, 계급 질서가 바로 학력 자본의 재생산에 기인한 것으로 분석하고 있다. 시골에서 자란 그가 상류층 자녀들이 주로 다니는 파리고등사범학교를 다니면서 겪은 문화적 이질성은 아비투스와 상징적 폭력이라는 개념을 만들어 내는 데 적지 않은 영향을 미쳤을 것이다. 그의 분석은 한국 사회에도 여전히 유효해 보인다.

한국에서 보통의 학생들은 고등교육을 받을 것인가 취직을 준비할 것인가가 고등학교 진학과 동시에 거의 결정된다. 사실 학력, 적성에 따라 인문 계열과 직업계열로 분류된다고 하지만 부르디외의 눈으로 보면 여기에는 우리가 쉽게 눈치 채지 못하는 상징적 폭력이 작용하고 있다. 자유 경쟁과 교육기회를 균등하게 제공했다는 기득권의 논리에 은폐된 채, 이들이 주도하는 교육제도에 복속할 수밖에 없기 때문이다. 학교에서 작동하는 상징적 폭력에 맞서야 하는 사람은 누구일까? 전면에 나서야 하는 사람은 교사다. 학교에서 교사는 기득권을 쥐고 있는 사람이다. 학생을 가르치고 평가하는 입장에 있는 이상 학생들은 교사의 말에 어느 정도 순종적일 수밖에 없다. '좋은 학생'으로 1년을 보내기 위해서 학생은 교사의 평가 도식으로부터 자유로울 수 없다. 그렇기 때문에 교사는 자신에 의해서 상징적 폭력이 자행될 수 있음을 늘 경계해야 한다. 여기서부터 계급의 파괴는 시작되어야 한다.

🎙 부르디외

현대사회의 폭력을 '아비투스'라는 개념으로 설명한 프랑스의 사회학자 부르디외(1930~2002)는 지방 우체국 공무원의 아들로 태어나 성장했고 파리 고등사범학교에서 철학을 전공했다. 고등학교에서 철학교사로 1년여 근무한 뒤 1956년 군대에 징집되어 독립전쟁이 한창이던 알제리에서 2년 동안 복무했고 1958년부터 현지의 알지에 대학에서 강의하고 연구하였으나 1960년 프랑스 정부의 알제리 전쟁 정책에 반대하여 알제리에서 추방되었고 프랑스로 귀환하여 연구와 강의 등을 하였다. 1960년대 중엽부터 공동연구를 계속해 온 학자들과 함께 1968년에 유럽사회학연구소를 설립하고 이곳을 연구의 근거지로 삼았다. 이들 가운데 파세롱과 공저하여 교육을 매개한 사회 세력의 재생산 문제를 다룬 그의 첫 번째 주저 『재생산』을 1970년에 펴냈다. 이 공동연구에서 진행한 경험적 조사를 토대로 1979년에는 프랑스 대혁명 200년 뒤에도 유지되고 있는 현대사회 속 계급의 존재와 그들의 행위를 지배계급론, 중간계급론, 피지배계급론으로 설명함으로써 계급문제에 새로운 시각을 정립한 『구별짓기』를 펴냈다.

상호이해의 진실한 대화

하버마스, 『의사소통행위이론』

"규칙은 자유로운 주체 간의 대화를 통해 정당화되고 중재된다."

J. Habermas

다하면 뭐 해 줄 거야?

주말에 하루 종일 TV 앞에 있거나 스마트폰 게임에 빠져 있는 아이를 보며 속이 터지는 엄마의 모습을 상상해 보자. 엄마는 참다 참다 "너 숙제 다 했어?"라는 말을 신경질적으로 내뱉는다. 엄마의 말이 끝나기가 무섭게 아이는 숙제도 다 했고, 내일 학교 갈 준비까지 모두 다 마쳤다는 말을 한다. 아이의 말에 연이어 엄마는 "숙제 다 했으면 네 방 청소도 좀 해. 설거지도 해주면 좋고."라는 말로 특정 행위를 권유한다. 여기서 게임은 시작된다. 아이는 엄마에게 "청소랑 설거지 하면 뭐 해 줄 거야?"라고 되묻는다. 부모라면 자식을 키우면서 한 번쯤은 들었을 말이다. 엄마가 원하는 행동을 수행하고 그에 대한 대가를 노골적으로 표현하는 것은 교환 가치에 대한 이해에서 비롯된 솔직한 행동이다.

그런데 아이에게 명확하게 무엇인가를 요구하거나 지시하지 않았어도 엄마의 눈치를 살피며 티가 나게 집안일을 돕는 경우가 있다. 때로는 엄마에게 다가와서 화장실이 더러운데 청소를 하겠다는 둥, 재활용 쓰레기가 많이 쌓였으니 분리수거를 하겠다는 등의 평소에는 시키지 않으면 안 하던 행동을 제안해 온다. 분명 아이의 행동이나 제안에는 목적이 있다. 아이가 왜 그러는지 어지간하면 그 의도를 엄마는 쉽게 알아차린다. 하지만 어린 아이일수록 엄마가 자신의 의도를 간파했을 거라 생각하지 못한다. 그리고 자신의 초기 계획대로 나름의 전략을 들고 협상의 테이블로 엄마를 앉히려 한다. 자기 딴에는 엄마를 설득할 수 있는 여러 가지 경우의 수를 고려했을 것이고 그 중에서 최적의 수로 엄마와의 대화에 임한다. 물론 자신의 행위 의도는 철저히 숨긴 채 말이다. 만약 용돈을 받아내기 위해서 청소를 한다는 사실을 엄마가 알아차린다면 자신의 전략이 탄로 난 것이고, 그렇게 되면 자신의 행위의 진정성에 금이 간다. 그래서 아이는 엄마의 의심을 차단하기 위해서 사전 포석을 놓기도 한다. 용돈을 요구하더라도 집안일을 끝낸 뒤 얼마간의 시간 차를 두는 것도 한 예다.

아이의 전략적 행위는 엄마의 기분을 썩 좋게 하지는 않는다. 용돈을 받아내겠다는 숨은 의도가 있었기 때문이다. 아마도 자신이 선택한 수가 틀렸다면 숨겨 두었던 비장의 카드 '애교'를 꺼냈을 테다. 자식 이기는 부모 없다고 아이의 귀여운 애교에 못이기는 척 손에 용돈을 쥐어 준다.

의사소통적 합리성

우리가 어떤 행위를 할 때에는 의도가 있기 마련이다. 그런데 앞의 아이처럼 행위의 의도를 다른 사람이 알아차리지 못하도록 전략적인 입장을 취하는 경우가 있다. 그런데 사실 행위만 그런 것은 아니다. 종종 우리는 상대방과 대화를 할 때도 자신의 의도를 숨긴다. 그것이 자신이 의도한 목적을 달성하는 데 효과적이라고 생각하기 때문이다. 하지만 의도를 숨기고 있다는 사실이 상대방에게 들키면 자신의 언어 사용의 진정성을 의심받게 되고 상대방은 자신이 기만당했다고 느낄 수 있다. 어쩌면 상대방도 마찬가지로 전략적으로 대화에 임하고 있을지 모른다. 이러한 대화 방식은 그것이 일종의 약속된 언어놀이나 게임이 아닌 이상에는 도덕적으로 바람직하지 않다. 왜냐하면 여기서 추구된 것은 도덕적 선이 아니라 이해타산에 매몰된 정치적 합의에 가깝기 때문이다.

이와 관련하여 하버마스는 자기중심적으로 자신의 이익을 따지고,

그 셈에 따라 가장 자신에게 이득이 되는 수단을 선택하는 행위를 전략적인 행위라고 비판한다. 이러한 행위는 자본주의가 더욱 심화시킨 측면이 없지 않다.

인간의 언어 사용을 도구적 합리성의 측면에서 접근하면 대화 참여자 간의 관계는 자신의 목적 실현만을 염두에 두는 간접적 상호이해관계로 전락할 위험에 빠진다. 무엇이 바람직한 행위인지와 관련된 문제들은 합리적인 담론에서 제거되고 공동체가 추구해야 할 가치의 의미도 상실되고 만다.

> 자립화된 하부체계들의 명령이 생활세계에 침투하여, 상호이해라는 행위조정메커니즘이 기능적으로 필수적인 곳에서조차, 금전화와 관료제화를 통해 의사소통적 행위를 형식적으로 조직되는 행위영역들에 동화시킨다.
>
> 『의사소통행위이론 2』, 하버마스 저, 장춘익 역(2011), 나남, 618쪽.

우리가 전략적 행위를 넘어 하버마스의 의사소통적 행위로 나아가야 하는 이유가 여기에 있다. 하버마스의 의사소통 행위는 상호 공유된 이해를 지향한다. 그에 따르면 언어는 의사소통 행위를 조정하는 기제의 역할을 한다. 상이한 행위자들이 의사소통 행위를 통해서 서로의 행위계획이 표현되고, 그럼으로써 마침내 상호이해에 도달할 수 있다는 것이다.

생활세계의 식민화

....

대화는 상호 간에 입장 차이를 확인하고 그로부터 야기되는 갈등이나 공동체의 문제를 인식할 수 있다는 점에서 그 자체로도 의미가 있다. 그러나 어떤 합의를 위해서 모인 사람들이 갈등의 깊이만 확인하고 거기서 한 발짝도 나가지 못하는 경우가 다반사다. 합의는커녕 오히려 갈등이 격화되어 싸움으로 번지는 경우도 있다. TV 토론 프로그램을 보면 양측의 토론 패널들이 자신의 입장에서 상대방을 끊임없이 설득하기 위한 논리를 펼 뿐 상대방을 이해하기 위해서 의사소통을 하는 모습은 쉽게 찾을 수 없다. 이러한 TV 토론은 시청자들로 하여금 자신의 입장과 다른 상대 진영에 대한 반목을 부추길 수 있다. 토론이 이런 식으로 흐르게 되는 원인은 토론자들이 추구하는 합리성과 관련된다. 이들이 추구하는 합리성은 자기 진영의 이익과 목적에 부합하는 도구적 합리성이다. 이익이나 목적과 관련된 합리성은 다양한 사람들이 모여 사는 사회에서 정치, 경제적 성격을 띤다.

우리의 일상이 도구적 합리성 추구에 매몰되면 사회가 만든 정치, 경제 제도에 내재된 논리의 지배를 받고, 태어나면서부터 닻을 내린 생활세계 내에 비축된 지식이나 가치를 추구하는 일로부터 자연스럽게 멀어지게 된다. 하버마스의 말을 빌리자면, 정치 경제 등의 사회 체계가 우리의 생활세계에 깊숙이 침투하여 이른바 '생활세계의 식민화'를 초래한 것이다. 체계는 사회구성원들의 의사소통행위에 의해 구성되지 않은 또는 왜곡된 의사소통에 의해 구성된 사회의 부분으로 자리를 잡는다. 우리가 의사소통의 합리성을 추구하기 위해서는 정치, 경제 따위의 논리가 생활세계를 잠식하는 일을 막아야 한다.

> 의사소통적으로 행위하는 주체들은 언제나 생활세계의 지평에서 서로를 이해한다. 그들의 생활세계는 어느 정도 윤곽이 불확실하고, 항상 문제없는 것으로 여겨지는 배후확신들로 구성된다. 이 생활세계적 배후는 당사자들에 의해 문제없는 것으로 전제되는 상황규정의 원천 역할을 한다.
>
> 『의사소통행위이론 1』, 하버마스 저, 장춘익 역(2013), 나남, 132쪽.

우리의 의사소통에서는 보통의 경우에 생활세계가 공유되고 상대방을 진실한 의사소통자로 대한다. 자신이 발 딛고 살아가는 공동체가 축적해 온 가치와 규범을 존중하며 상호이해를 향할 때 의사소통 행위는 합리성을 갖게 된다. 여기서 상호이해는 타인도 자기처럼 주관으로 존재하고 있다는 것을 인정할 때 가능하다. 이것을 하버마스는 상호주관성이라고 부른다. 이러한 자세는 일상생활뿐만이 아니라 의사소통이 이루어지는 모든 상황에서 대화 참여자들이 취해야 한다. 하버마스는 상호주관적인 차원이 강조되는 의사소통행위에서는 네 가지의 타당성에 대한 요구 조건을 충족시켜야 하는데 발화에 대한 청자의 이해 가능성, 화자의 진리성, 규범적 정당성, 진실성이 바로 그것이다.

민주주의의 학습을 위해

한 공동체의 의사소통 행위의 구조는 그 공동체에서 작동하고 있는 민주주의의 수준을 알 수 있는 척도다. 학교 교실은 학생들의 일상생활이 펼쳐지는 공간이면서 동시에 선생님과 함께 공식적으로 수업을 하는 공간이다. 교실에서 대부분의 의사소통은 수업이라는 공적 체계 속에서 구조화된 채로 이루어진다. 교사는 수업목표를 달성시키기 위해 나름의 전략을 짠다. 학생들의 수준과 흥미를 분석하여 최상의 교수학습과정을 설계하고 가르친다. 수업목표는 수업 시작과 함께 학생과 공유되기 때문에 부정적인 측면의 전략은 상당 부분 억제된다. 그럼에도 불구하고 가르치는 활동에서 전략적 의사소통은 본질적으로 교화적인 구조를 띤다. 학생에 대한 상호주관성을 인정하지 않고 수업목표 달성에만 치중하면 교사 중심의 전달 수업이 될 가능성이 크다. 어디까지나 교사는 학생들이 수업 상황에 참여할 수 있도록 돕고, 참여 상황을 제대로 지각할 수 있는 감각을 지녀야 한다.

교실은 공식적인 장소이면서 학생들이 구축한 교실 문화가 자리 잡은 일종의 생활세계다. 쉬는 시간이나 점심시간에는 특히 학생들이 편하게 놀이도 하고, 자유롭게 대화를 나누기도 한다. 그 과정에서 학급 고유의 문화가 형성되고, 학생들은 그 생활세계에 존재하는 공동의 가치를 따르며 소통한다. 교사는 이 시간을 최대한 허용적인 분위기로 이끌어야 한다. 그래야만 학생들은 의사소통 과정에서 상호이해를 목표로 솔직하게 자신을 드러내는 데 익숙해지기 때문이다. 이것은 민주주의의 질적 발전을 위해서 시민들에게 반드시 필요한 자세이다. 지금의 학교는 이러한 시민을 기르고 있는가? 학교가 경영이나 조직 체계와 같은 거시적 구조의 변화를 통해서도 어느 정도 민주화를 이룰 수 있지만 미시적인 차원에서 학교의 풍토나 분위기를 민주적으로 바꾸지 않는 이상 그것은 반쪽짜리 민주화가 될 수밖에 없다. 지금 여러분의 교실을 하버마스의 공론장으로 바꿔 보자. 틀에 박힌 어떠한 형식도 없이 학생들이 다양한 수준에서 다양한 방식으로 의견을 나누고, 모으고, 때로는 토론할 수 있는 무정형적인 의사소통 공간으로 말이다.

🔊 하버마스

하버마스(1929~)는 독일 서부 뒤셀도르프 한 작은 마을의 여유로운 가정에서 태어나 성장했다. 대학에서 철학을 공부한 뒤 1954년에 철학박사 학위를 취득했고 1956년부터는 초기 비판이론의 산실이라 일컬어지는 프랑크푸르트대학 사회연구소에서 아도르노의 조교로 일했다. 하버마스는 교수 자격 논문이 통과되기 전부터 마르부르크대학과 하이델베르크 대학에서 학생들을 지도했으며, 그 기간 동안 발표한 자신의 논문들을 엮어서 1963년 『이론과 실천』을 출간했다. 1981년에 출판된 『의사소통행위이론』은 하버마스 저서 중 최대 걸작으로 평가받는 두 권의 책으로, 1권의 부제는 '행위합리성과 사회합리화'이고 2권의 부제는 '기능주의 이성 비판'이다. 이 책에서 하버마스는 반이성주의자들에 맞서 이성과 합리성에 기초한 사회 규범의 재건을 추구하였다. 구체적으로 베버, 미드, 파슨스와 같은 사회학자들의 이론을 합리성의 관점에서 재해석하면서 화용적 언어이론 기반의 의사소통적 합리성의 개념을 탄생시켰다.

생명 존중 감수성

피터 싱어, 『동물해방』

"우리 자녀들이 쾌락과 고통의 감수 능력을 가진
모든 생물들의 복리에 관심을 갖도록 교육시켜야 한다."
P. Singer

닭다리가 알려준 것

어느 날 급식에 닭다리가 나왔다. 일명 치킨봉. 아이들이 좋아할 만
한 달콤한 냄새가 급식실 전체에 가득했다. 아이들에게 인기 메뉴라
는 사실을 반영하듯 급식실은 평소보다 더 시끌벅적했다. 평소보다
더 먹겠다며 자신보다 늦게 온 학급의 학우들이 길게 늘어서 있는데
도 다 먹은 식판을 들고 끝내 맨 뒤에 가서 다시 서는 아이들도 보였
다. 급식실 조리사님의 목소리도 들려왔다. "한 사람당 2개씩이야. 언
니, 오빠들 먹을 것만 남아서 더 줄 수 없어. 미안해."라고 말씀하시

며 학생들을 돌려보냈다. 사실 미안한 일도 아니다. 영양교사는 고른 영양 섭취를 위해서 식단을 짜고 학생과 교직원 수에 맞게 재료를 준비하기 때문이다. '치킨봉이 맛있는 게 죄지. 아이들이 먹어치우는 치킨이 얼마야. 애들이 치킨한테 미안해야지.'

순간 생각이 들었다. 학생 1인당 닭다리 2개. 닭 한 마리에 다리 두 개니까 한 학생당 한 마리의 닭을 먹는 셈이다. 물론 닭 전체를 먹는 것은 아니지만, 닭고기를 제공하기 위해서 희생된 닭은 산술적으로 학생 한 사람당 한 마리다. 만약 전국의 초·중·고등학교에서 급식으로 치킨봉이 나왔다면 어떻게 되는가? 학생 수를 십만 단위에서 버림을 해서 500만 명이라고만 놓고 보더라도 500만 마리가 하루 학생 급식을 위해 희생된 것이다. 그리고 이날 닭고기를 먹는 곳이 학교만이겠는가? 전국의 치킨가게, 음식점 등 다양한 곳에서 닭고기를 사용했을 것이고, 이것까지 합하면 인간을 위해 희생된 닭의 개체 수는 엄청날 것이다. 그것을 전 세계 인구로 확대해 보자. 어마어마한 수의 닭이 하루아침에 인간의 뱃속으로 사라진다. 그런데 인간은 이러한 사실을 줄곧 망각한 채 고기를 즐긴다.

일반적으로 우리는 우리가 먹고 있는 음식의 이면에 숨겨져 있는 살아 있는 동물 학대에 대해 무지하다. 가게나 식당에서 식품을 사거나 먹는 것은 오랜 학대 과정의 종착점이다. 최종 제품 외의 나머지 과정은 교묘하게 감추어져 있다. 우리는 깔끔한 플라스틱 꾸러미 안에 담겨 있는 고기와 가금을 구입한다. 이

상태에서는 동물들이 좀처럼 피를 흘리는 법이 없다.

『동물해방』, 피터 싱어 저, 김성한 역(2019), 연암서가, 174쪽.

봉준호 감독의 영화 「옥자」는 인간의 먹거리를 위해 유전자 조작의 방법으로 '슈퍼돼지 프로젝트'를 추진하는 대기업에 맞서 옥자를 구출하기 위한 산골 소녀의 여정이 담긴 영화다. 영화 속에서는 돼지 도살에서 시작해서 부위별 분해, 가공되는 장면이 나오는데 폭력 영화의 한 장면보다도 잔인해 보인다. 봉 감독은 영화를 사실적으로 그리기 위해서 콜로라도의 도살장에 직접 가서 도살 시스템을 확인하고 영화를 촬영했으며, 영화에 담긴 장면은 실제보다 훨씬 약하게 표현된 것이라고 했다. 한동안 고기를 먹을 때마다 영화 속 동물 학대의 장면이 떠올라 매우 불편했다.

고기를 먹는 행위의 윤리적 의미

실천윤리학의 대가인 피터 싱어의 글을 읽노라면 고기를 먹고 있는 사람 누구나 동물학대의 공범이 된다. 그의 주저 가운데 하나인 『동물해방』은 전 세계적으로 동물권 운동을 자극하고 동기가 되어 준 작품이다. 싱어는 이 책에서 인간을 위해서 동물을 실험하고 식용을 위해서 열악한 환경 속에서 동물을 공장식으로 사육하는 것을 실제

데이터와 사례를 통해 고발한다. 그리고 고통을 느낄 수 있는 동물들이 단지 인간을 위한 수단으로 존재해서는 안 되며 그 자체로 존중을 받아야 한다고 말한다.

싱어는 인간이 고기를 얻기 위해서 동물을 사육하는 행위를 전대미문의 다른 종에 대한 대규모 착취에 비유한다. 실제로 고기 생산을 위해 길러진 동물들은 대량도살 시스템에 의해서 무참하게 생을 마감한다. 동물도 인간처럼 고통을 느낀다. 그래서 도살할 때 고통을 최소한으로 느끼도록 한다고 하는데 거짓말이다. 실제로 궁금해서 영상 자료를 찾아보았는데 역겨워서 도저히 볼 수 없을 지경이다. 고기를 먹는 행위가 기본적으로 동물의 생명을 앗아 간다는 점에서 윤리적 문제지만, 이것을 윤리적 문제로 상정하는 것에 반대하는 사람일지라도 동물을 고통스럽고 잔인하게 도살하는 것에 동의하는 사람은 없을 듯 하다. 아마 동물이 도살되는 과정을 목격한 사람이라면 고기 요리를 쉽게 먹을 수 없을 것이다.

싱어는 동물의 도살 방식뿐만 아니라, 동물을 기르는 과정에도 심각한 윤리적 문제가 있다고 지적한다. 효율적인 고기 생산을 위해서 최소의 공간에 많은 가축을 몰아넣고, 단기간에 성장시킨다는 것이다. 동물을 인간의 욕구 충족을 위한 도구 정도로 다루는 것 같다. 시골에서 자연 속에 풀어 놓고 기르는 닭은 옛날의 일이다. 지금은 고기를 생산하는 공장이 운영된다고 보는 게 맞다. 소나 돼지처럼 몸집이 큰 동물도 자신의 몸을 자유롭게 움직일 수 없는 좁은 우리 안에 갇혀 지낸다. 닭은 마치 알을 낳는 기계다. 철망 케이지 속에서 갇혀 지내며 머리만 내밀어 사료와 물을 먹고, 알을 낳는다. 몸집이 작기 때문에 케이지는 층층이 쌓여 있다. 계란 공장이라고 불러도 과언이 아니다.

그 외에도 싱어는 고기를 얻기 위한 현대의 육류 산업이 극단적으로 비효율적이라고 말한다. 농장에서 뼈 없는 돼지고기 1파운드를 생산하는데 6파운드의 곡물이 필요하고, 같은 양의 소고기는 13파운드의 곡물이 필요하다고 한다. 독자의 이해를 돕기 위해서 싱어의 말을 빌리면, 경제적으로 부유한 국가들이 육식을 하기 위한 동물 생산 과정에서 낭비되는 곡물 식량이 전 세계의 기아 문제와 영양실조를 종식시킬 수 있을 정도라고 한다.

> 1974년 해외개발심의회Overseas Development Council의 레스터 브라운은 만약 미국인들이 1년에 10퍼센트만 고기 소비를 줄일 경우 최소한 1,200만 톤의 곡식이 인간을 위해 사용될 수 있을 것—혹은 6,000만 인구를 먹여 살리는 데 사용될 수 있을 것—이라고 추정했다.
>
> **『동물해방』, 피터 싱어 저, 김성한 역(2019), 연암서가, 289쪽.**

그밖에도 인간이 고기를 먹음으로써 따라오는 부수적인 문제 중 환경 파괴도 빼놓을 수 없다. 일부 국가에서는 고기 수요를 충당하기 위해서 마구잡이 산림 개발을 하기도 하고, 이것은 대기 중 탄산가스의 양을 증가시켜 지구온난화에 악영향을 초래한다. 그리고 가축을 생산하는 과정에서의 엄청난 물이 사용되며, 가축이 마시는 물과 별도로 수질 오염도 심각하다고 한다. 고기를 얻기 위해 치러야 하는 대가가 너무 크다. 물론 동물의 생명이 인간의 식량으로 도구화되었다는 점이 육식의 가장 큰 문제인 것은 변함없다.

동물시간

매년 3월 마지막 주 토요일에 전 세계 많은 나라들이 국제적인 캠페인에 동참한다. 바로 '지구시간'이다. 세계적으로 1년에 하루만이라도 야간 조명으로 인한 전력 소비와 빛 공해를 줄여 보자는 취지에서 1시간 동안 각국의 유명 랜드마크가 소등에 참여한다. 실제로 이것은 잠깐 동안 스위치를 끄는 행위지만 평상시 놓치고 살았던 지구의 문제, 환경 문제 등에 대해서 생각해보게 만든다. 이와 비슷하게 동물시간을 갖는 것은 어떨까? 하루만이라도 전 세계인들이 채식을 하며 지내 보는 것이다. 동물시간은 아무렇지 않게 먹던 밥상 위의 고기에 대해서 한 번씩 생각해 보는 계기가 될 수 있다. 하지만 평소에 고기를 즐겨먹던 사람들에게는 그 하루가 힘들 수 있다. 육식 중심으로 편식하는 학생들은 하루만 고기가 나오지 않더라도 입맛 없다는 핑계를 대며 밥을 먹는 둥 마는 둥 할 수도 있다. 안타깝지만 학교에서 보면 학생들 입맛은 서구화를 넘어 거의 육식 중심에 길들여진 듯 보인다.

　인간에게 고기를 제공하기 위해서 설계된 닫힌 공간에서 생명을 유지하다가 일정 기간이 되면 도살장으로 끌려가고 거기서 단지 인간을 위해 원하지 않는 죽음을 맞이해야 하는 동물들. 우리가 고기를 먹을 때마다 그 동물 고기가 식탁에 오르기까지의 과정, 특히 도살장에 끌려간 소, 돼지의 모습을 떠올린다면 아마 식사를 제대로 하지 못할 것이다. 동물이 느끼는 고통에 공감하기 때문이다. 혹시 동물시간 캠페인을 벌인다면 고깃집 주인이 반대할까? 뜻을 같이한다면 이날 하루는 고기를 닮은 이색적인 채소 요리를 개발하여 캠페인에 동참할 수도 있다. 동물이 인간의 먹거리를 위한 수단으로 존재하는 것이 아님을 기억하자.

🔖 피터 싱어

생명윤리학의 거장으로 손꼽히는 피터 싱어(1946~)는 오스트리아가 독일에 합병된 후 비엔나에서 호주로 이주한 유대계 오스트리안 부모 슬하에서 태어나 부유하게 자랐고 무신론자로 성장했다. 법학, 역사, 철학 등을 공부한 뒤 1971년에 박사학위를 받고 강의와 연구를 시작했다. 옥스퍼드에서 채식주의자 학생들과 교류하고 자신의 식생활을 성찰하면서 채식주의를 결정했고 뉴욕대학에 방문교수로 있던 1973년부터 1974년까지 집필하여 『동물해방』을 1975년에 펴냈다. 이 책은 싱어가 실용적 관점에서 윤리적 문제에 접근하는 응용윤리학자로서의 면모를 여실히 보여 준다. 그가 주장하는 동물해방 운동은 인간중심의 동정심에 기초하지 않는다. 동물에 대한 학대를 막는 차원이 아니라 인간이 동물에게 범하는 '종차별주의'에 대해서 강력하게 비판한다. 싱어는 완전 채식을 이론적으로 옹호하는 것을 넘어, 본인 스스로 그런 삶을 실천한다는 점에서 진실된 학자로 귀감이 된다.

연대와 책임의 마을교육공동체

마이클 샌델, 『정의란 무엇인가』

"사회는 좋은 삶에 관한 지극히 사적인 견해를 배격하고,
시민의 미덕을 키울 길을 찾아야 한다."

M. Sandel

얼굴 없는 이웃

사회적 책임을 경시하고 개인의 권리 추구에만 함몰되어 자신의 이익만을 무조건적으로 우선시하는 태도는 우리 사회의 연대와 결속을 심각하게 약화시킨다. 결속력이 연약한 공동체 안에서 개인은 자신의 이해득실에 따라 언제든지 타인과 힘을 합칠 수도 있고, 갈라설 수도 있다.

오늘날 사람들은 자기 외에 타자에게 별 관심을 갖지 않는다. 관심이 있다면 그것은 아마도 십중팔구 자기 이익과 관련이 있기 때문일

것이다. 자신에게 직접적으로 별다른 이익이나 손해를 끼치지 않는 일에는 무심하다. 내 이웃이 어떤 일로 고통을 받고 있는 말든 자신과는 크게 상관없는 일로 치부된다. 옆집에 사는 이웃이 집에서 죽었는데 몇 달이 지나서야 경찰에 의해서 발견되는 일은 우리 사회에서 개인이 철저하게 타자로부터 고립된 삶을 살고 있다는 것을 보여 주는 단적인 사례다. 이웃의 죽음을 전해 듣고서야 한동안 옆집에서 흘러나왔던 악취가 시신이 부패하면서 흘러나온 냄새라는 사실을 알아차렸을 때 놀람보다는 이웃의 죽음에 대한 안타까움과 이웃이 그렇게 될 때까지 아무렇지 않게 일상적인 삶을 살아온 자신에 대해서 책망하게 된다.

이웃의 죽음에 우리는 책임이 없는가? 동시대를 살아가는 사람이라면 어느 누구도 이웃의 죽음에 대한 책임으로부터 자유로울 수 없다. 뒤르켐의 『자살론』에서도 이야기했지만, 이웃이 생활고에 시달려 자살을 한 것은 사회적 타살에 가깝다. 죽음이라는 극단적인 선택을 한 사정이야 제각각이겠지만, 분명 어떤 사람은 생계조차 유지하기 어렵고, 기댈 곳 하나 없는 이웃이었을지 모른다. 여기서 개인이 어려운 환경에 내몰린 것은 순전히 개인의 책임으로만 돌릴 수는 없다. 공동체 내에서 개인의 행복과 불행은 개인의 노력과 운, 공동체에 작동하고 있는 체계 속에서 만들어지는 결과물이기 때문이다. 이런 차원에서 개인이 실패의 원인을 자신이 아니라 외부 탓으로만 돌리는 태도도 문제지만, 성공을 순전히 자신의 노력으로 귀결시키는 것은 지나친 오만이다. 그럼에도 불구하고, 사회는 갈수록 더욱 개인화, 원자화되어 가고 있다. 더욱이 인터넷의 발달과 함께 사이버 공간에서는 익명성을 전제로 한 관계도 출현하였으며 SNS를 통해 맺어지는 관계는 필요에 의해서 언제든지 헤어질 수 있는 인스턴트 관계가 되어버렸다. 결국 관계는 있지만 개인은 철저하게 고립되는 삶을 산다.

연대와 책임

오늘날 자신과 타자의 관계는 가족이 아닌 이상 언제든지 필요에 따라 맺고 끊을 수 있는 느슨한 관계다. 이것은 서로가 서로에 대한 책임으로부터 자유로운 사회를 살아가고 있다는 것을 의미한다. 개인은 공동체로부터 고립되어 있고, 주변인들로부터 단절 아닌 단절을 겪는다. 이와 관련하여 마이클 샌델은 공동체 내 구성원들의 연대와 책임을 강조한다. 그의 저작 『정의란 무엇인가』는 구체적인 도덕적 딜레마 상황들을 제시하며 정의로운 삶의 의미를 탐구하도록 이끈다. 일차적으로 최대 다수의 최대 행복을 정의의 원리로 삼는 공리주의는 인간의 기본적인 존엄성을 훼손한다는 측면에서 도덕적 한계를 지니고 있으며, 자유주의 또한 추상적인 상황의 설정과 그 안에서 이루어지는 원칙 합의에 한계가 있음을 지적하며 공동체주의를 대안으로 제시하고 있다.

샌델이 타인에게 피해를 주지 않는 이상 개인의 재산권 등 어떠한 것도 침해할 수 없다는 자유지상주의를 비판하는 이유는 명확하다. 지나치게 개인의 이익 추구에 대한 자유를 쫓다 보면 타인의 아픔에 공감할 줄 모르는, 지극히 이기적인 개인만 남게 되기 때문이다. 그래서 그는 공적 시민의 관점에서 공동체를 중시하는 공화주의를 지향한다. 여기서 공적 시민이란 개인이 자신과 가족의 이익을 계산하는 차원을 넘어 사회, 국가, 지구공동체와 같이 더 넓은 차원에서 공동체의 가치에 대해서 사려 깊게 생각해 보고 행동하는 사람이다.

일반적으로 인간에게 부여되는 의무는 두 가지 차원에서 생각해 볼 수 있다. 하나는 자연적 의무로서 인간이라면 누구나 타인을 존중하고 타인에게 해를 입혀서는 안 될 보편적 차원의 의무이고, 다른 하나는 사람들과의 합의에서 도출된 사항을 따라야 할 자발적 의무다. 샌델은 이 두 차원의 의무 개념만으로는 바람직한 공동체를 온전하게 구현할 수 없다고 본다. 그는 연대의 의무를 강조한다. 여기서 연대란 내가 속해 있는 가족이나, 지역, 국가 수준에서 다른 집단과의 구별 속에서 배타적으로 추구되는 편애나 집단 이기주의, 국수주의 등과는 다르다. 편협한 집단주의에 함몰된 채 자신과 자신이 속해 있다고 여기는 공동체에만 관심을 둔다면 그 바깥에 존재하는 타인들을 도외시하게 된다. 이러한 삶은 지극히 자유주의적 관점에 근거한다.

샌델에 따르면, 자유주의적 자아관이 가진 윤리적 결함은 명백하

다. 자아를 서로 무관심한 상태의 독립적 존재라고 간주한다면, 이때
의 자아는 타인과 어떤 관계도 맺을 필요가 없으며 타인에 대한 어떠
한 책임도 없게 된다. 그러나 인간은 자신이 속한 공동체의 공동선으
로부터 전적으로 초연할 수 없다. 개인의 정체성까지도 어느 정도 공
동체에 의해 규정되고 구성된다. 타인과의 상호작용과 사회적 담론,
실천적 전통이 자신의 정체성을 구성한다. 그런데 이것을 무시한 채,
탈맥락적으로 살아가는 추상적 자아는 무미건조한 합리적 개인만 있
는 사회를 노정하게 된다.

  인간은 개인적 삶과 사회적 삶 두 층위를 함께 영위한다. 학생들이
교육을 받는 것도 자기 행복은 물론이고 자신이 발 딛고 있는 공동체
에 기여하기 위함이다. 이 둘은 결코 분리되어 존재하지 않는다. 공
동체가 타락했는데 자신이 행복할 수 있을지 의문이다. 정의는 공동
체를 벗어나 존재하기 어렵다. 정의란 공동체 구성원들의 사회적 관
계 안에서 존재한다. 이러한 맥락에서 개인의 자유도 건강한 공동체
라야 온전하게 보장될 수 있는 것이다. 자유주의적 사고에 기초한 개
인주의에 빠진 사람은 공동체에 대한 책임에 무감각할 수밖에 없다.
인간성 상실과 개인의 파편화, 물질만능주의가 팽배해지면서 공동체
에 대한 유대감은 점점 더 약화되고 있다. 한국사회는 여기에 더해,
독특하게도 각 개인이 자신의 고립을 피하기 위해서 다른 집단에는
배타적인 반유대적 가족주의, 지역주의가 자리 잡고 있다.

Not In My Back Yard

....

코로나-19 바이러스 발병 초기, 중국에 체류 중인 자국민을 보호하기 위해서 세계 각국이 중국으로 전세기를 띄워 보냈다. 국민에 대한 보호는 국가의 의무이기 때문에 당연한 일이다. 우리나라 역시 전세기를 이용해 해당 지역에 체류하는 유학생과 재외국민을 한국으로 수송했다. 그런데 문제는 수송 뒤였다. 코로나-19 바이러스 감염 증세가 나타나는 데 약 2주가 소요되기 때문에 이들은 감염 여부가 확인될 때까지 머무를 임시 숙소가 필요했다. 정부는 이들을 격리 수용할 국가 시설을 선정하여 발표하였고, 얼마 되지 않아 해당 시설이 있는 지역 주민들의 거센 반발이 이어졌다. 인근 아파트에 살고 있는 주민들은 자신과 가족의 안전에 대한 우려와 여러 제약 요건을 들며 반대했다. 초기 지역주민들에게 교민들은 철저히 남이었다. 그리고 교민들은 한국에 오기는 했지만, 공동체가 반기지 않는 고립된 개인이었을 뿐이다.

사실 이 상황을 보며 나는 몇 해 전 서울에서 특수학교 설립 문제를 두고 열린 주민 설명회를 보도한 뉴스 영상에서 장애 학생의 학부모가 지역 내에 특수학교가 들어설 수 있게 도와달라며 주민들 앞에서 무릎을 꿇었던 장면을 떠올리며 데자뷔를 느꼈다. 다행히 언제 그랬냐는 듯, 주민들은 시민의식을 발휘하여 교민들의 안정된 거주를 도왔다. "잘 머물다 가세요."라는 현수막이 걸리기도 했고, 각종 음식과 생필품을 지원한다는 소식도 전해졌다.

한국사회가 다원화·다양화되면서 공동체에 대한 소속감과 책임감에 바탕을 둔 연대와 의무는 우리에게 더욱 절실하게 요청된다. 우리사회에는 함께 살아가고 있지만, 공동체로부터 환대받지 못한 채 살아가는 소수자들이 많다. 하지만 이들을 보호하고 지원하기 위해서 무엇보다 중요한 것은 함께 살아가는 사회 구성원들의 인식 개선이다. 아무리 제도적으로 인간다운 삶을 살 수 있는 권리를 보장한다고 해도 이웃의 차별과 무관심이 사라지지 않는다면 공동선은 실현될 수 없다.

이와 관련하여 학교가 사회통합에 기여하기 위해서는 학생들에게 공동체의식을 길러 줄 필요가 있다. 우리사회가 지양하는 공동체의 가치와 연대 정신을 학생들에게 효과적으로 전수해야 한다. 그런데 이것은 학교 내에만 맡겨서 달성되기 어려운 과업이다. 학생들의 삶이 학교 안에 국한되어 있지 않기 때문이다.

마을교육공동체의 부활

요사이 마을교육공동체라는 말이 회자되고 있다. 심지어 '지역 거버넌스'라는 말이 나올 정도로 공공 부문에 있어서 지역사회의 역할은 확대되고 있다. 교육도 예외가 아니다. 학생을 바람직한 시민으로 성장하도록 가르치는 일은 우리 사회 전체의 공동 과제다. 학생을 가르치는 일을 학교만의 역할로 보는 관점에서 탈피해야 한다. 지역사회가 학교와 연결되어 지역 내 학생의 성장을 이끌어 나가는 동반자 역할을 할 수 있다. 마을 전체가 책임감을 갖고 아이의 성장을 도와야 한다. 마을 사람이라면 누구나 동네에서 길을 잃고 헤매는 아이를 발견했을 때 그 아이를 도와야 하며, 도덕적으로 일탈된 행동을 하는 학생을 보았다면 바른 길로 인도해야 할 의무가 있다. 그런데 사회는 점점 각박해지고, 내 옆집에 누가 살고 있는지도 모르는 시대를 살고 있다. 급속도의 산업화, 도시화가 진행되면서 마을 주민들 사이에 서로 알고 지내던 전통적인 농경 사회의 모습은 많이 사라졌다.

과거의 농촌은 마을 전체가 가족이었다. 농번기가 되면 두레를 조직하여 공동으로 일하고, 어려운 일은 서로 도우며 살아가는 공동체였다. 마을에 살고 있는 사람들은 형님, 동생 사이로 얽혀 있고, 옆집 사는 순이네 아버지는 우리 아버지한테 형님인 경우도 다반사고, 촌수를 따져보면 친척 관계인 경우도 많았다. 상황이 이렇다 보니, 마을에 살고 있는 어른들은 자라나는 아이들에게 모두가 선생님이었다. 부모님이 바쁠 때면 옆집에서 돌봐 주기도 하고, 때로는 도덕적 일탈 행동을 하려는 마음이 생기더라도 마을 어른들의 눈치를 볼 수밖에 없는 구조였다. 자신의 잘못된 언행에 대해서는 마을의 어른 누구라도 꾸중할 수 있는, 일종의 합의된 공동체였다. 그러나 지금은 그럴 수 없다. 이웃집 어른의 가르침은 남의 일에 대한 지나친 참견으로 비춰지는 시대가 되었다. 공동체의 의미를 상실한 사회에서 결코 연대감이 길러질 수 없다. 공동체의 회복이 전제될 때 비로소 타인의 삶에도 관심을 갖는 따뜻한 시민의 탄생을 기대할 수 있을 것이다.

🎴 마이클 샌델

'정의justice'에 대한 강의로 유명한 미국의 정치철학자 마이클 샌델(1953~)은 유대인 가정에서 태어나 로스앤젤레스에서 성장했고 정치학 등을 공부한 뒤 1981년에 27세에 하버드대학의 교수가 되었고 2년 뒤인 1982년에는 존 롤즈를 비판하는 책 『자유주의와 정의의 한계』를 발표하면서 세계적 인물이 되었다. 샌델은 정의에 대한 강의를 하버드대학에서 20년 이상 계속해 왔다. 그는 자유주의가 시장 만능주의와 결합하여 재분배와 불평등 문제를 심화시킨다는 점을 지적하며 그 대안으로 시민의 연대와 공동선을 지향하는 공동체주의적 공화주의를 주장한다. 공동체의 선의 차원에서 정의를 바라보는 샌델의 관점은 2009년에 출간된 『정의란 무엇인가』의 후반부에 비교적 잘 나타나 있다.

생태전환을 위해
교육이 가야 할 길

한스 요나스, 『책임의 원칙』

"너의 행위의 효과가 지상에서의 고귀한 인간적 삶의 지속과
양립할 수 있도록 행위하라."
H. Jonas

소비하는 수업

예술적 창작활동은 학생들의 감성뿐만 아니라 창의성 증진에도 도움
이 된다. 그래서 대체로 거의 모든 나라에서는 유아교육에서 초등교
육의 초기 단계까지 구체적인 조작 활동이 많은 비중을 차지한다. 피
아제에 따르면 구체적 조작기, 즉 약 여섯 살에서 열한 살의 아이들
에게는 직접 보면서, 손으로 만지고, 냄새를 맡는 등 오감을 자극하
는 활동이 인지발달에 효과적이다. 그리고 창작활동 자체가 일종의
놀이 성격을 띠기 때문에 아이들 대부분이 흥미로워하고 주도성을

발휘한다. 학생들이 상상하고 자신의 생각을 구체물로 구현하는 교과가 있으니 바로 미술이다.

그래서 미술 수업을 할 때면 은근히 많은 재료가 필요하다. 문구점에서는 스케치북, 크레파스, 물감 외에도 공작 활동에 쓰이는 스티로폼 재질의 공, 수수깡, 다양한 색상의 나무 막대 등 없는 게 없다. 비단 규격화된 제품들 외에도 우리 주변에 있는 모든 것들이 미술 활동의 재료가 된다. 그리고 학생들은 자신이 표상한 세계를 작품화하기 위해서 여러 재료를 소비한다. 작품이 완성되면 거기서 수업이 끝나는 것이 아니라, 각자의 작품을 친구들에게 소개하고 교실 한편에 전시한다. 전시 공간을 별도로 확보하기 어려운 대규모 학교 안의 일반적인 교실의 모습은 보통 교실의 뒤편에 위치한 사물함 위에 학생들의 입체 작품이 배열되어 있고, 게시판에는 회화 작품들이 붙어 있다.

미술 활동을 통해서 교실은 학생들이 연출한 그들만의 세계가 되며, 다른 창작활동이 진행될 때마다 새로운 교실로 탈바꿈한다.

창작활동의 아픈 귀결

그런데 문제는 그렇게 교육적으로 유의미했던 미술 수업과 별개로 연말이 되어 그 작품들을 모두 정리하는 과정에서 찾아온다. 그 교실은 더 이상 우리의 교실이 아니기 때문이다. 다음 학년도에 맞이하게 될 새로운 주인을 위해서 기존의 주인은 최대한 깨끗하게 교실을 비워 주어야 한다. 이때 그 비워 줌의 과정에서 교실 여기저기에 전시되었던 작품들은 쓰레기로 변모한다. 대체로 색깔 표현을 위해 사용된 다양한 염료, 접착을 위해 풀 등의 접착제가 사용되었기 때문에 작품들은 재활용이 거의 불가능하다. 결국, 이들의 종착지는 분리수거함이 아니라 쓰레기 종량 봉투다. 그 작품을 구성하고 있는 재료들이 무엇인지는 중요한 문제가 아니다. 어차피 버려지는 쓰레기이기 때문이다. 쓰레기를 줄이기 위한 의도로 "너희들의 소중한 창작품이고 추억이야. 집에 가져가서 전시하렴."과 같은 회유는 학생들에게 쉽게 먹히지 않는다. 오히려 "집에 가져가면 버려요."라거나 "학교에서 그냥 버리면 안 돼요?" 같은 솔직한 말에 교사의 제안이 무색할 정도다. 그렇다고 이러한 학생들의 태도를 자신의 작품에 대한 애착이 없는 것으로 단정하는 것은 학생에 대한 지나친 비하다.

작품이 쓰레기가 되는 순간, 학교에서 만들어지는 쓰레기를 상상해 본다. 전국의 모든 학교에서 교육과정에 제시된 교과 목표 달성을 위해서 전개되는 교육 활동이 결과적으로는 쓰레기를 양산하게 된 꼴이다. 교육이라는 인간 활동, 학생들의 미적 체험을 위해서 쓰레기는 필연적인가. 엄밀하게 말해서 교육 활동과 쓰레기 사이에는 어떠한 인과성도 성립하지 않는다. 자신의 의지와 노력의 결여를 어줍잖은 논리로 책임 회피하는 것으로 비춰진다. 물론, 현실적으로 미술 수업에서 쓰레기 배출을 제로화하기는 불가능한 일이다. 쓰레기를 만들지 않기 위해서 미술 활동을 포기해야 함을 말하는 것도 우스운 일이지만, 그렇다고 해서 그 쓰레기가 교육 활동 과정에서 만들어졌다는 이유 때문에 학교는 윤리적 책임으로부터 자유롭다고 말할 근거도 없다. 작품 활동 과정에서 인간은 자연에 두 차례의 폭력을 행사한다. 하나는 교육 활동에 필요한 재료를 취하는 과정에서의 폭력, 다른 하나는 활동 후 만들어진 쓰레기를 자연의 의지에 상관없이 떠맡겨 버리는 폭력이다. 더 심각한 것은 학교에서 만들어 내는 쓰레기는 인간 활동이 만들어 내는 쓰레기 중 빙산의 일각이라는 점이다.

문명의 이기와 기후위기

지구상의 모든 생명체는 생명 유지에 필요한 요소들을 자연으로부터 얻는다. 그중에서도 인간은 자연에서 획득한 물질을 용도에 맞게 인위적으로 조작하기도 한다. 이점을 고려하면 의식주 외에도 우리가 사용하고 있는 물건들은 모두 자연의 산물이다. 인간은 자연의 일부이면서도 동시에 자연으로부터 일방적으로 도움을 받으면서 살아가는 셈이다. 그런데 문제는 이러한 자연을 도구로 삼은 인간의 문명화된 삶의 방식이 지나치다는 데 있다. 문명을 꽃피운 이래로 인간은 끊임없이 자연을 정복해 왔고, 그 결과 자연의 자정작용은 한계치를 넘어섰다. 세계 여러 나라의 석학들은 지금의 기후위기는 인류의 생존을 위해서라도 더 이상 미루어서는 안 될 시급한 해결 과제라고 외치고 있다. 그러나 이러한 외침이 무색하게 인류는 그동안 익숙해진 인간중심적 삶의 방식을 고수하고 있다.

기후위기와 관련하여 인간중심적 삶이 가져오는 막대한 환경파괴와 그것이 가져오는 인류 위협을 지금 당장의 자신들과는 먼 일이라 여기며 애써 외면하는 사람들이 있다. 하지만 기후위기는 지금 우리 세대에서 끝나는 것이 아니라, 다음 세대에까지 부정적인 영향을 준다. 미래 세대가 물려받는 환경은 오늘을 살아가는 우리가 자연과 어떻게 관계를 맺느냐에 따라 결정된다. 이런 면에서 미래세대는 지금 세대보다 철저히 약자다. 아직 있지 않은, 그러나 분명히 예정된 후손들에 대한 현재 세대의 책임은 없는 것일까? 그들은 우리의 윤리적 삶의 고려에 있어서 배제되어도 상관없는가? 이러한 질문에 대한 윤리적 해답을 우리는 한스 요나스에게서 찾을 수 있다. 그는 과거의 전통 윤리적 사유는 인간이 인간 이외의 비인간적 대상과의 관계나 영향 등을 중요하게 다루지 않고 있다고 비판한다.

미래세대에 대한 책임

요나스가 그의 주저인 『책임의 원칙』에서 말하고 있는 책임윤리는 미래세대까지 고려의 대상으로 삼고 있다. 그는 후설의 지향성 개념에

착안하여 베이컨과 마르크스의 유토피아 이론을 비판한다. 그들의 유토피아론에는 자연을 지배하려는 논리가 배어 있으며 바로 이러한 논리가 자연을 포함한 지구의 많은 문제들에 있어서 근본적인 원인이라고 지적한다. 특히 요나스는 현대 과학기술의 발전이 낳은 사회 윤리적 문제에 관심을 가졌다. 그리고 지구의 종말을 피하고 인류가 생존하기 위해서 필요한 새로운 도덕적 원칙을 제시했다.

과학기술의 사용은 그것이 초래하게 될 미래의 불확실성에 대해 윤리적 타당성을 획득해야만 한다. 요나스는 아직 태어나지는 않았지만 실존할 것으로 기대되는 미래 세대의 권리에 대해 현세대가 귀기울여야 할 의무가 있다고 주장한다. 우리에게는 인간의 미래의 존속에 긍정적인 영향을 주는 쪽으로 행위해야 할 책임이 있다.

요나스의 책임윤리는 현재를 살아가고 있는 이들이 타자와 윤리적 관계를 맺을 때 '지금, 여기'라는 지평 안에서 예견되어지고 영향을 받을 수 있는 것들에만 관심을 가져서는 안 된다는 점을 강조한다. 아직 세상에 출현하지는 못했지만, 훗날 세상에 출현했을 때 이전 세대의 과오가 자신들의 삶에 영향을 미친다면 미래 세대는 분명 기후위기 극복을 위한 윤리적 차원의 담론에 참여해야 마땅하다. 하지만 이들은 아직 이 세상에 출현하지 못했기 때문에 대화에 참여할 수 없다. 결국, 이 문제는 시간상의 힘의 우위에 서 있는 기존 세대가 미래 세대의 권리를 보호하는 차원에서 접근할 수밖에 없다. 그래서 환경론자들을 포함하여 대부분의 양심 있는 시민들은 기후위기를 극복하기 위한 노력에 동조한다. 다만, 여전히 방법 차원에서 성찰이 전제될 필요가 있다. 기후위기 극복을 과학기술의 힘으로 해결하려는 태도는 근본적인 해결책이 될 수 없다. 증가할 수밖에 없는 지구 엔트로피를 제어하는 데는 생태공학적 접근만으로는 한계가 있다.

무엇보다 삶의 양식 차원에 획기적인 변화가 필요하다. 기존의 인간중심적인 사고에서 벗어나 자연을 상호 의존과 공존관계 안에서 이해하는 생태중심적 사고로 전환해야 한다. 이것은 개인의 일상에서 작은 것부터 바꿔 나가는 문제라서 매우 쉬우면서도, 쉽지 않은 일이다. 대중교통 이용, 일회용품 사용 자제, 사용하지 않는 전자제품의 플러그 뽑기와 같은 일들을 생각해 보자. 인간중심적인 삶의 이기를 포기하고 어느 정도의 불편을 감수해야 한다.

교육 활동 자체가 '생태전환적'일 수 없는가

우리는 일상의 삶에 깊숙이 침투해 있는 인간중심적 삶의 방식을 바꾸는 일을 몸과 습관의 차원에서 접근할 수 있다. 불편하다고 느꼈던 것도 익숙해지면 불편함에 둔감해지는 것처럼 어떤 경험이 지속되면 될수록 그 강도는 무뎌지기 마련이다. 그리고 특정 행동에 대한 얼마간의 반복과 지속은 그 행동을 특별함의 지위에서 자신의 일상적 삶의 일부분으로 동화시킨다. 물론 이러한 습관교육은 어릴 때부터 시작할수록 효과적이다. 왜냐하면 아이들일수록 아직 자신만의 고착화된 삶의 방식이 없고, 주변의 영향에 의해서 쉽게 변화될 수 있는 유연성을 갖고 있기 때문이다. 어느 정도 몸에 익숙해진 좋지 못한 생활습관도 얼마든지 교육을 통해서 변화 가능하다. 삶은 교육과 깊은 관련이 있다. 교육은 인간의 삶의 질을 향상시키고 사회를 바람직한 방향으로 진보시키는 원동력이기 때문이다.

이와 같은 맥락에서 인간 삶의 생태문명으로의 전환에 있어서 학교교육의 역할은 매우 중요하다. 학생들에게 학교는 교육의 장소임과 동시에 삶의 공간 그 자체다. 학교는 학생들로 하여금 자신의 삶 전반에서 환경과 생태계의 중요성을 일깨우고 생태전환적인 삶의 실천을 경험하는 장이 되어야 한다. 기후위기 극복을 위한 노력에 동참하도록 가르쳐야 하는 학교가 그 교육활동의 과정에서 기후위기의 원인을 제공하고 있다는 사실을 생각해야 한다. 기후위기 극복을 홍보하는 포스터를 그리기 위해서 전국의 많은 학교가 도화지를 소비하는 것은 매우 모순적인 행위이다. 교육이라는 대의를 위해서 몇 그루의 나무의 희생을 정당화하는 것도 바람직하지 않다. 모든 인간 활동을 하지 말자는 주장을 하는 것은 결코 아니다. 다만, 우리의 일상에서 기후위기와 관련하여 수정할 수 있는 부분이 있는지를 점검하자는 것이다. 그리고 그것이 과연 최선의 선택인가를 반성해야 한다.

인터넷과 스마트폰이 보편화되면서 전자책의 보급도 상당히 늘어나고 있다. 그러나 전자책이 지닌 많은 강점에도 불구하고 나는 종이 책을 선호한다. 전자책을 몇 차례 시도해 보았는데 어색해 하기만 하다가 여태 습관을 들이지 못했다. 검색이나 문서 프로그램과의 호환 등 장점이 분명한데 나는 익숙함 그 하나를 양보하지 못했다. 전자책은 분명 생태전환을 위한 과학기술의 좋은 예다. 기후위기를 생각한다면 종이책은 전자책으로 대체되어야 한다. 정책적 차원에서는 그에 따른 파급 효과에 직면하게 될 전통적인 출판 산업의 붕괴에 대해서도 물론 고민해야 한다. 우리나라처럼 학교에 많은 교과서가 보급되고, 재활용 없이 1년을 주기로 학생 개개인에게 새 책이 제공되는 나라도 드물다. 이것은 우리나라 교육 환경의 우수성을 보여 주는 수치가 아니라 우리나라 교육 환경이 기후위기에 미치는 부정적인 영향의 측면에서 이해되어야 한다. 미래세대를 위해서, 자연을 위해서, 책 냄새 정도는 포기해도 되지 않을까?

한스 요나스

과학기술시대의 인간과 환경, 미래에 대한 윤리적 문제에 관심을 가졌던 생태철학자 한스 요나스(1903~1993)는 독일 태생의 유대인으로 후설, 하이데거, 볼트만으로부터 철학을 배웠다. 히틀러가 독일 수상이 되어 권력을 차지한 1933년 이후 영국, 팔레스타인, 캐나다 등으로 이주하며 강의했고 1955년에 미국 뉴욕에 정착하여 1976년까지 사회과학연구소에서 교수로 있었다. 요나스의 생애에 걸친 연구 분야는 초기 그노시스주의, 생명철학, 기술윤리학, 유대 신학 등 광범위했는데 서양 문명화 위기에 대한 지적 근원을 찾는 일을 계속했다. 1979년에 출판된 『책임의 원칙』은 요나스의 주저로 꼽히는 책으로 부제를 "기술 시대의 생태학적 윤리"로 하고 있다.

지속가능한 교육과 혁신

알튀세르, 『비철학자들을 위한 철학 입문』

"이데올로기는 단순한 관념이 아니라
물질적인 효과를 갖는 물질적 존재이며,
물질적 장치를 통해서 존재한다."

L. Althusser

변화는 오십보백보

어떤 문제가 사회적으로 이슈가 되면 으레 그 문제의 원인이나 해결
방안을 이야기할 때 교육이 중심 소재가 된다. 교육이 문제라거나 교
육을 통해 예방해야 한다는 등의 논의가 뒤따르며, 다양한 교육정책
들이 거론된다. 예를 들어서 학교폭력 문제가 한창 우리 사회의 화두
로 떠올랐을 때 「학교폭력예방 및 대책에 관한 법률」이 제정되었는
가 하면, 교육과정 안에 어떻게든 학교폭력예방교육을 반영하기 위
한 교육 연구들이 진행되었다. 또한 단위 학교 차원에서는 학교폭력

예방을 위해서 다양한 시도를 하고 우수사례는 별도로 묶어서 안팎으로 공유하였다. 이렇듯 시대와 사회적 상황에 따라 사람들이 강조하는 교육내용이 달라지고 교육 환경도 변했다. 하지만 획기적이라고 말할 정도의 변화는 아니었다.

교육계에서의 변화는 물 흐르듯 자연스럽게 흘러온 것도 있지만, 정부와 시도교육청의 정치적 입장에 따라 인위적으로 변화된 것도 있다. 정책은 보통 그것을 추진하게 된 배경이나 지향하는 가치가 있게 마련이다. 정부와 교육 기관은 사회적으로 대두된 문제를 해결하거나 예상되는 문제들을 예방하기 위해서 여러 정책을 내놓는다. 이 때 학교의 기본적 기능인 교육과정 운영에 대한 근간은 흔들지 않는 범위에서 여러 교육정책들을 학교에 투입한다. 그래서 그 정책을 업무로서 맞닥뜨리는 교사나 구체적인 교실 수업 속에서 적용되어야 하는 부분이 있지 않고서는 개별 교사가 느끼는 체감도는 그리 높지 않다. 교육정책들이 학교 현장에서 도입되고, 일부 정책은 사라진다 해도, 우리가 익히 알고 있는 교과의 개념과 교실 공간을 기본으로 전개되는 교사와 학생의 상호작용은 근대 학교 설립 이후에 큰 틀에서 보면 변함없이 지속되어 왔기 때문이다.

그럼에도 불구하고 사회의 변화, 교육의 변화를 위해서 상의하달 방식으로 학교에 투입되는 정책들이 있으며, 이것은 교사들을 상당히 피곤하게 만드는 경우가 적지 않다. 문제는 당장에 위급한 일이 아님에도 불구하고 새로운 교육정책들이 끊임없이 생산되고 있다는 점이다. 물론, 시급성을 요구하는 일이나 사회에 중대한 영향을 미치는 일이라면 교육전문가의 자문, 사회적 합의 등 일정 절차를 거쳐서 신속하게 학교 현장에 투입될 필요가 있다. 하지만 학교에서 실천하고 있는 다양한 교육정책들이 때로는 정권이 바뀌거나 교육감이 바뀌면서 흔적 없이 사라진다. 이에 대한 우려와 비판의 시선으로부터 벗어나기 위해서 정책을 추진하는 입장에서는 의견 수렴 과정을 거치고, 선거 공약 이행이라는 명분을 내세우며, 그와 연장선상에서 추진하는 정책이라고 말하기도 한다. 그러나 현 정권과 교육감의 정치적 성향이나 가치관 등에 따라 변하는 교육정책은 학교 사회에 피로를 누적시키는 게 사실이다.

이데올로기로부터의 해방

학교는 정치적 이데올로기에 따른 이념 투쟁의 장이 되어서는 곤란하다. 정권이 바뀔 때마다 정책이 너무 많이 바뀐다. 이것은 시대 변화에 따른 합리적인 대응으로 보이지 않는다. 마치 교육이 정치에 의해서 좌지우지되는 형국이다. 한낱 소시민으로서 교사의 삶을 살아가는 내 눈에는 권력 투쟁으로 비칠 뿐이다. 그 투쟁에서 승자들은 자신들이 추구하는 교육 이념이 최고라고 여기며 반대쪽 후보와 자신들을 구별 짓고 단합한다. 조금 더 강하게 비판하면 단합이 아니라 일종의 담합이다.

알튀세르는 인간을 규정하는 구조 차원에서 이데올로기에 주목한 철학자다. 그는 저서 『비철학자들을 위한 철학 입문』을 통해서 학생, 노동자를 비롯하여 철학 전공자가 아닌 일반인들이 이데올로기적이고 정치적인 투쟁에 참여함으로써 철학함을 배울 수 있다고 주장한다. 철학을 한다는 것은 단순히 기존의 철학자들이 저술한 텍스트를 읽는 데 있지 않다. 정치적 투쟁에 참여하는 과정 자체가 철학적 실천이다.

그는 국가를 억압적 국가기구와 이데올로기적 국가기구의 개념으로 구분하여 설명하면서, 이데올로기적 국가기구를 계급투쟁의 장이라고 강조했다. 이데올로기적 국가장치는 폭력과 같이 드러나는 외재적 강제나 압력과 달리 이데올로기에 의존해 작동한다.

> 하나의 이데올로기는 관념체계〔또는 재현체계〕이지만 오직 이 체계가 사회적 관계들의 체계인 한에서만 그렇다는 것을 이해한다는 조건. 달리 말하자면, 하나의 관념체계가 다른 관념체계를 변형하기 위해 〔그 관념체계〕 작용을 가한다는 그런 것이다. 그리고 이 투쟁은, "관념들 안에서" 또는 차라리 "이데올로기적인 사회적 관계들 안에서"(레닌) 벌어지는 이 투쟁은 계급투쟁 일반의 형식일 뿐이다.
>
> 『비철학자들을 위한 철학 입문』, 알튀세르 저, 안준범 역(2020), 현실문화, 211쪽.

하나의 국가 안에서 작동하는 이데올로기적 국가장치들은 생산관계, 자본주의적 착취 관계를 재생산하는 역할을 담당한다. 이 때문에 어떠한 계급도 이데올로기적 국가장치들 위에 그리고 그 속에 그들의 헤게모니를 행사하지 않고서는 지속해서 국가권력을 보유할 수 없다. 그런데 이것은 국가 단위에서만 적용되는 것 같지는 않다. 국가 내에 존재하는 수많은 공동체 안에서도 권력을 쥐고 있는 세력은 지배 권력을 보유하기 위해서 일정한 이데올로기를 토대로 헤게모니를 행사한다. 조직 내에 존재하는 운영 시스템을 바꾸기도 하고, 격변이라는 표현이 어울릴 정도로 예산안이 조정되고, 때로는 인사제도를 바꾸어 공동체 내에서의 헤게모니를 장악한다.

지배계급 대 피지배계급

이 같은 상황은 교육의 영역에서도 동일한 형태로 일어난다. 정권에 따라, 교육부에 누가 앉아 있는지에 따라 정책들 중의 일부는 사라지고, 어떤 정책은 새롭게 도입된다. 시도교육청 단위에서도 교육감이 바뀌면 교육감의 정치적 성향에 따라 지역에서 추진하고 있던 교육 사업들은 폐기 수순을 밟거나 4년이 연장되기도 한다. 심한 경우, 기존의 것은 마치 우리 모두가 씻어 버려야 할 낡은 습속인 것처럼 버려지는 경우도 있다. 단, 여기서 자기 편에 도움이 되는 것을 제외하고 말이다.

지배계급은 따라서, 완전한 필연성에 따라, 그리고 또한 전적인 긴급함으로, 자신들의 이데올로기를 지배이데올로기로 통합해 내야만 한다. 이렇게 하기 위해서 그들은 전선의 상태와 이데올로기적 논변들을 우선 고려해 자신들에게 도움이 될 수 있는 것을 장악해야 한다. 자기 편에 도움이 될 수만 있다면 이와 같은 논변을 생산했던 누구라도!

『비철학자들을 위한 철학 입문』, 알튀세르 저, 안준범 역(2020), 현실문화, 316쪽.

알튀세르는 국가가 지배이데올로기를 형성하는 과정에서 기존의 것들을 혁파하고 손질하는 과정이 필연적으로 동반된다고 진단한다. 그의 관점은 한국의 교육사회에도 시사하는 바가 크다. 시도 단위의 교육만 보더라도 교육감이 바뀔 때마다 얼마나 많은 정책들이 생사를 달리하는가. 정책만이 아니다. 정책을 진두지휘하는 사람들도 대거 바뀐다. 이것은 마치 기존의 지배계급과의 투쟁에서 이긴 새로운 지배계급의 탄생을 보는 듯하다. 그리고 그런 투쟁의 틈바구니에서 고통을 겪는 것은 학교에 있는 교사와 학생들이었다. 교사와 학생이 교실에서 가르치고 배우는 모습은 여전히 오십보백보다. 그런데도 마치 권력을 새롭게 잡은 집단은 자신들의 이념과 가치가 최상이고 그것을 실현하기 위해서 사라져야 할 것과 시도되어야 할 것을 경계 짓고, 아군과 적군으로의 구분을 서슴지 않는다.

제발 교육의 영역에서 만큼은 알튀세르의 정치적 진단이 틀렸으면 하는 바람이다. 학교는 정치적 투쟁의 장도 아니고 교육의 실험실도 아니다. '교육은 백년지대계'라는 말도 있지 않은가. 교육은 일차적으로 학생의 성장과 발달을 목표로 하며, 그것은 단순히 아이가 모르고 있던 수학 문제를 풀게 되었음을 의미하는 것이 아니다. 인격 형성이나 한 인간으로서 삶의 도야 측면에서 바라본다면, 결코 어느 한순간의 학생 반응을 보고 교육의 성패를 논하는 것은 지나친 일반화다.

시대가 급변하면서 현재의 삶과 너무 동떨어져 있거나, 교육적 효과가 미비한 정책들은 폐지의 수순을 밟는 것이 당연하다. 하지만 새롭게 한 지역의 교육 권력을 쥔 세력은 일종의 교육에 대한 헤게모니 장악을 위해서 사전에 계획한 대로 투쟁을 벌이며, 과거의 세력을 몰아내는 것 같은 느낌을 받는 사람이 오직 나 한 사람일까? 교육 안에서 계급이라는 표현은 다소 어울리지 않는 것 같지만, 국가의 지배계급이 자신들의 지배이데올로기로 과거의 지배계급과 피지배계급을 통합하는 과정과 매우 유사한 양상을 띠는 것이 사실이다. 그렇다면 알튀세르의 충고는 정치를 직업으로 삼고 있는 사람만이 아니라 어느 공동체에서든지 힘을 쥐고 있는 사람들에게 유효하다.

참다운 혁신
·················

혁신학교는 입시 위주의 획일적 학교 교육에서 벗어나 창의적이고 자기주도적인 학습능력을 높여 공교육을 정상화시키자는 취지에서 도입되었다. 학교에 교육과정 운영의 자율권을 부여하고, 교육청에서 갖고 있던 권한도 상당 부분 단위학교로 이양되었다. 교육지원청은 말 그대로, 학교가 교육과정 운영이라는 본질에 전념할 수 있도록 지원해 주고자 노력하고 있다. 아마 혁신학교가 가진 본래의 취지에 반대하는 교사는 없을 것이다. 그런데 모든 혁신학교가 혁신에 성공하지는 못한다. 어떤 경우에는 교육청에서 적극적으로 학교 혁신을 지원하려 하지만 실패하는 경우도 있다. 그 원인을 나름대로 분석해 보았다.

학교 혁신의 주체는 누구인가? 그리고 혁신의 대상은 누구인가? 혁신이란 본디 주체가 자기 자신을 혁신의 대상으로 삼을 때 가능한 일이다. 혁신학교 역시 성공을 위해서 반드시 필요한 전제조건은 학교 교사들이 혁신의 주체가 되어야 한다는 점이다. 예를 들어서 교육청은 혁신의 주체이고 학교는 혁신의 대상이라는 생각은 매우 위험하다. 사람 대 사람의 관계에서는 더욱 그렇다. 교육감이 교장을, 교장이 교사를, 교사가 학부모를 혁신한다는 생각 자체가 상대에 대한 인격 모독이다. 그렇게 해서는 혁신 자체가 불가능하다. 혁신의 주체와 대상이 따로 분리되어 존재한다면, 그것은 언제든지 주체가 자신의 지배이데올로기로 대상에게 행사하는 일종의 폭력이 될 수 있다.

혁신에 있어서 그 주체와 대상은 언제나 자기 자신이어야 한다. 오직 자신을 옭아매고 있는 이데올로기를 스스로 인지하고 그것으로부터 해방되기 위한 자기 혁신만이 참다운 혁신이다. 이것은 특히 교육과 관련된 일에 종사하는 사람들이 반드시 지녀야 할 자세다. 이 책의 첫 장에서 언급했던 율곡의 가르침을 상기해 보라. 낡은 습속을 개혁하라는 율곡의 가르침은 타자에 대한 개혁이 아니라 자신에 대한 성찰이었다. 자신도 개혁하지 못하는 사람이 무슨 수로 타인을 개혁한단 말인가. 교육청도 이러한 점에 유념하면서 학교와 관리자, 교사의 혁신을 지원하기를 진심으로 바란다.

🔖 알튀세르

이데올로기를 물질적 실체를 갖고 있는 것으로 파악한 프랑스의 구조주의 철학자 알튀세르(1918~1990)는 알제리에서 태어나 자랐다. 1938년에 파리 고등사범학교에 입학했으나 곧 징집되어서 2차 세계대전에 참전했고 수용소에서 5년 동안 포로로 있다가 풀려나 헤겔 철학을 다룬 논문으로 졸업하고 교수로 강의하고 연구했다. 1948년 프랑스 공산당에 입당하였고 1965년에 『마르크스를 위하여』를 출판하면서부터 본격적으로 마르크스주의에 관한 독창적 연구를 발표하기 시작했다. 프랑스 공산당은 알튀세르의 비판을 철저히 무시했지만 그는 1980년에 이르기까지 철학, 정치, 과학의 관계에 집중하며 철학의 정의를 수정해 나가면서 숱한 논쟁을 일으켰고 당적은 버리지 않았다. 『비철학자들을 위한 철학 입문』은 알튀세르가 정치적 풍파의 한가운데 있던 1975년에 집필을 결심했던 일종의 철학 교과서로 사후에 유고집으로 출간되었다. 이 책은 그의 사고의 중심이었던 실천 개념의 근본 주제들을 다룬 책으로 이면에서는 철학의 개념과 이유에 대해 끊임없이 이야기하고 있다.